带着文化游名城——

老长沙记忆

岳大鹏 编著

图书在版编目（CIP）数据

老长沙记忆 / 岳大鹏著 . -- 北京：当代世界出版社，2018.7
（带着文化游名城）
ISBN 978-7-5090-1329-8

Ⅰ . ①老… Ⅱ . ①岳… Ⅲ . ①文化史—长沙—通俗读物 Ⅳ . ① K296.41-49

中国版本图书馆 CIP 数据核字 (2018) 第 007361 号

老长沙记忆

作　　者：	岳大鹏
出版发行：	当代世界出版社
地　　址：	北京市复兴路 4 号（100860）
网　　址：	http://www.worldpress.org.cn
编务电话：	（010）83907528
发行电话：	（010）83908410
	（010）83908377
	（010）83908423（邮购）
	（010）83908410（传真）
经　　销：	新华书店
印　　刷：	北京彩虹伟业印刷有限公司
开　　本：	710mm×1000mm　1/16
印　　张：	17
字　　数：	240 千字
版　　次：	2018 年 7 月第 1 版
印　　次：	2018 年 7 月第 1 次
书　　号：	ISBN 978-7-5090-1329-8
定　　价：	45.00 元

如发现印装质量问题，请与承印厂联系调换。
版权所有，翻印必究；未经许可，不得转载！

前　言

说到长沙，或许你早已久闻大名，听说过关于它的种种风情、篇篇传说与丝丝神秘，曾在脑海中无数次想象过它的"庐山真面目"，却一直没有机会真正踏上这片土地一探究竟。终于有一天，你决定背起行囊，真正地来一场放松身心，又能够收获丰富知识与阅历的旅程……

长沙，这颗湘江之畔的璀璨明珠，它有着悠久绵长的深厚历史底蕴，千百年来，它见证着中华民族的变迁与发展；它有着富有地方特色的城市景观，更有着旖旎多姿的自然风光；它传承发扬着富有地方特色的"湖湘文化"，充满着变革、进步的精神，一方水土，滋养着一方勤劳勇敢的人民，人们的性格，更是以直爽、泼辣、敢于拼搏闻名。不仅如此，它还是长江中游地区的著名政治、经济、文化中心。

当你来到尘封了千年的马王堆汉墓，你是否知道这里曾出土了一具鲜活如生、被称为"东方睡美人"的千年女尸，成为了世界上的一大奇迹；你是否知道这墓穴的主人，他们生前经历着怎样丰富的人生，又是因为什么而长眠于此……

当你登上长沙的天心阁居高临下极目远眺时，当你参观近年来被挖掘出的珍贵的南宋古城墙时，你能否想象得出，这座千年古城曾经饱经沧桑，在历史长河中经历了多少波折、磨难与光荣，就像一位饱含智慧却沉稳低调的长者……

当你漫步在长沙历史悠久而又秀美幽静的一个个古镇时，你可知道这里曾经战火纷飞，曾经因为陶艺和商业而盛极一时，流传着许多动人又悠远的传说……

当你徘徊在长沙的大街小巷，你可知道它们或许曾经极尽繁华，或许成为了当代的潮流圣地，又或许，虽然看起来不起眼，但曾从其中走出了一个又一个传奇人物，留下了一个又一个口耳相传的故事……

当你怀着虔诚的心来到长沙的宗教庙堂朝圣时，你可知道这些神圣的殿堂中曾经流传出了许多听起来十分神奇的传说故事，走出了一位又一位伟大的宗教大师，而且，就连现代的著名革命家黄兴还有伟大领袖毛主席，都与这些高人有着深厚的友情与渊源……

当你沉浸在长沙秀美奇丽的自然风光当中时，你可知道眼前这些美丽的景致多有着风雅的名称，这些名称背后，更有着一段段佳话和神奇的传说故事，千百年来，多少文人墨客也曾像你一样被大自然的精妙所折服，留下迷人的诗篇……

当你发现长沙有着随处可见的革命纪念圣地，你可知道这座城市的人民从来就视正义和自由为人生追求，自古以来就诞生了许多敢于创新、敢于抗争，甚至不惜抛头颅、洒热血的英雄人物。当你欣赏着古人曾在长沙留下的遗迹，你可知道这片土地向来人杰地灵，不但盛产英雄，也盛产风流才子和色艺双绝的奇女子……

当你体味着富有当地特色的生活，感受着不一般的风土人情，甚至，洗尽铅华静下心来融入当地百姓日常的烟火人生时，你可曾更深一步地了解这里独有的节日风俗，和中华民族离不开的重要人生大事——婚丧嫁娶的种种特别习俗？当你走进一座座戏院，聆听充满湘味的戏曲艺术时，你可知道它们背后"台上一分钟，台下十年功"的深厚底蕴，可知道它们传承至今所经历的多少历史变迁？

当你面对长沙街头、餐馆里琳琅满目、色香味俱全的一众美食，简直不知道从哪样吃起的时候，你可知道它们背后蕴藏着一个又一个传奇故事，更包含着美食制作者的一片匠人之心……

当你想要给自己的长沙之旅留下些纪念品的时候，你是否知道，哪些特产最值得选购？

当你想增长学问，给自己来一堂历史文化课的时候，你是否知道，长沙有哪些博物馆最权威、藏品最丰富，哪些博物馆最独特？当你想要放松自我，寻觅休闲娱乐之所时，你可知道，哪些场所是这座城市当中最有特色的？

相信刚翻开这本书的你，可能对这些问题都还有着一些困惑。其实，出行之前先从文化上了解一座城市，会对旅程大有裨益，这样，可以杜绝"走马观花"式的旅行，也避免了"临时抱佛脚"的窘境，可以让你游玩得更从容，更有层次和深度……下面，就让旅行者们跟随笔者一同揭开这座城市朦胧的面纱，一同感受它的丰厚、热情与多彩吧。

目 录

❦ 开 篇 ❦

出行前的准备   2
  长沙的历史   2
  长沙独有的特色   4

❦ 历史上的长沙 ❦

你知道早在旧石器时期,长沙就已有人类活动了吗?   12
你知道"长沙"之名最早出现在史册上是在什么时候吗?   13
你知道长沙是什么时候被纳入全国统一的建制中吗?   14
你知道西汉长沙国是怎样被封立的吗?   16
你知道西汉长沙国的临湘故城在哪里吗?   18
长沙的马王堆真的是五代楚王马殷的墓葬吗?   19
长沙马王堆出土的千年女尸被称为"东方睡美人"吗?   20
你知道在长沙的马王堆里出土了哪些重要文物吗?   23

你知道长沙是汉赋的发源地之一吗?	25
你知道东汉时期长沙有哪些令人称颂的"好官"吗?	26
你知道三国时期吴、蜀两国的长沙之争吗?	27
你知道长沙历史上著名的杜弢起义吗?	29
你知道刘宋时代的湘州之乱吗?	30
你知道湘州改制与长沙的关系吗?	32
你知道唐代长沙窑的瓷器曾远销非洲吗?	33
你知道辛弃疾在长沙建立的"飞虎军"吗?	34
你知道长沙作为湖南省省会的地位是何时确立下来的吗?	35
你知道曾国藩创建湘军的历史吗?	36
你知道清朝末年在长沙发生的著名的"周汉反洋教案"吗?	37
你知道长沙有着湖南所创办的第一所新式学堂吗?	39
你知道长沙历史上的"抢米风潮"吗?	40
你知道辛亥革命军只花了一天时间就攻下了长沙城吗?	42
你知道毛泽东在长沙建党的历史吗?	43
你知道长沙近代史上残酷的"马日事变"吗?	45
你知道发生在长沙的"文夕大火"吗?	46
历史上长沙曾有哪些旧称和别称?	48
你知道长沙有哪些历史文化之最吗?	49
你知道长沙的茶文化有多么悠久的历史吗?	51
你知道长沙的酒文化吗?	52

老长沙的城门楼

长沙真的有"老九门"吗?	56
为什么说天心阁是古城长沙的标志?	57
"不入潮宗门,不进长沙城"是什么意思?	58
定王台为何又称"望母台"?	59
关羽战长沙时曾与守将黄忠在湘春门外激战?	60
太平天国的萧朝贵真的死在长沙的南门口吗?	61
长沙光复当日,黄忠浩的头颅被挂在天心阁之下的城门上吗?	62
为什么长沙的古城墙现今只存251米?	63

长沙万达广场修建时竟挖出了南宋古城墙？	65
老长沙竟有一扇"防盗门"？	66

长沙的古镇

长沙的铜官镇曾是全国五大陶都之一吗？	68
你知道铜官古镇上有哪些老街市吗？	69
你知道铜官古镇上有哪些名胜古迹吗？	70
铜官古镇曾是湖南省的红色革命重地吗？	72
长沙的关山镇是关羽战长沙时屯兵之地吗？	72
你知道关山镇上关公砍榆树的传说吗？	73
长沙靖港古镇是因为唐朝大将李靖而得名的吗？	74
你知道靖港著名的"望江楼"布鞋厂吗？	75
你知道靖港古镇上有哪些博物馆吗？	76
你知道靖港古镇上的杨泗庙中供奉的是哪位传奇人物吗？	78
靖港水战是曾国藩军事生涯中的重要转折点吗？	79
你知道靖港古镇上还有哪些名胜古迹吗？	79
你知道靖港古镇有哪些特产吗？	81
你知道长沙"㮾梨古镇"名称的由来吗？	84
你知道㮾梨古镇上最有名的陶公庙吗？	85
著名的《浏阳河》就是在㮾梨古镇所作的吗？	86

长沙的街桥地名

你知道长沙有哪些以数字为名的地名吗？	88
你知道长沙有条"堕落街"吗？	90
你知道长沙"雨花区"名称的由来吗？	91
长沙的文庙坪是因为孔子而得名的吗？	92
你知道长沙化龙池背后的传说故事吗？	92
长沙许多老街巷与"药王"孙思邈有着深刻渊源？	94

你知道哪条老街被称为老长沙的"金融一条街"吗?	95
你知道老长沙著名的年货街是哪一条吗?	96
你知道长沙的"南倒脱靴""西倒脱靴"巷吗?	96
你知道长沙有哪些以清朝司署府衙命名的街道吗?	97
你知道长沙哪条老街上的石碑画像堪比《清明上河图》吗?	98
长沙的九如里中的公馆真的暗藏黄金吗?	98
你知道长沙唯一的一座老戏楼位于哪条小巷吗?	100
你知道长沙的哪条小巷里隐藏着一座"名人公寓"吗?	101
你知道长沙还有哪些奇特的街巷地名吗?	101
你知道长沙首座横跨湘江的大桥是哪一座吗?	102
你知道湘江上有几座跨江大桥吗?	104
你知道长沙的哪一座步行桥被列入了"世界最性感建筑"排行榜吗?	105

长沙的宗教庙堂

长沙的开福寺是楚王马殷建造的吗?	108
你知道开福寺特殊的"焰口"仪式吗?	109
你知道开福寺旁边新发现的龙王庙吗?	109
你知道长沙密印寺是我国佛教南禅五大宗之一沩仰宗的起源地吗?	110
你知道密印寺内有一块油盐取之不尽的"油盐石"吗?	111
你知道密印寺中"来木井"的传说吗?	112
你知道沩山上"回心桥"的传说和它与密印寺的联系吗?	113
你知道密印寺的"千人锅万人床"吗?	115
你知道密印寺"龙王井"背后的传说故事吗?	115
你知道密印寺内还有什么著名景点吗?	116
你知道密印寺与毛主席的渊源吗?	117
你知道著名的法海禅师曾在密印寺修行吗?	118
你知道现在的长沙松柏寺是由热心台胞捐建的吗?	119
你知道长沙著名的麓山寺碑吗?	121
你知道从长沙洗心禅寺中走出的著名的一诚法师吗?	121
你知道洗心禅寺中的泰国四面佛吗?	123
长沙的云麓宫属于道教二十三洞真虚福地吗?	124

你知道云麓宫中有哪些著名的名人题记吗？　　　　　　　　125
你知道"东岳宫"名称中的"东岳"指的是什么吗？　　　　125
你知道北正街教堂与黄兴的渊源吗？　　　　　　　　　　127

长沙的自然风光

你知道岳麓山的名字是怎样得来的吗？　　　　　　　　　130
你知道岳麓山上穿石坡湖背后的传说吗？　　　　　　　　131
你知道岳麓山上的"爱晚亭"名称的由来吗？　　　　　　131
你知道岳麓山上白鹤泉的传说吗？　　　　　　　　　　　133
你知道岳麓山上蟒蛇洞的传说吗？　　　　　　　　　　　134
你知道岳麓山上那些石碑背后的故事吗？　　　　　　　　135
你知道胡寅在岳麓山上怒斥奸臣的故事吗？　　　　　　　136
你知道橘子洲的来历吗？　　　　　　　　　　　　　　　136
你知道毛主席著名的《沁园春·长沙》是在橘子洲写下的吗？　138
你知道湘江之畔著名的"朱张渡"吗？　　　　　　　　　139
你知道长沙千龙湖的神奇传说吗？　　　　　　　　　　　141
你知道长沙"月亮岛"名称的由来吗？　　　　　　　　　143
你知道兴马洲曾是楚王的御马之地吗？　　　　　　　　　144
你知道长沙的哪个湖被称为"飞来湖"吗？　　　　　　　145
长沙的楚家湖是因为明朝的官员而得名的吗？　　　　　　146
你知道长沙的哪个湖被誉为"湖南九寨、人间瑶池"吗？　146
你知道石燕湖景区有哪些著名的传说故事吗？　　　　　　147
你知道长沙也有一个"西湖"吗？　　　　　　　　　　　149
你知道长沙最大的湿地公园是哪一个吗？　　　　　　　　149

长沙的闻人掌故

你知道为什么刘邦所封的七个异姓王中只有长沙王没被剪除吗？　152
你知道著名的"医圣"张仲景的本职竟然是长沙太守吗？　153

你知道三国群雄之一的孙权本是长沙太守之子吗？　154
你知道楷书四大家之一的欧阳询竟是叛贼之子吗？　155
你知道怀素芭蕉练字的故事吗？　156
你知道长沙的传奇名妓谭意哥吗？　157
你知道长沙的抗元名将李芾吗？　158
你知道为什么国民政府的重要官员黄兴会突然辞职吗？　160
你知道伟大领袖毛泽东与长沙的渊源吗？　162
你知道杨开慧同志和毛泽东主席之间有哪些轶事典故吗？　163
你知道徐特立同志节俭、朴素的美德吗？　165
你知道最年轻的"十大大将"许光达将军吗？　166
你知道著名的长沙人章士钊和他富有传奇色彩的后代们吗？　167
你知道田汉的《义勇军进行曲》是怎样写成的吗？　169
你知道金岳霖"与鸡同食"的趣事吗？　170
你知道雷锋"螺丝钉精神"的出处吗？　171
你知道建国后，长沙出过哪些政治名人吗？　173

长沙的民俗特色

你知道长沙有哪"八大怪"吗？　176
在长沙的饭店里，第六个菜不能上鱼是真的吗？　177
长沙农家的猪栏墙上都要写上"姜太公在此"，还要印上石灰五爪印吗？　178
你知道长沙人为什么把吃饭叫作"吃茶饭"吗？　179
你知道老长沙有哪些过年习俗吗？　180
你知道老长沙有哪些元宵习俗吗？　182
你知道在炎炎夏日里，老长沙人有什么消暑习俗吗？　183
你知道中元节这天，长沙有哪些习俗吗？　184
你知道老长沙有哪些中秋习俗吗？　185
你知道长沙有哪些特殊的婚礼习俗吗？　186
冬至是老长沙的重要节日吗？　188
你知道老长沙人造新房时对风水有着什么样的讲究吗？　188
你知道老长沙人生孩子有哪些讲究吗？　189
你知道老长沙有哪些丧葬习俗吗？　191

你知道长沙有哪些农事习俗吗？	193
你知道湘剧发源于哪个朝代吗？	195
你知道湘剧有哪些声腔吗？	196
你知道湘剧的曲目都出自哪里吗？	197
你知道现代湘剧《月亮粑粑》讲的是什么吗？	197
你知道长沙花鼓戏的起源吗？	198
你知道长沙花鼓戏曾经愈禁愈炽吗？	199
你知道长沙花鼓戏有哪些特色吗？	200
你知道长沙花鼓戏有哪些著名剧目吗？	201
你知道长沙花鼓戏有哪些流派吗？	202

长沙的美食特产

你知道长沙过年时都有哪些特色美食吗？	204
你知道长沙的八大历史名菜是哪些吗？	205
你知道老长沙人都做些什么腌腊制品吗？	207
你知道长沙的"姊妹团子"吗？	208
你知道"毛氏红烧肉"是如何得名的吗？	208
你知道长沙火宫殿小吃城的历史吗？	209
长沙的椒盐馓子有两千多年的历史了吗？	210
你知道"剁椒鱼头"这道著名湘菜的来历吗？	211
你知道长沙人吃夜宵的历史吗？	211
你知道长沙臭豆腐的由来吗？	213
你知道长沙腊肉的历史吗？	214
你知道长沙德园包子背后的故事吗？	215
你知道长沙名菜"百鸟朝凤"和清朝太后之间的关系吗？	217
你知道长沙石锅鱼为什么又被称为"金福鱼"吗？	218
你知道"长沙第一好呷葱油粑粑"是哪一家吗？	219
宁乡的猪肉是因为明朝皇帝才闻名的吗？	219
长沙浏阳的金橘有着很高的药用价值吗？	220
宁乡沩山毛尖茶是唐代的贡品吗？	221
你知道被称为"四大名绣"之一的沙坪湘绣吗？	222

你知道著名的长沙大围山梨吗？	223

长沙的场馆娱乐

你知道湖南省博物馆的悠久历史吗？	226
湖南省博物馆的新馆何时开馆？	227
你知道湖南省博物馆中有哪些著名的藏品吗？	228
你知道湖南省博物馆有哪些常设陈列吗？	229
你知道长沙博物馆与中共湘区委员会的关系吗？	231
你知道"中国花炮第一馆"是长沙的哪座博物馆吗？	232
你知道长沙有座剪纸专业博物馆吗？	232
你知道长沙还有哪些富有特色的博物馆吗？	233
你知道长沙生态动物园中惊险刺激的车行猛兽区吗？	235
你知道长沙生态动物园内的大熊猫们吗？	236
你知道湖南省森林植物园中有哪些主要景点吗？	237
你知道长沙有一座以伟人命名的体育中心吗？	239
你知道长沙有着世界上独一无二的摩天轮吗？	240
你知道长沙著名的酒吧一条街吗？	241

附 录

名胜古迹 TOP10	244
名山胜水 TOP10	248
美食特产 TOP10	252

开 篇

出行前的准备

"让心灵去旅行"这句脍炙人口的广告词,成为了很多人心中的经典名言。旅行,不但是人们洗去平素奔波劳碌的疲累,洗涤浮躁麻木的心灵的一大休闲放松途径,也成为了不少人的一种生活方式。来一场说走就走的旅行,似乎是一件很酷的事,但有许多人还是会选择做好一定的准备再出发,因为在旅途中难免会遇到一些棘手的问题,而且在旅行之前做些准备,也能使整个旅程变得更加从容一些。比如,了解将要去往的这座城市的过去,有助于我们更好地理解它的现在,所谓前世今生,必有剪不断理还乱的因缘纠葛;了解了它的自然特点,能让我们在面对新鲜的自然风貌的时候不至于一无所知;了解了从这座城市中走出的传奇人物,使我们对它的历史底蕴、人文氛围会产生更深一步的思考;了解了这里的风俗特色,就能更好地入乡随俗,探寻到更具原汁原味的风土人情……

长沙的历史

长沙,是我国湖南省的省会城市,全省政治、经济、文化、科教、交通和商贸中心,地处湖南省东部偏北,位于湘江下游和湘浏盆地西缘富饶的河谷平原一带。北瞰洞庭,南依衡岳,古时候有"潭州"之称,别名"星城"。目前,长沙市的总面积1.1819万平方公里,其中城区面积为2185平方公里。截至2017年,长沙市辖6个区、1个县,代管2个县级市;常住总人口791万。

长沙是首批国家历史文化名城之一，它有着十分悠久的历史。令人惊叹的是，三千年来，它的城名、城址不变，还有着"屈贾之乡""楚汉名城""潇湘洙泗"的美称，城内保存着马王堆汉墓、四羊方尊、三国吴简、岳麓书院、铜官窑等历史遗迹。在这个充满革命精神的城市里，曾发生过清末维新运动、旧民主主义革命和新民主主义革命等爱国救亡运动，诞生了黄兴、蔡锷、毛泽东、刘少奇、雷锋等名人，和富有地方特色的以"经世致用、兼收并蓄"为中心思想的湖湘文化。下面，就让我们一起来了解一下长沙的古老历史吧。

根据考古学家的相关研究，早在距今20万年至15万年的旧石器时代，长沙地区就存在着原始人类活动。新石器时代，这里已经形成了氏族和部落，距今7000年前已有先民定居。

距今4500年前，长沙一带已有发达的原始农业和渔猎业。

殷商之世，长沙属扬越之地，是百越部落的分支。

西周时，"长沙"之名开始使用，迄今已有3000多年历史。

春秋战国时期，长沙城邑已初具雏形，成为楚南重镇。

公元前221年，秦统一中国后，置长沙郡，长沙为郡治所在地。

公元前202年，西汉设立长沙国，长沙成为诸侯国首府。

三国和西晋时期，长沙为郡治，属古荆州。西晋后期和南北朝时期，长沙为郡治和湘州治所。

隋前期撤郡，长沙为潭州总管府；后期改州为郡，长沙又为长沙郡郡治。

唐朝时设潭州治所，曾属江南道、江南西道。五代十国时期，长沙为楚国国都，这也是唯一以长沙为都城建立的国家。

宋时，长沙为潭州治所。

元朝1274年时长沙改属潭州路，湖广行省治所。1281年仍属潭州路，湖南道宣慰司治所，隶属湖广行省；元文宗天历二年潭州路因"天子临幸"而改名天临路，元末改潭州府治所。

明初，改为长沙府治所，隶属湖广布政使司。

清顺治四年四月初八,高士俊领兵入长沙,长沙纳入清版图,沿明制设长沙府,上隶湖广,仍辖十二州县。

清康熙三年,建"湖南省",长沙同为长沙府府治和湖南省治。明清时长沙有"四大米市"和"四大茶市"之称,为中国最重要的米市之一。

清雍正二年,改偏沅巡抚为湖南巡抚(仍隶湖广)。长沙(府)城自此为湖南省会。乾隆时期,长沙(府)城不仅为巡抚治,亦为布政、提学、提法三司,巡警、劝业、盐法、长宝四道治所。

民国元年(1912年)4月,并县归府,长沙、善化二县合并为长沙府直辖地。

民国三年(1914年)6月2日,湖南划为四道,长沙县属湘江道(即原长宝道,1916年裁撤武陵道,其中11县划归湘江道)。

民国十九年(1930年)7月27日,中国工农红军攻入长沙,长沙市苏维埃政府成立。

民国二十二年(1933年)8月11日,市县分治,国民政府行政院同意长沙设市,是第14个设为行政区划的市,也是第7个设市的省会。

1949年8月,长沙和平解放,并成为湖南省省会。

2015年4月8日,国务院正式批复同意设立湖南湘江新区,自此,湘江新区成为全国第12个、中部地区首个国家级新区。

长沙独有的特色

每个城市都有它独特的一面,不同的地理位置、气候条件、历史、经济、政治等因素决定了它的前世今生和风土人情。而身处湘江之畔,既有着南方城市典型的秀丽风光,又有着热情似火个性的长沙城,又是以怎样的独特魅力,源源不断地吸引着中外游客前来一探究竟的呢?下面,就和笔者一起来走近长沙那独特的一面吧!

【长沙的美食符号】

◎ **长沙臭豆腐**

长沙最著名的美食符号,就要数长沙的臭豆腐了,这是一道令我们伟大的国家主席毛主席都赞不绝口、爱不释手的特色美食。长沙臭豆腐是湖南长沙传统的特色名吃，长沙当地人又称"臭干子"。它和其他许多地方的臭豆腐不同，它不是普通的豆腐颜色，也比许多地方的臭豆腐更重调味，它颜色墨黑，外焦里嫩，鲜而香辣。

尤其是长沙火宫殿的臭豆腐，更是一绝，它是用黄豆为原料的水豆腐，经过专用卤水浸泡半月，再以茶油经文火炸焦，佐以麻油、辣酱，具有"黑如墨，香如醇，嫩如酥，软如绒"的特点。因为卤水中放有鲜冬笋、浏阳豆豉、香菇、上等白酒等多种上乘原料，故味道特别鲜香。据说，毛主席曾多次称赞火宫殿的臭豆腐，还亲自来火宫殿就餐。

◎ 糖油粑粑

糖油粑粑是长沙市的地方传统名吃，主要原料是糯米粉和糖，尽管原料简单，但其制造工艺精细讲究，有特殊的制造过程。新鲜出锅的糖油粑粑金黄脆嫩，甜而不浓，油而不腻，色香诱人，是长沙人人必吃的一道地方美食。

◎ 龙脂猪血

龙脂猪血是长沙地区特色传统小吃，也叫"麻油猪血"。它光汤料就十分讲究，汤中有干椒末、冬排菜、葱花、麻油，偶或加点胡椒粉，吃起来鲜香可口，更带着湖南特色的辣。其实这道菜自古就有，但当时还没起名，一些长沙的读书人认为这道菜就像龙肝凤脂一般美味，于是就给它取了一个风雅的名字叫作"龙脂猪血"。在寒冷的冬天，要是能喝上一碗热气腾腾的龙脂猪血汤，那可是相当的受用啊！

◎ 芙蓉三鲜火锅

芙蓉三鲜火锅是长沙地区特色传统美食，其原料是瘦肉末、鸡蛋、白菜、粉丝、青菜心、鳗鱼、火腿等。火锅是湖南的一种传统饮食，已有1000多年的历史。据史料记载，火锅可追溯到东汉时期。火锅有两种材质的，一种是铜做的，用来涮羊、鸡、猪等肉食；一种是用小火炉里面装上炭火，上面放上陶制的砂锅，再放入各色食材，名为"暖锅"。

◎ 口味虾

麻辣小龙虾又叫"长沙口味虾""香辣小龙虾"等，是湖南省著名的

传统小吃,用小龙虾制成,口味辣、鲜、香,色泽红亮,质地滑嫩,滋味香辣。口味虾自20世纪90年代在长沙出现后,经过二十余年仍然盛久不衰,成为长沙人夜宵的必备选项。

【长沙的文化符号】

◎ 长沙花鼓戏

长沙花鼓戏是一种湖南省的传统戏曲剧种,来源于传统民间歌舞说唱艺术,演唱时均以长沙方言为统一的舞台语言,是湖南花鼓戏中影响较大的一种。它是由农村的劳动山歌、传统民间小调和地方花鼓发展起来的,距今已有160余年历史。

其音乐曲调有川调、打锣腔、牌子、小调4类约200余支,有传统剧目336个。以表演"三小"(小生、小旦、小丑)戏为特色,反映民间生活为主。

◎ 湘剧

湘剧是湖南省的传统戏曲剧种之一,名称最早见诸民国9年(1920年)长沙印行的《湖南戏考》第一集。它流行于长沙、湘潭一带,主要流行于长沙、善化、湘阴、醴陵、湘潭、湘乡、宁乡、益阳、攸县、安化、茶陵等17个县市,还流传到了江西、广东等地,又被称作"大戏班子""长沙班子"或"湘潭班子",一度还被称为"长沙湘剧"。

湘剧源出于明代江西一带的弋阳腔,后又吸收昆腔、皮黄等声腔,形成了多声腔合一的特色。湘剧的表演融高、低、昆、乱四大声腔于一体,并吸收了青阳腔、四平调、吹腔以及南罗腔、银纽丝、鲜花调等杂曲小调。经过长时间的演化,高腔和乱弹已成为如今湘剧艺术中的主要声腔。

湘剧现有传统剧目682个,加上散折戏,多达1155个,其中弹腔剧目有500个以上,高、乱声腔的剧目占98%以上,高腔剧目近百个。湘剧的传统剧目,不少出自宋末南戏、元代杂剧和明清传奇,也有少数系艺人创作和改编的剧目。高腔的"四大连台"和"六大记",是演出时间最早、保留时间最长的代表性剧目。"四大连台"为《封神传》《目连传》《西游记》《精忠传》,每本可连台演出五至七日。"六大记"为《金印记》

《投笔记》《白兔记》《拜月记》《荆钗记》《琵琶记》。乱弹的"八大连台""江湖十八本"和"三十六按院",则是经常演出并为观众所熟悉的剧目。

建国后,新老湘剧艺术家对湘剧的丰富遗产进行挖掘、整理,上演剧目由200多个增至400多个,并及时抢救了行将失传的剧目320多个。

2006年5月,湘剧被列入第一批国家级非物质文化遗产名录。

【长沙最佳的旅游季节】

一般认为秋季是去长沙旅游的最佳时节。此时游客可以欣赏独立寒秋、湘江北去的橘子洲头,岳麓山上的枫叶也开得正当时,可以一睹著名的"停车坐爱枫林晚,霜叶红于二月花"的盛景,还有满城的桂花香,甚是醉人。另外,秋季的天气比较凉爽,夜晚又不会过于寒冷,游客们还能够来到长沙街头品尝夜宵,体验长沙以美食为主的丰富夜生活。其实,除了夏季长沙气温格外炎热,冬季又有些寒冷有时候还可能下雪以外,春天长沙的气候也较为宜人,只是长沙的春季气候较多变,游客需要注意及时增减衣物,以防感冒。

【长沙方言】

长沙话,即长沙方言,属于湘方言中新湘语的一支。一般我们所说的长沙方言,是指长沙主城区和望城区、长沙县大部以及宁乡县东北部一带所使用的方言,其中,长沙县和望城区方言与城区方言略有区别。而长沙下辖的另外两个区域,宁乡县和浏阳市的方言则与市区方言差异较大,其中浏阳东部的方言还属于赣方言和客家方言,与长沙方言区别很大,不能够互通。长沙市区方言又与相邻的湘潭市区方言和株洲市区方言大部分一致,基本能够相通。

长沙话中的用词,则有如下几大特点:

(1)长沙话中保留了相当一部分文言文用法,比如,何解(为什么),何事(什么事),该(这),巨(非常),齿(理会、重视),咒(骂),也罢(算啦),匀静(慢吞吞的样子),作孽(可怜、造孽),了难(解决难题)等。

(2)在长沙话中,人们常用"子"字代替北方话的"儿"化音,比如,桌子、椅子、杯子、被子、凌棍子(冰锥儿)、麻雀子、蚂蚁子、婆婆子

(老太太)、老倌子(老头儿)等。

（3）长沙话中常用"哒"字代替普通话中的"了"字，表示事情已经完成，比如，吃哒（吃了）、走哒（走了）、好哒（好了）等。

（4）在长沙话中，表示疑问时，常用"咯"字，而且常常会在"咯"字前面加一个"不"字，比如，好不咯（好吗）、要不咯（要吗）。

（5）长沙话的一大重要特色，就是大量采用动词作为形容词前的程度副词，用来表示"很、非常"，比如，刮白的、弄绿的、通红的、漂的、浸咸的、沁甜的、冰冷的、烧热的、喷臭的、喷香的、绷硬的、蜡软的等。

值得一提的是，长沙话的语序也跟普通话有着一定的不同，经常使用倒装等语序，它的副词和形容词也十分丰富，并且存在着文白异读，也就是口头语言的发音与书面语言的发音不同的情况。

下面，就让我们一起来学习长沙话中的日常用语吧！

举例：

啊也——哎呀

不带爱相——讨厌

不得——不会

踩一脚——等会儿

跌——掉、丢

恩咯——是的

搞砣不清——弄不明白

噶杂——这个

赫人——吓人

灵泛——聪明

可痞——可耻

克——去

了难——解决问题

莫——不要

冒——没有

么子——什么

满哥——年轻男子

毛毛——婴儿

哦改——为什么，怎么

哦得了，哦四搞——怎么办

呷——吃

七里八里——啰里啰嗦

硕——不好的

一哈子——一会儿，一下子

韵味——过瘾，爽

也屁——不好了，坏事了

伢——爸爸

伢子——男孩子

妹子——女孩子

造孽——可怜

晓得——知道

时刻子——总是

历史上的长沙

  长沙，湖南省省会，湘楚文化的发源地，是我国历史上唯一经历3000年历史而城址不变的城市，光是有文字可考的历史就长达3000多年，又因屈原和贾谊的影响而被称为"屈贾之乡"，自古以来就是我国的政治、经济、文化名城。在长沙璀璨的历史星河当中，曾经发生过许多动人的故事与传说……

你知道早在旧石器时期，长沙就已有人类活动了吗？

早在距今6亿年的古生代以前，湖南大部分地区都还是海洋，没有形成陆地，直到2亿年前的中生代三叠纪，海水才逐渐退去。经历了中生代末的燕山运动后，洞庭盆地形成，长沙的地质骨架也初步形成。最终，第三纪末至第四纪的新构造运动，奠定了与今天相仿的长沙地形地貌，也奠定了其四季分明、雨量丰富、日照充足、气温相对温暖的亚热带气候。

长沙得天独厚的地理环境和气候特点，促进了人类文明在此的诞生。早在距今20万年至15万年的旧石器时代，长沙就有了人类的活动。1991年8月，在浏阳市永安镇芦塘村发现了一处旧石器时代遗址，考古学家在遗址中，发现了珍贵的石器文物。后来，在长沙市区也多次发现旧石器时代人类制作的石器。

在长沙进入新石器时代之后，人类活动更为频繁，范围也更加广泛。在长沙市区和长沙县、望城县、浏阳市都出土了新石器时代的遗迹，其中最著名的是长沙县南大塘遗址，这是母系社会留下的遗迹。根据专家鉴定，该遗址大约有7000多年的历史，在这里出土了大量的石器和陶器，做工也比旧石器时代精良了许多。它表明在当时，生活在长沙的人类已经学会了制作熟食、挖掘土地、耕种粮食作物，并学会了制作陶器。

大约在距今5000年前，长沙进入了屈家岭文化阶段，属父系氏族社会文化。1988年12月，在长沙县广福乡梅藐村发现了属这一阶段的腰塘遗址，出土了大量的陶器和石器，并且发现了一座面积16平方米的半地穴式房基、类似粟米的农作物颗粒和一些鹿角、兽骨。这表明当时的长沙先民已经学会了建造房屋，文明程度得到了很大的提高。

后来，在大约距今4500年前，长沙进入龙山文化阶段，同属父系氏族社会文化。这一阶段留下的遗址较多，主要有浏阳樟树潭遗址、长沙县的月亮山遗址和团里山遗址等，面积都较大，其中出土了玉制饰物和纺织工具，在这一阶段，长沙的人类已经开始使用纺织技术，并且开始制作玉器。

而中华民族的始祖黄帝和炎帝，更是都在长沙留下了自己的足迹。据司马迁的《史记·五帝本纪》记载，黄帝在征战四方的时候，曾经来到过长沙一带，后来把长沙封给了他的儿子少昊氏。据说，他是有历史记载的开发长沙的第一人。而炎帝跟长沙的渊源就更深了，据说他死在长沙，葬于长沙茶乡之尾，此地也被称为"茶陵"，后来还兴建了炎帝庙。

到了尧、舜、禹时代，在今天的长沙一带出现了一个"三苗国"。关于"三苗国"的具体地域范围，在古籍中有着不少记载。据《战国策》记载，"昔者三苗之居，左彭兹之波，右洞庭之水"，司马迁则写道"三苗在江淮、荆州"，唐朝的杜佑则认为其属当时的潭州。

传说，舜帝在征讨三苗国的过程中，不幸去世，葬于永州九嶷山。他的两位妃子，尧的女儿娥皇与女英前去吊唁，并且伤心过度，葬于湘江，后葬于岳阳君山。相传，她们的灵魂变成了湘江之神，被称为"湘君"。

舜去世之后，大禹成为了新的领袖。他为了治水和征讨天下，走遍了中华大地的角角落落，也在长沙留下了足迹，比如岳麓山顶的禹王碑、山下的禹迹溪等。

你知道"长沙"之名最早出现在史册上是在什么时候吗？

公元前21世纪，禹的儿子启继承了他的位置，远古时期首领的禅让

制被推翻，他建立了我国历史上第一个奴隶制王朝——夏朝。后来，我国北方又先后诞生了商和西周两个奴隶制王朝。但这三个朝代的统治者，都未能将广大的南方地区纳入管辖范围内，长沙也在此之列。

在夏朝，长沙仍然属于古三苗国。到了商、周时期，古三苗国灭亡，此地被称为"扬越"，又叫"荆蛮"。当时，我国长江以南的地区生活着的多为古越民族，覆盖范围十分广，"扬越"就是古越人的一支，而长沙的越人则是"扬越"人中的一支。古越人创造了属于自己的与中原地区不同的独特文化。

但北方奴隶制王朝对越人发动的战争不断，他们力图占领长江以南的这大片区域。尤其是在商周时期，奴隶王朝的统治者对扬越之地一直十分觊觎，曾经无数次对其进行攻打。虽然最后扬越之地并未真正纳入他们的版图，但其实这一带已成了他们的附庸之地，需要年年岁岁进贡以保平安。据《逸周书·王会》记载，在周朝之初，进贡的贡品之中就已经有了一种叫作"长沙鳖"的东西，据说，这是长沙一带的特产，味道十分鲜美，因此被尊为贡品。这也是"长沙"一名见于史籍的最早记载。

你知道长沙是什么时候被纳入全国统一的建制中吗？

战国末期，秦国为了统一天下，发动了对六国的讨伐，一直到公元前221年，最后一个国家齐国被灭，自此，秦朝建立，我国历史上第一个统一的多民族中央集权的封建国家也就诞生了。

秦朝建立之后，秦始皇废诸侯、立郡县，分天下为36郡，原本长沙属楚国的"江南地区"，自此变成了长沙郡。《汉书·地理志》里有着这样的记载："长沙国，秦郡。"南朝郦道元所著的《水经注》里也有相关的描写："秦灭楚，立长沙郡。"从此，长沙开始纳入全国统一的政治体制，并第一次明确地以一个行政区域被载入史册。

秦代的长沙郡，以今长沙地区为中心，北起洞庭，南至五岭，东到鄱阳湖西岸和罗霄山脉，西至沅水流域。据明朝崇祯年间编《长沙府志》

中的描述，秦代长沙郡下设湘、罗、益阳、阴山、零陵、衡山、宋、桂阳等9县。这是古代长沙最早的一批县级行政区域，其范围包括了今岳阳、长沙、湘潭、株洲、益阳、衡阳、邵阳、娄底、郴州、零陵10个地市，以及鄂南、赣西北和广东的连县、广西的全州等地，面积几乎相当于今天整个湖南省。其中的湘县，就是今天长沙、望城、宁乡、浏阳4县（市），旧城设在今长沙市区之内，是长沙郡治所，同时是长沙的最高军政长官的驻节之处，可谓长沙的政治、经济、文化中心。

秦代的长沙郡为地方一级行政区划，其最高行政长官为郡守，并设有郡尉管军事，监御史掌监察。郡下各县，行政长官为县令（万户以下的县称"县长"），又设有县尉掌军事和治安，县远掌司法和税务。县以下设乡、亭、里等社会基层行政单位，有三老、亭长、里正等职。其实我们不难看出，当时长沙的行政规划中就已经有了较为科学、具体、有效、精细的分工。在此后漫长的封建社会当中，虽然朝代一直更替，但长沙的行政规划一直是建立在这一套的基础上发展和渐变的。

当时的长沙郡，是秦王朝的政治、军事重城。据清朝光绪年间所修《湘阴县图志》载，当时长沙郡附近的洞庭湖"中有磊石山、秦骑望两处，高踞全湖，周望万顷，铜盆、万石两汊，为湖中栖泊要害，南北有事，势在必争"。"秦骑望"，指的大概就是秦朝驻兵守望的前哨阵地，由此可见秦朝对其重视程度。秦始皇巡行天下之时，就曾经来到过洞庭。关于秦始皇造访洞庭的行程，还有着一段传说故事。据《史记·秦始皇本纪》记载，公元前219年，他来到了湘山，也就是今天的岳阳君山。当他来到洞庭湖畔的时候，突然湖面上兴起了大风大浪，他们的船只都无法渡江。秦始皇认为这是天生异象，就询问陪同的大臣。大臣说也许这是湘君在作法，传说湘君是尧的女儿、舜的妻子，葬于此地。向来自视甚高的秦始皇十分生气，认为这湖面上的大风大浪是湘君在故意挑衅他，就派了足足三千人将湘山的树木全部砍光后再回程。

在秦始皇晚年时，他曾令尉屠睢率50万大军，发动征服南越的战争，当时，长沙郡就是其重要的军事基地。当时，长沙郡内修筑了通往南越之地的"新道"，作为秦军的运送兵马和粮草的道路。根据《淮南

《子·人间训》的记载，屠睢统率的 50 万人马分为 5 军，其中两军都驻守在长沙郡的零陵县境内。另外，后来秦始皇还命监史禄在零陵县境南端（今广西兴安县境）的湘江上游与漓江上游之间开凿灵渠，实乃一大创举，对不断扩张和发展秦朝的疆土起到了重要的作用。

你知道西汉长沙国是怎样被封立的吗？

公元前 202 年（汉高祖五年），汉王刘邦打败西楚霸王项羽，正式登基称帝，建立了西汉王朝。

刘邦称帝之后，建立长沙国以替代秦时所设立的长沙郡，并且封开国功臣吴芮为长沙王，将湘县改名"临湘县"，定为国都。这是湖南历史上的第一个诸侯王国，也是长沙第一次成为诸侯王国的都城。西汉时期的长沙国自前 202 年始封至公元 7 年废除，在历史上存在了 200 多年，

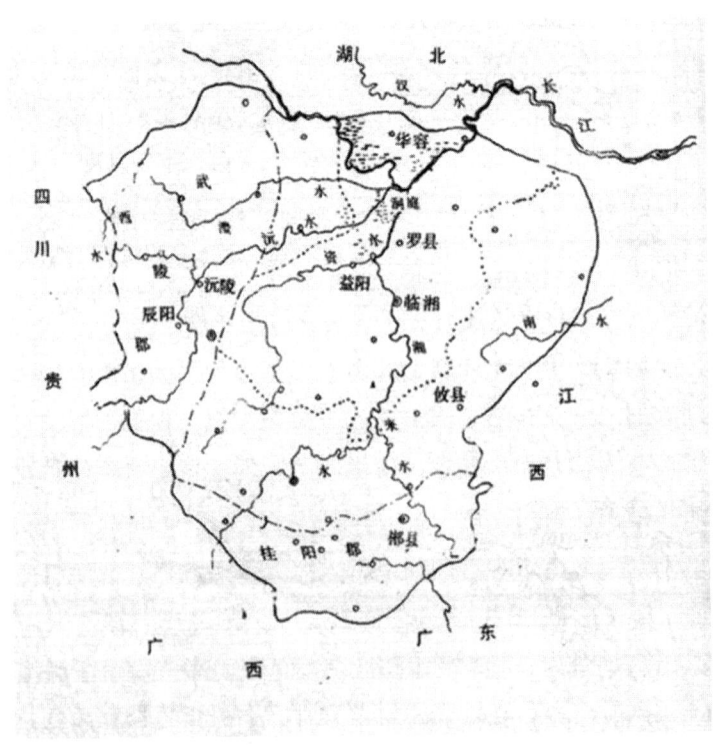

汉代长沙国地图

先后分为吴氏长沙国和刘氏长沙国两个时期。

吴氏长沙国的第一代王吴芮，是济阴鄄城（今山东菏泽）人。他在秦朝时担任番阳（今江西波阳）县令，深受百姓的爱戴，被尊称为"番君"。秦朝末年，陈胜、吴广在大泽乡揭竿而起，吴芮也和子侄及部将一同宣告起义。吴芮加入起义后，闽粤王无诸和粤东海王也前来归附，一行人为推翻暴秦统治立下了赫赫战功。秦朝灭亡以后，吴芮被项羽封为衡山王，以邾（今湖北黄冈）为都。项羽败亡后，他与韩信、英布等人拥戴刘邦，成为西汉开国的元勋。刘邦登基后就颁布了诏书对吴芮大加表扬："从百粤之兵，以佐诸侯，诛暴秦，有大功。"并且，他封吴芮为长沙王，建立了长沙国。

关于长沙国的范围，史书中有着这样的描写："以长沙、豫章、象郡、桂林、南海立番君芮为长沙王。"但这时，豫章郡已经被封给了吴芮的女婿淮南王英布，而象郡、桂林、南海三郡当时还为南越王赵佗所有，还未归顺汉朝。此时长沙国的实际疆域，就约等于秦朝长沙郡的范围。1971年在今长沙市东郊发掘的著名的马王堆西汉墓，正是吴氏长沙国初期所建造的。在马王堆的第3号墓，出土了一幅《长沙国南部地形图》，显示出当时长沙国的范围西起今广西全州、灌阳一带，东至今湖南新田、广东连县一带，南达今广东珠江口外的南海，北到新田、全州一线，与史册中记载的长沙国南部疆域的边界几乎一样。

吴氏长沙国自吴芮开始，到前156年其五世孙吴著死后，因为其膝下无子，被废除，共传5代，历时46年。长沙国的官吏制度与西汉朝廷基本相同，设有丞相（汉高祖初时这一职位曾被称为"柱国"），由朝廷直接委任，名义上是为了辅佐诸王，实际上就是朝廷派来制约地方势力的，在丞相之下还设有御史大夫、尉及各县的县令（长）等官职，均由诸侯王任免。

根据《汉书·地理志》和《长沙国南部地形图》等史籍记载，汉初，长沙国已设有22县，包括今属湖南的临湘、罗、益阳、连道、承阳、郝、昭陵、容陵、茶陵、湘南、㴬、郴、营浦、南平、舂陵、冷道16县，以及今分别属于江西、广东、广西的安成、桂阳、观阳、洮阳4

县和处于湘粤边界的龄道县,与湘鄂边界的下隽县。

公元前158年,文帝之子景帝继位,又建立长沙国,都城仍为临湘。前155年,其庶子刘发封为长沙王。其实在当时,长沙国算是偏远之地,因为刘发的出身微贱,所以才被分封到长沙国。刘发的母亲唐姬,原来是汉景帝程姬的侍女。一次,景帝召幸程姬时,程姬让自己的侍女唐儿代替她去,因为当时景帝酒醉,并没有发现,直到事后才知道。因为景帝有些嫌弃这位唐姬出身卑微,因此就将她生的儿子取名为"发"。

刘发来到长沙国称王之时,长沙国的南部之地已经另立桂阳郡和零陵郡。因此,刘氏长沙国的封地只有临湘、罗、下集、益阳、连道、湘南、安城、丞阳、茶陵、攸、昭陵等13县,比吴氏长沙国的面积小了很多。《汉书·诸侯王表》中有着这样的记载:"虽有旧名,皆无南北边矣。"而且,刘氏长沙国的势力也大不如前。前145年,汉景帝鉴下旨:"诸侯王不得复治国,天子为置吏,改丞相为相。"自此,诸侯王不能干预自己国家的政务,诸侯国内的官员也通通由朝廷直接任免,还大大减少了封国的官员人数。

公元8年,王莽废除汉朝自立为帝,建立"新"朝,刘氏长沙国面临被废除的境地。次年(新莽始建国元年),末代长沙王刘舜被废除,长沙国被改名"填蛮郡",国都临湘改名为"抚睦县"。至此,刘氏长沙国自刘发始封到刘舜被废,共传7代8王,历时164年。

你知道西汉长沙国的临湘故城在哪里吗?

诚如上一篇文章所介绍,西汉时期,长沙国的国都被定于临湘,而遗憾的是,临湘故城现已不存。临湘故城位于长沙国的中心地带,为历代长沙王的驻地和长沙国的政治、军事、经济中心。根据《水经注》的记载,临湘城是吴芮始封长沙时所筑,史称"临湘故城"。

那么,这座曾在长沙历史上有着举足轻重地位的古城,究竟建在什么地方呢?

有考古学者认为，临湘故城的范围，就在如今长沙市区的湘江以东、建湘路以西、五一路以南、樊西巷以北所框出的边界之间，方广数里，十分恢弘，城内设有王室宫殿、丞相府邸、百官衙门，城外水陆要冲还修建了驻扎军队的戍所，用来保卫都城的安全。吴芮的宫殿，就是后来人们所说的"吴王殿"，也是后来刘氏长沙国诸王的居所，就在今市区八角亭以东、蔡锷路以西一带。1996年8月，考古学家在长沙市区中心五一广场平和堂基建工地中的一口汉代古井里，发现了汉代的卷云纹瓦当和刻有"安乐""未央"字样的瓦当。经过鉴定，这是当年长沙国宫殿的遗物。

另外，如今位于天心阁太平街的贾谊祠，正是贾谊当年任长沙王太傅时的府邸。另外，除了临湘故城之外，在湘江的两岸，由南而北还有南津城、桔洲戍、北津城等古城，也或多或少地留下了它们存在过的印记。

长沙的马王堆真的是五代楚王马殷的墓葬吗？

马王堆位于长沙市东郊长浏公路北侧，距市中心约4公里，是浏阳河下游冲击平原中隆起的一片土堆，它长约500米，宽约230米，土堆上东、西两边各有一处土冢，相距20余米，底部相连，看起来就像一座

马王堆出土的彩绘棺具

马鞍,因此也被人们称作"马鞍堆"。

在这里,有着许多美丽的传说。一种说法是,这里葬着长沙王刘发的两位母亲。北宋《太平寰宇记》中就曾经记载,西汉长沙王刘发在长沙县东侧十里地埋葬其母程、唐二姬,人称"双女冢",它所记载的方位,就在马王堆一带。光绪年间的《湖南通志》中也有"二姬墓在长沙县东"的记载。还有一种说法是,马王堆为五代时期楚王马殷及其家族的墓地。楚王马殷曾建都长沙,并在长沙生活数十年,因此他和他的家人也埋葬在了长沙。但这种说法并没有得到相关考证。光绪年间的《湖南通志》曾这样记载:"马王疑冢,在县东南五里,楚王马殷筑,相传三千三百六十七冢。"由此可知,关于这里是否是楚王马殷墓葬的问题,当时仍然没有一个明确的答案。

后来,经过我国近现代考古学家的考证,马王堆并不是楚王马殷的墓葬,这只是一种误传。事实上,它是西汉初期长沙国丞相利苍和其家眷的墓葬。湖南省博物馆与中国科学院考古研究所于1972年发掘了一号墓。1973至1974年初,又发掘了二号、三号墓。三座汉墓中,二号墓中埋葬的是汉初长沙丞相轪侯利苍,一号墓埋葬的是利苍之妻,三号墓埋葬的是利苍之子,而且三座墓的下葬年代不同。二号墓墓主轪侯利苍约下葬于吕后二年(公元前186年),三号墓墓主利苍之子下葬年代是西汉文帝前元十二年(公元前168年),一号墓墓主利苍妻下葬年代可能还要再晚一些。

2013年5月3日,国家文物局将马王堆汉墓列入第七批全国重点文物保护单位名单中。

长沙马王堆出土的千年女尸被称为"东方睡美人"吗?

20世纪70年代初,一所部队医院在马王堆附近施工的时候意外发现地底下可能藏有大型墓葬,1972年初,经过考古学家的精心勘探和挖掘,一座巨大的椁室就这样被发掘出来了。整个椁室由厚重的松木板料构筑而成,长6.73米、宽4.9米、高2.8米,四块隔板以"井"字形把椁室分为四个部分，内、外绘制着吉祥图案，喷漆则以朱漆为内、黑漆为外，居中为殓尸的内棺，由两道考究精致的帛束缠盖住，经过考证，属于考古史上难得一见的精致文物。打开这具棺材后，考古学家有了一个惊人的大发现，原来其中躺着一具女尸，打开时仍栩栩如生，就如同一个熟睡的美女。据说，这具女尸在被专家剥除了外在的包裹后，皮肤竟然仍旧是淡黄色的，按下去甚至还有弹性，部分关节能够活动。经过防腐处理后，女尸被送到了湖南省医学院，注射防腐剂时，女尸的软组织随时鼓起，以后逐渐扩散，和新鲜尸体十分相似。这不仅是世界考古史上的奇迹，更是人类历史上的奇迹。这一奇迹受到国内外科技界的广泛关注，被认为"创造了世界尸体保存记录中的奇迹"。经鉴定，这具女尸竟然已经有着2000多年的历史了。

那么，马王堆汉墓的墓主是谁呢？从墓中的陪葬物品我们可以推测出，这是一位名叫"辛追"的贵族夫人，从另一个被发现的二号墓葬中，我们可以推测出该墓的墓主为第一代轪侯利苍，这位"辛追夫人"，就是他的妻子。后又发现三号墓墓主为一名30多岁的男子，他是利苍的儿子。另外，在三号墓出土的文物中，有一件木牍上刻有"十二年十二月乙巳朔戊辰"等字样，说明该墓下葬年代为汉文帝十二年（公元前168年）。综上所述，这三个墓应该就是长沙丞相轪侯利苍家族墓地。

根据专家的后期鉴定，这具女尸去世时年约50岁，身高1.54米，体重34.3公斤。开棺时，女尸被浸泡在棺内约20厘米深的无色液体中（出土后不久渐变成

辛追夫人复原塑像

棕黄色)。难道这就是2000多年前的"防腐剂"？早在那时，人类就有了这样先进的防腐技术？经科学的检测分析，这种液体是通过土壤、白膏泥和木炭层而渗入墓室，经长期聚集而成的，虽然，其中带有少量的硫化汞，这是一种防腐物质，具有微弱的抑菌作用，但并不是这具女尸被保存得如此完好的原因。真正的原因恐怕是因为棺材的密封程度极好，使得尸体与外界完全隔离，所以腐坏的速度极慢，而造成了这一奇观。

经过对女尸的病理解剖检查发现，死者生前患有冠心病、多发性胆石症、全身性动脉粥样硬化症，右上肺有结核病灶，右前臂曾经骨折，在直肠和肝脏内有鞭虫卵、蛲虫卵和血吸虫卵，一只胆囊先天畸形。这些发现为我国的古病理学、古代疾病史和医学发展史提供了宝贵的科学资料。经医学鉴定，死者血型为A型，生前曾生育过，这正印证了史书中所记载关于她曾生育过两个儿子的描述。那么，她是因为什么而死亡的呢，是否寿终正寝呢？经解剖，该女尸皮下脂肪丰满，皮肤没有褥疮，无高度衰老迹象，所以专家推测她应该是由于突发疾病而死。在她的尸体食道、胃及肠内，科学家发现了138颗半甜瓜子，因此推测她的死亡时间是在夏天，可能是吃了生冷甜瓜后引发胆绞痛，由此诱发冠状动脉痉挛，导致严重心律紊乱而猝死。

那么利苍这一家人，在当时又有着什么样的社会地位呢？据历史记载，在公元前202年，刘邦建立西汉，分封了七个异姓王。但是后来，异姓王们的势力逐渐变大，有割据一方的态势，因此刘邦下决心铲除这些异姓王，以自己的亲戚取代。但是他对长沙国的异姓王吴芮却一直没有动手，因为当时在长沙国之南，今天的广州一带，有一个强大的南越国，一旦长沙国王和南越国王联手对付刘邦，事情就不好办了。因此，刘邦只好先派利苍到长沙国监督吴芮，封利苍为侯。因为利苍其人，原本的封地在轪县（今河南信阳地区），所以，他又被称作"轪侯"。利苍死后，他的儿子利豨继承了他的职位。据历史记载，最后一代轪侯是利氏家族的利扶，因其触犯了当时的法律，爵位被削。

你知道在长沙的马王堆里出土了哪些重要文物吗?

根据上一篇文章的介绍,近代,人们在长沙发现了盛大的马王堆墓葬,其中,主要可以分为一、二、三号3个系列的墓葬。在保存较好的一号墓和三号墓中,出土的随葬器物极为丰富,它们主要是被摆放在棺房周围的边箱中,主要是衣服、食品、药材、梳妆品与日常用品、棋类娱乐器具,用来盛放食物与物品的竹筒、漆器和陶器类盛器及漆木器具、竹木器具与乐器、兵器、木俑和明器(制成模型或偶像随葬的冥器),以及"遗策"竹简。除此之外,在三号墓中,还发现了许多书籍,有《周易》《老子》和天文、医学、兵书、相马经等简书和帛书,共28种,总计12万余字,还有《长沙国南部地形图》《驻军图》两幅彩色地图。这样精美、包罗万象的出土文物,在我国考古史上都属于罕见,甚至震撼了整个世界。

在这些文物中出土的"遗策"竹简,详细记载了随葬物品的情况。其中,一号墓出土312枚、三号墓出土410枚竹简,是目前发现的同类竹简中最完整的两批。"遗策"竹简所记载的器物清单表明,墓葬里有着大量墓主人生前所喜欢食用的食物和使用的生活用品。比如,一号墓中有装在麻布袋里的稻谷、麦、黍、豆等农作物,漆器具内装满了烹调成熟的畜禽类菜肴,漆鼎中盛放了各种羹,陶皿内分别装着酒类、酱等各种调味品和不少时令瓜果。令人惊奇的是,在刚出土时,墓葬内随葬的稻谷仍然是金黄色的,颗粒饱满,看起来就像是现摘的一样,被挖掘出来之后才逐渐脱水干瘪。还有藕、桃等水果出土时仍然就像新鲜的一样,接触外界之后才逐渐氧化腐烂,堪称一大奇观。

按器物的种类分,马王堆汉墓出土的漆器共有500余件(一号墓有184件、三号墓为316件),这是全国各地发现的漆器中数量最多、保存最好的一批。这批漆器主要有鼎、盒、壶、耳环、钫厄、盘、奁、案、屏风等,表面多绘有黑、红、灰、绿等颜色的装饰花纹,一般以黑色作底,纹样则以几何纹为主,龙凤纹和草纹为辅,描画得十分精致。在其中的一些漆器上,写着"轪侯家""君幸酒""君幸食"等字样,有些还注

马王堆中出土的素纱禅衣

明了器物的容量。有的漆器上面印有"成市口"的印记，说明是成都官府作坊所制造的。

另外，在墓葬之中还出土了大量的绢、纱、绮、罗、锦等丝织物和绣品，有衣、帽和各式衣物面料及少量麻布。令人拍案称奇的是一号墓出土的两件素纱禅衣，它完美地诠释了"薄如蝉翼"这个词语。这两件素纱禅衣长128厘米，两袖伸直长为190厘米，但它的重量却竟然分别只有48克和49克！这在今天的纺织行业中也是需要很高的技术的。另外，考古学家们还有一大发现，他们首次在墓葬中发现了绒圈锦这种面料，这种面料的特点是它的纹样突出于锦面，因此看起来有一种立体的效果，很是华丽。在过去，学界一直认为绒圈锦织物是从唐代以后才出现的，也有人认为这种纺织技术是从国外传入中国的，但是在马王堆出土的这种面料打破了这一认知，这说明早在西汉初年，中国已经有了绒圈锦的织造技术，我国人民更是这类织物的首创者。在一号墓中出土的泥金银印花纱和印花敷彩纱也都是第一次被发现的面料，这些面料都十分精巧华丽，说明早在西汉时期我国的纺织技术就已经达到了一个相当高超的水平。

在马王堆汉墓，还出土了十余幅彩绘帛画，因为汉代流传下来的帛画极为罕见，因此这次出土的帛画占了全国帛画出土量的近一半。帛画当中的图案，大多为腾龙、仙鸟、怪兽、双蛇、巨鱼、神龟等，其中不少都描绘了一些神话故事，表现了当时人们对自然的一种信仰和崇拜之情，画卷中的内容左右对称、线条流畅，展现出当时艺术家们的高超技艺。其中最具典型意义的是一号墓和三号墓内覆盖在内棺上的彩绘帛画，两幅帛画构图相似，画面呈"T"形，全长2米左右，四角带有飘带，顶端有丝带，据专家考证，是墓主人出殡的时候为了引导随葬队伍所制的。

综上所述，马王堆汉墓所出土的文物，是我国考古史上的一大奇迹，为当前我国以及全世界的历史文化研究提供了极为珍贵的实物资料。

马王堆汉墓中出土的帛画

你知道长沙是汉赋的发源地之一吗？

我们都知道长沙是一座历史文化名城，且人才辈出，古往今来，诞生了一批批风流倜傥、才高八斗的文人骚客。同时，长沙也可以说是汉赋的发源地之一，这也主要是因为贾谊被贬居长沙之故。

汉高祖七年（公元前200年），贾谊出生于洛阳（河南郡郡治所在地），年少时师从荀况学生张苍。汉高后五年（前183年），他成为河南郡守吴公的得意门生，辅佐在侧。汉文帝登基后，因为吴公的举荐，贾谊成为汉文帝所封的最年轻的博士。由于其才华出众，一年之内便被破格升任为太中大夫。后来，文帝本想提拔贾谊担任公卿之职，但由于绛侯周勃、

灌婴、东阳侯、冯敬等人都嫉妒贾谊,进言诽谤贾谊"年少初学,专欲擅权,纷乱诸事",于是汉文帝受到了挑拨,不再重用贾谊。

文帝四年(前176年),贾谊被外放为长沙王太傅。长沙离京城路途遥远,贾谊一路跋山涉水,当他来到湘江之畔时,想起了当年愤而投江的屈原,就借景抒情,写下了《吊屈原赋》凭吊屈原,也借此感怀身世,感叹命运的不公。贾谊做长沙王太傅的第三年,有一天,有一只猫头鹰飞进了他的房间。当时,人们认为猫头鹰是一种不吉利的鸟,加上贾谊一直深陷被贬官的痛苦之中,以为自己的大劫将至,十分伤心,于是写了一首《鵩鸟赋》,抒发自己的忧伤之情,并在赋文中用老庄的齐生死、等祸福的思想来安慰自己。

由于此时正值西汉初年,而贾谊所写的这些赋文,可谓开启了中国古代文学史上汉赋的先河。汉赋分为骚体赋、大赋、小赋。贾谊的《吊屈原赋》《鵩鸟赋》就是骚体赋中的经典代表作品,也可说是开了骚体赋这种文体的先河。它直接受屈原《九章》和《天问》的影响,保留着加"兮"的传统,其语言是四言和散句的结合,表现手法为抒情言志。因此,长沙这座远离汉朝首都的南方城市,竟然恰好成为了汉赋的发源地之一。

你知道东汉时期长沙有哪些令人称颂的"好官"吗?

西汉末年,政治腐朽,民不聊生,在农民起义的接连爆发中,公元25年,原西汉皇室宗族、长沙定王刘发的后裔刘秀拥兵称帝,又建立起一个汉朝,因以洛阳为都,史称东汉,刘秀即光武帝。东汉光武帝不仅跟长沙有着较为深刻的渊源,长沙的平定更是其一统天下中的重要一步。

平定天下后,光武帝吸取西汉灭亡的经验教训,提倡节俭,推崇廉政。因此,东汉前期政治较为清明,涌现出了一批为人正直、清廉、脚踏实地的好官。东汉时期的第一任长沙太守,就是敢于拒开城门诵劝游猎夜归的光武皇帝而著称的郅恽,他为人刚正不阿,在长沙"崇教化,表异行",力倡忠孝节义。甚至到了东汉末期,长沙仍然也有着像"医圣"

张仲景这样体察民情、致力于救死扶伤的"好官"。下面所提到的这几位东汉时期的长沙官员，虽然也许不是很有名，但都是令百姓称颂一时的"好官"。

宋度，字叔平，豫章（今江西）人，是东汉中期的长沙太守。当时，长沙百姓因为生活所迫，经常把刚出世的孩子杀死。宋度知道此事后，就下令救济百姓，不允许他们杀婴。百姓们十分感激他，把自己的孩子都起名为"宋"，用来纪念他。

在宋度之后，长沙太守徐栩也是一位难得的"好官"。徐栩，吴郡（今浙江一带）人，他为人十分节俭，出门都骑自己出钱购买的马匹，为了节省柴火，常常都不舍得吃上一口热饭，而是以冷饭充饥。他死时还交代后事称葬礼一切从简，命人将他的私马卖掉以换一口薄棺。

到了东汉末期，尽管官场已不再清明，但长沙还是诞生了像临湘县令周规这样大公无私、心系百姓的"好官"。周规，会稽郡（今浙江一带）人，他任职临湘县令时，有一年二月时，时任长沙太守的程徐将照例出行巡察，便命令各县修治道路。周规认为此时正是农忙时节，太守应以民生为先，而不是劳民伤财去做这些事，但他的建议未被采纳。周规一怒之下就辞官而去，留下"太守爱马蹄，不重民力"的叹息，再也没回来。

东汉时期出任长沙的这些品格高尚的"好官"，数千年来仍被长沙的百姓所称颂所纪念，他们为长沙的发展做出了不朽的贡献，是镌刻在长沙历史上的一颗颗明星。

你知道三国时期吴、蜀两国的长沙之争吗？

在三国初期，曹操和袁绍割据北方，孙权成为了长江下游地区的一霸，而汉室宗亲刘表割据荆州8郡之地。此时的长沙郡，属于荆州湖南4郡中地位最为重要的一处，因此，各方势力都对这块"肥肉"虎视眈眈。早在189年刘表接任荆州刺史时，长沙太守功代就曾经"阻兵作乱"。198年（献帝建安三年），长沙太守张羡率长沙、桂阳、零陵3郡举兵反

叛，并意图归降曹操。刘表派军与之作战，但"连年不下"。200年，张羡病死，其子张怿代替他成为军中首领，而此时曹操正与袁绍在官渡作战，顾不上长沙这边的形势，因此刘表抓住这次机会拼力攻打，终于夺下长沙，俘获张怿，还收复了零陵、桂阳2郡，结束了长期的对峙局面。

208年（建安十三年），已经统一了北方的曹操，就将下一个目标放到了荆州。此时，刘表病死，其子刘琮归降曹操，荆州的南阳、章陵2郡也被献给了曹操，曹操还派遣手下的名士刘巴前去招降了长沙、桂阳、零陵3郡。面对势力越来越庞大的曹操，同为汉室宗亲的刘备和孙权决定联合起来对抗曹操，因此就有了著名的赤壁大战，刘、孙一方以不到5万的兵力，打败了曹操的20多万大军。之后，孙权手下的都督周瑜乘胜追击，占领江北；刘备则亲自带兵南征，夺取了长沙、武陵、桂阳、零陵4郡。其时，奉曹操之命前来招降的刘巴才刚到零陵，他见大势已去，只好逃往交趾。其中，鼎鼎大名的"关羽战长沙"，就发生在刘备率领大军南征期间，并且，在长沙一带留下了许多与此战相关的传说和印记，有些如今已成为景点。

但是，长沙郡自古以来为兵家必争之军事要地，它濒临湘江、长江，东与孙吴所辖的豫章郡相接，因此，孙权早就想将它纳入自己的囊中。早在周瑜乘胜追击曹军之时，孙权已令派一支势力悄然占据了长沙郡东部的浏阳、汉昌和北部的下隽等3县。因此，其实刘备夺下的长沙郡并不完整，有一部分已经在孙吴的手里了。209年，孙权为了与刘备携手抗衡曹操，将南郡借给刘备，但是暗地里却加紧了对刘备的防卫，特意以浏阳、汉昌、下隽和南郡的州陵等4县设立汉昌郡，以制约刘备的势力。

214年（建安十九年），刘备攻克成都，占领益州。刘备势力的迅速壮大，使得孙吴开始有所恐慌，是年冬，孙权要求刘备归还所借的"荆州诸郡"，但其实刘备向孙权只借了江陵、南郡2郡，长沙等4郡是刘备自己攻下的。刘备没有答应，但承诺等到他取得凉州后，就将荆州各郡全部归还给孙吴。孙权相信了刘备的话，于是马上任命了长沙、桂阳、零陵3郡的官吏，但是，却被镇守荆州的关羽驱逐。于是孙权下令与关羽开战，率军2万攻打长沙等3郡。后来，长沙被攻下，太守廖立被俘，后逃往成都。而后，安成、攸县、茶陵和桂阳郡的永新等4县也被攻陷，只剩下零陵太守郝普仍在负隅抵抗。

此时，身在成都的刘备得知长沙一带的惨败状况，十分焦急和愤怒，215年（建安二十年）春，他率军5万赶回长沙一带，并派遣关羽领兵3万进驻益阳。孙权则命鲁肃率军万人赴益阳抵抗，更是急召吕蒙从零陵前来助战，双方在长沙郡西部的资江两岸对峙不前。但此时，曹操来到汉中，准备攻下汉中之地，刘备无法兼顾两边的战局，因此只能与孙吴势力谈判议和。最终的谈判结果是，江夏、长沙、桂阳3郡归吴，南郡、武陵、零陵3郡归蜀。

后来，孙权的部下吕蒙率军占领了公安、南郡、江陵等地，并且杀了关羽。最终，江南武陵、零陵2郡也归附了孙吴，孙吴势力终于覆盖了整个荆州范围。

你知道长沙历史上著名的杜弢起义吗？

孙吴末年，孙权之孙孙亮当权，政治腐败，国运衰落。263年，蜀国灭亡。265年，曹魏政权被权臣司马炎取代，定都长安，建立晋朝，史称西晋，司马炎为晋武帝。279年（咸宁五年）11月，西晋发起了灭吴战争。280年2月，其攻克江陵和长沙郡北部的巴丘。随后，荆州各郡陆续归降，自此，长沙归晋。

西晋沿袭了汉代的分封制，289年（太康十年），晋武帝封其第六子司马乂为长沙王，直到后来的东晋、南朝，历代封建王朝都曾以长沙为封国（邑），以其子弟或勋臣封为长沙王或公、侯爵位。

自晋惠帝时开始，晋朝的统治就开始走向衰落，民怨四起。304年，李特率众人在益州起义。后来，荆州地区也发生了张昌、王如等为首的起义动乱。在长沙，更是发生了历史上著名的杜弢起义。

杜弢，字景文，益州（成都）人，博学多闻，曾高中秀才。益州李特起义后，他来到湖南，得到太守应詹的器重，成为长沙郡的醴陵县令。

益州发生起义之后，一时时局动乱，战火四起，可谓民不聊生，许

多百姓为了逃避战乱，纷纷逃亡附近的荆州等地，长沙也涌入了大量的流民。这些流民在长沙找不到安身立命之处，四处逃窜，露宿街头，境遇十分凄惨。而且，当地的一些官员对此感到很不满，意图驱逐甚至屠杀这些流民，引起了这些民众的极大愤怒。311年（晋怀帝永嘉五年），汝班、塞抚等人率众起事，流民们群情激昂，纷纷跟随，因为杜弢虽为官府之人，但出身益州，平时又很关心和同情流民的遭遇，深得民心，因此他们举荐杜弢为首领。于是，杜弢"自称梁、益二州牧，平难将军，湘州刺史"，公开加入了反晋的起义队伍，成为他们的首领。

以杜弢为首的起义队伍首先攻打湘州，刺史荀眺弃城而逃，但被抓获。后来，安成太守郭察代理湘州军政事务，领兵攻打义军，但最终被杜弢杀死，杜弢势力攻下湘州。此时，朝廷意识到事情的严重性，派遣太守严佐领军北上，内史王机带兵南下，但都战败。前始兴太守、长沙的尹虞率部下前来与杜弢作战，依然敌不过起义军。杜弢拿下零陵、桂阳后，又四处征战，可谓所向披靡，长沙太守郭敷、邵陵太守郑融、衡阳内史滕育等均被其斩杀，起义军势如破竹。

第二年，朝廷派遣都督王敦，率领名将陶侃、周访、甘卓等军足足十万人镇压起义军。杜弢顽强抵抗，前后共展开了数十场战斗，并且击毙陶侃之侄陶舆，但最终寡不敌众，向丞相司马睿投降。大约是因为朝廷对其势力仍有忌惮，最终接受其归降并赦免其罪，还任命杜弢为巴东监军。

杜弢归降后，携部众回到湘州，但朝廷手下的许多将领揣测朝廷心意，认为消灭杜弢势力将会给他们带来莫大的荣耀，仍然常常率兵攻打。杜弢不胜其扰，在315年3月（建兴三年二月）杀死王运，又一次举义，但这一次，杜弢麾下的将士却屡屡落败，最后，其部众溃散，而杜弢本人，则不幸死于逃难的过程之中。

你知道刘宋时代的湘州之乱吗？

420年（晋元熙二年），东晋大将刘裕推翻晋朝统治，建立了宋朝，史称"刘宋"。自此，我国南方依次出现了宋、齐、梁、陈 4 个封建小王朝，统称"南朝"。南朝的统治极不稳定，战乱频发，作为湖南地区的军事、政治、经济中心的长沙，向来是兵家必争之地，自然也成了各方势力争夺的重点。

422 年（永初三年）3 月，宋武帝从荆州分出长沙、衡阳、湘东、邵陵、零陵、营阳、佳阳、始兴、临贺、始安 10 郡，设为湘州，命其心腹张邵为刺史。

当年 5 月，宋武帝病逝，次年，顾命大臣徐羡之、傅亮、谢晦等杀死少帝，拥立荆州的刘义隆为文帝，并任命谢晦为荆州刺史。文帝虽然贵为皇帝，但实际上朝政大权都掌握在这几位权臣之手。为了夺回权力，426 年（元嘉三年）正月，宋文帝诛杀徐羡之、傅亮二人，并且率兵亲征荆州，宋初的第一场内战爆发。

谢晦不但率兵与朝廷对抗，还意图拉拢湘州的刺史张邵与他一起抗宋。但张邵忠于宋室，不但没有答应，还亲征讨伐谢晦势力，最终，谢晦兵败身亡。

432 年初（元嘉八年十二月），湘州被撤销，并入荆州。439 年（元嘉十六年），湘州又从荆州分立，并将长沙郡所辖的巴陵、下隽、蒲圻等县分出，另设巴陵郡，仍属湘州。452 年（元嘉二十九年），又撤销湘州，改归荆州，还将靠南的始兴、临贺、始安 3 郡划给了广州。

453 年（元嘉三十年），文帝之子刘劭弑父篡位，但不幸的是，他在位仅三个月就被武陵王刘骏所杀，后刘骏为帝，称孝武帝。孝武帝再设湘州，474 年（元徽二年），名将王僧虔任湘州刺史，设湘阴县，从此长沙的辖区由 7 个县变为 8 个，面积扩大。

466 年 1 月（宋明帝泰始元年十二月），孝武帝的弟弟湘东王刘彧发动宫廷政变，登基称帝，为宋明帝。孝武帝的儿子江州刺史、晋安王刘子勋于次年正月则在寻阳另立政权称帝，朝廷内部纷争不断。刘子勋起兵攻打他的叔叔，湘州行事何慧文则积极响应，而衡阳内史王应之、湘东国侍郎虞洎等则站在宋明帝的一方，因此，两方在湘州开战。当年 3 月，王应之率麾下军士攻打长沙，最终战败，被何慧文杀死。

但此时，宋明帝派大军前往，讨伐刘子勋。9月，宋军在寻阳斩杀刘子勋，其部众也多死伤，而何慧文却因为其胆识、才华、武力均过人，被宋明帝认为是可用之人，得到了赦免。但何慧文却很有气节，自杀身亡。

刘宋末年，权臣萧道成势力几乎掌握了朝中的主要权力，荆州刺史沈攸之对这种情形感到十分忧虑，联合一众权贵奋起反萧。477年（宋顺帝升明元年），沈攸之在江陵正式举兵，并力图说服当时的长沙内史庾佩玉和临湘县令韩幼宗一同响应。但庾佩玉只是隔岸观火，并且杀掉了与之不和的韩幼宗。478年，沈攸之的军队在郢州大败，沈也自缢而死。萧道成胜利之后，就派遣辅国将军任候伯驻守湘州。后来，湘州刺史吕安国又将任候伯处死，自此，结束了南朝刘宋时代的湘州之乱。

你知道湘州改制与长沙的关系吗？

隋朝统一中国后，对南朝的政治体制实行了一次较大规模的改革，政改州、郡、县三级制为州、县二级制，废除了郡这一行政级别。隋文帝时，改湘州为潭州，设立潭州总管府，废除长沙郡，原本长沙郡下的临湘县改为长沙县，并入浏阳、醴陵2县。到了隋炀帝当政的时候，又改州为郡，潭州又被改为长沙郡，下辖长沙、衡山、益阳、邵阳4县，以长沙县为郡治，长沙县包括了今长沙、望城、浏阳、醴陵4县（市）地。

自此，原本地域广阔的湘州就不再存在于世了，但是长沙在湖南一带的地位却有所提升，因为，自从三国时代以来，长沙郡的范围基本上都在湘江以东，而隋朝所设立的长沙郡，则包含了湘江以西的区域，包括了几乎整个湘中地区，长沙的行政范围大大扩张，直到清代一直沿袭着这种建置。

隋朝的建立，结束了长时间我国南北势力割据的局面，又重新建立了一个全国统一的中央集权政权，这样的政治环境使得长沙不再屡屡陷入战乱之中，局势趋于安定，为其经济、文化的发展提供了保障。

你知道唐代长沙窑的瓷器曾远销非洲吗？

长沙窑是我国唐代的著名瓷窑，因窑址位于湖南省长沙市而得名，其遗址分布于长沙市西北约25公里处的湘江东岸铜官镇附近的石渚瓦渣坪一带。该窑的主要区域在石渚，瓦渣坪只是石渚的一小块地方，石渚在唐代归长沙管辖，现归望城县管辖，所以长沙窑又有"望城窑""铜官窑""瓦渣坪窑""石渚窑"等别称。长沙窑始于中唐，盛于晚唐，到了五代以后逐渐衰落，早已荒废，现今仅存遗址。长沙窑是釉下彩装饰工艺的发源地，在中国陶瓷史上具有重要的地位。

长沙窑是唐代南方重要的、规模相当之大的青瓷窑场。长沙窑是我国最先把铜作为高温着色剂应用到瓷器装饰上的一个窑场，发明了以铜红作为装饰的彩瓷，这是中国陶瓷史上的一项重大发明，也是中国釉下彩绘的第一个里程碑，对宋代的钧窑，元明清时期的釉里红、豇豆红、郎窑红等铜红釉产品的问世，都起到了最初的奠基作用。

长沙窑出产的产品种类丰富，有壶、瓶、杯、盘、碗、枕、灯等，品种以青釉为主，兼烧少量褐釉、酱釉、绿釉和白釉等，装饰有釉下彩绘、印花、贴花和彩色斑点几种。中唐时开始出现单一的釉下褐彩，后演进到褐、绿两种彩色。由于长沙窑的产品十分精美珍贵，名盛一时，

唐代长沙窑彩瓷

流传甚广，不仅流行于长江中下游地区，还出口海外，远销至日本、朝鲜、暹罗、南洋，甚至传到了西亚、非洲等地。韩国曾出土过两件长沙所制作的带铭文注子，一件上面写着"卞家小口天下有名"，另外一件则写着"郑家小口天下第一"，富有商品宣传特色。

现代考古学家在长沙窑的遗址中，已发掘了19处瓷窑，最大的达一万多平方米。不少遗址内瓷器碎片堆积如山，最厚的达4米多，因此

自古这一带也被称作"瓦渣坪"。因为长沙窑附近曾有着丰富的瓷土,因此,直到今天,长沙窑一带仍然有许多制陶作坊,其中不少仍在使用传统工艺。

1988年,长沙窑遗址被国务院公布为第三批全国重点文物保护单位之一。

你知道辛弃疾在长沙建立的"飞虎军"吗?

对于辛弃疾,大部分人对他的认知都是著名的词人、诗人,但其实辛弃疾是一位文武全才,他是著名的抗金将领,年少之时他便组织了一支2000多人的抗金队伍,跟从耿京领导的农民抗金义军一起抵抗金人的侵略。耿京被叛徒谋害后,辛弃疾率50骑直闯5万之众的敌营,将叛贼张安国当众处置,可谓有勇有谋。

但是辛弃疾的仕途却一直不顺利,他受到投降派的排挤,赋闲在家多年。后来虽然又入朝为官,但并不能够带兵打仗。1179年(孝宗淳熙六年)春,辛弃疾被调到湖南担任湖南转运判官,当年秋天又改任潭州知州兼湖南安抚使。辛弃疾在湖南为官的这些时日中,他除了忙于政务外,还建立了一支最为精锐的地方武装力量——飞虎军。

在辛弃疾来湖南任职之前,江南东、西和荆湖南、北诸路,曾多次爆发小规模的农民起义事件。因此,辛弃疾上书南宋皇帝,希望能在湖南创建一支地方军队,并且得到了批准。他要求军营在一个月内造成,但当时正逢秋雨连绵,瓦片无法烧制,因此他让全城百姓两日内每家送上20片,凡是送足瓦片者可得钱100文,所以这个问题很快就得到了解决。辛弃疾又下令让城内的囚犯去搬抬石块,以搬的数量作为减刑的依据。在这些"铁血政策"下,军营很快就造成了。

同时,辛弃疾采用四方罗致的办法,从各地原有的地方部队中选拔组建飞虎军的人选,再加上许多有志之士早就久仰辛弃疾的大名,敬重他的品格和才华,因此不远万里过来投奔他,飞虎军就这样成立了,人员共有步兵2000人,骑兵500人。

但辛弃疾的举动遭到了枢密院不少人的反对，他们一方面向朝廷弹劾他劳民伤财，一方面以枢密院下"御前金字牌"，命令他立即停建营房。辛弃疾置若罔闻，只是致力于加快营房的建设进度和招兵买马，最后才去向皇上一五一十地禀明情况，最终，反对派对他的种种阻挠都以失败告终。

辛弃疾创建的飞虎军属厢军，也就是当时的地方军的别称，以备不时之需，尤其是在距离京城较远的地方，地方军有着很大的作用。飞虎军是当时沿江各地方军队中最精锐的一支，一共维持了三四十年，连骁勇善战的金人都十分害怕飞虎军，在背后称其为"虎儿军"。

你知道长沙作为湖南省省会的地位是何时确立下来的吗？

1673年（康熙十二年），身处云南的吴三桂发动叛乱，并迅速出兵进入湘西，使刚被清政府收复不久的三湘大地再一次陷入战火之中。次年春，叛军进入湘北、湘中地区，攻下常德、衡州、岳州三座城市，清偏沅巡抚卢震逃跑。1674年3月，长沙协副将黄正卿投降，长沙沦陷。

7月，康熙封贝勒尚善为安远靖寇大将军，与顺承王勒尔锦一起分道进军湖南镇压叛贼。1875年初，他又任命安亲王岳乐从江西袁州赶去湖南助阵。1674年（康熙十三年），清军收复醴陵、浏阳，进而进攻长沙，感到形势严峻的吴三桂亲自赶来长沙指挥叛军。1677年（康熙十六年）春，清军攻下长沙，吴三桂逃往衡州。1680年夏季，叛军终于被赶出湖南，次年，吴三桂兵败。自此，湖南成为清朝国土中不可动摇的一部分。

清朝初期实行和明朝时相似的行政规划，湖南属湖广总督和湖广布政使司，总督、布政使都在武昌。1664年（康熙三年），康熙派遣湖广右布政使司驻长沙，负责湖南地区的民政和财政，又将原驻沅州的偏沅巡抚移至长沙。至此，湖广行省正式划分为湖北、湖南两省，湖南成为一个单独的行政省。

自元朝实行行省制以来的400多年中，今湖北、湖南两省一直同属于湖广行省，其最高长官长驻武昌。清政府的这一举措，第一次将湖南单独划为一个省份,具有相当重要的历史意义。

清代湖南行省以长沙为治所,差不多就等于今天的湖南省会,下辖长沙、宝庆、岳州、常德、辰州、沅州、永顺、衡州、永州9府和澧州、靖州、郴州、桂阳州4直隶州,乾州、凤凰、永绥、晃州、南洲5直隶厅,共18个直属行政区。其省、府(州、厅)之间设有长宝、岳常澧、辰沅水靖、衡永郴桂4道,长沙属长宝道(辖长沙、宝庆2府)。湖南的最高军政长官湖南巡抚及其所辖的布政、按察两使都驻节长沙。

自此,长沙作为湖南省省会的地位就基本得到了确立,并延续至今。

你知道曾国藩创建湘军的历史吗?

晚清重臣曾国藩,出生于1811年11月26日,汉族,初名子城,字伯涵,号涤生,是宗圣曾子七十世孙。他在晚清的官场中有着举足轻重的地位,与胡林翼并称"曾胡",与李鸿章、左宗棠、张之洞并称"晚清中兴四大名臣",官至两江总督、直隶总督、武英殿大学士,封一等毅勇侯,谥号"文正",后世称"曾文正"。

太平天国运动爆发后,1853年1月底,为了镇压各地,尤其是湖南地区的反动势力,曾国藩前往省城长沙就任帮办湖南团练大臣一职,开始了他创立湘军、镇压农民起义的生涯。

曾国藩到长沙后,当时的湖南巡抚张亮基将罗泽南所率的湘勇、江忠源所率的楚勇,以及浏勇、辰勇、宝勇、沪溪勇等各地团练调集长沙,改为官勇,由巡抚和团练大臣指挥,统称"大团",然后向咸丰皇帝上书表达自己想要组建一支特殊地方部队的想法,并得到了批准。于是,曾国藩开始对省城的官勇进行"束伍练技",经过重重选

湘军战士

拔，成了湘军的最初队伍。他任命游击色钦额总理营务，道员张其仁为总巡，又经左宗棠推荐选用了都司塔齐布总理军事训练。

然而好景不长，曾国藩的好友张亮基、左宗棠、江忠源先后调离湖南，而留下的署理巡抚潘锋等人则处处与曾国藩作对，阻碍湘军的发展，甚至命人到曾国藩府上闹事。直到继任巡抚骆秉章任职后，这种情况才有所好转。

1853年7月，湘军与太平天国军第一次在江西发生武装斗争，结果湘军损失惨重。曾国藩吸取了这一次的教训，不但更用心地操练和发展湘军，更计划编练一支水师。1853年秋天，编练水师的计划得到咸丰皇帝的批准，湘军规模改为编练水陆各5000人，到了1854年2月，水师、陆师各10营5000人练成。随后，湘军立即以全新的面貌参与了镇压太平天国的战争。

新的湘军首先迎战的是太平军西征部队，湘军先败后胜，接着又攻占了岳州，自此，太平军退出湖南。1854年8月，曾国藩亲自率兵出征湖北、江西。1855年，湘军攻占湖北武昌，1856年攻占江西九江，1860年攻陷安庆，太平军方面的局势急转直下。终于，以湘军为首的清朝军队在1864年8月攻陷天京，太平天国运动宣告失败。尽管镇压太平天国运动的战斗已经告一段落，但曾国藩仍继续带领着湘军南征北讨，在与北方捻军、西北回民起义、西南苗民起义的战斗中立下了汗马功劳，可谓晚清时期最悍勇的一支地方武装力量，为平复晚清时期的动荡局势作出了巨大的贡献。

你知道清朝末年在长沙发生的著名的"周汉反洋教案"吗？

清朝末年，随着帝国主义列强的入侵，洋教也逐渐传入中国各地，但引起了许多民族人士的强烈不满，各地涌现出许多反洋教运动。1891年春，长江中下游各省，如安徽、江苏、湖北、江西等接连发生反洋教教案，教堂被毁，教士被杀，帝国主义列强听闻后十分愤怒，将军舰驶入长江以逼迫中国政府镇压反洋教运动。其中，长沙就是反洋教运动兴起的重要城市之一，甚至，可以说是长江中下游一带反洋教运动的发源地。因为，中外政府相关人士调查后发现，大多数反洋教书籍都是由一个叫周汉的长沙人刊印的，列强政府要求严惩此人。这就是清末著名的"周汉反洋教案"。

周汉此人，祖籍长沙府宁乡，后远赴山西当官，为清末二品官员。1884年，41岁的周汉因病返回长沙居住。因为周汉接受的是传统的儒家文化教育，因此对洋教在中国，尤其是长江中下游一带的传播甚为反感，认为这些都属于邪教，会危害中国人的身心健康。因此他提笔

周汉刊印的反洋教漫画

写下了许多反洋教的文章，并出版成书稿，在长江中下游的各大城市内广泛传播。他的书中对洋教的传教士有着较为恐怖的描写，主要描写他们挖小孩的眼睛和心脏等，这在今天看来是过于偏激和杜撰了，但这些言论在当时民族主义兴盛，尤其是因为被列强侵略而充满了民族耻辱感的中国是非常有市场的。因此，在周汉的鼓动下，各地爆发了许多反洋教运动。

由于事态愈来愈严重，各国公使不断向中国政府施加压力，要求严惩这些反洋教人士，尤其是周汉本人。出于压力，当时处理此事的大臣张之洞命人摧毁了周汉的印刷点，但书版却被周汉转移到了他位于宁乡乡下的居所。而且，当时张之洞考虑到周汉此人在湖南当地有着较大的影响力，如果强力镇压会导致民愤，可能会造成湖南一带的百姓和外国人士的激烈矛盾，甚至可能会爆发武装斗争，这样就会使得事态更加糟糕，所以一直不敢对他下重手。最终，周汉"因惑于鬼神，言语荒诞，迹类疯狂"，被革去官职，交予地方严加管束。

但其实列强对这样的处理结果是不满意的，他们仍然向中国政府施

加着压力，而且此时的周汉仍然偷偷地进行着反洋教运动，呼吁大家烧毁"耶稣猪精妖巢妖书妖器"，呼吁"天下忠义之士"不要妇人之仁，须起来"多方设法，严防妖灰复燃，妖根再发"，湖南巡抚陈宝箴就只能把他关押了起来。但当地科举考生纷纷以罢考相逼，逼迫陈释放周汉，最后，他不得不称周汉"疯癫成性，煽惑人心"，将他关进特殊的监狱，才平息了这一场风波。

你知道长沙有着湖南所创办的第一所新式学堂吗？

1895年，陈宝箴担任湖南巡抚，由于其思想进步，故大力推行新政。1896年冬，湘绅创办宝善成机器制造公司时，蒋德钧"嫌其迹近谋利，乃创为添设时务学堂之议"，提议成立一所新式学堂。

1896年1月，由岳麓书院山长王先谦正式呈报，巡抚陈宝箴批准立案，然后，熊希龄等人请两江总督刘坤一拨款7000两为经费。他们拟选址在小东街，并且将学堂的名字定为"时务学堂"，这也是湖南所创办的第一所新式学堂，标志着湖南教育由旧式书院制度向新式学堂制度的转变，也是湖南近代化教育的开始。

1897年8月，学堂发布了《湖南时务学堂缘起》《时务学堂招考示》，宣布"本年议定暂租衡清试馆开办，延聘中西学教习，择期开学，先行招考六十名入堂肄业"。由黄遵宪、熊希龄作为学堂的负责人，其中熊希龄担任提调，也就相当于校长一职。学堂还聘请了著名的思想家、政治家、教育家，更是维新变法的先驱者梁启超作为学堂的中文总教习，并且传播维新思想，还聘请了李维格作为西文总教

梁启超所书时务学堂题词

习，学堂的教育内容中西合璧，在当时可谓一大创举了。8月28号，学堂举行第一次招考，共录取学生四十名。9月，学堂正式开始办学。

但不幸的是，时务学堂的命途十分多舛，创办才一年，就遇到了巨大的危机。1898年，戊戌变法失败，湖南巡抚陈宝箴等人被革职，时务学堂被迫停办。直到1899年2月，湖南巡抚俞廉三才重振时务学堂，将其改名为"求实书院"。1902年，求实书院被改名为"湖南省城大学堂"。1903年，湖南省城大学堂和岳麓书院合并为"湖南高等学堂"，成为湖南大学的前身之一。

虽然时务学堂事实上只存在了一年不到，只招考过三次，但是，它培养出了一大批进步人才，实属不易，为湖南省乃至中国的政治、经济、文化界输送了不少精英人才。时务学堂培养出的著名人士有蔡锷、杨树达、范源濂、方鼎英、李复几、李炳寰、林圭、田邦璇、蔡仲浩、唐才质、唐才中等。

1922年，梁启超来长沙讲学时，故地重游，来到了时务学堂旧址，特意题下了"时务学堂故址"几个字。后来，在震惊中外的"文夕大火"中，时务学堂旧址不幸被毁。1945年，曾任湖南省文史研究馆名誉馆长的陈云章买下此地，并建造了三幢红砖洋楼，时务学堂本身的建筑不复存在。

以时务学堂为前身的湖南大学校友罗武子为纪念时务学堂，亲自出资，在岳麓书院内建了一座纪念亭，名为"时务轩"，并且立下一块"时务学堂故址"石碑，供后人瞻仰。

你知道长沙历史上的"抢米风潮"吗？

《辛丑条约》签订后，1904年，长沙被辟为商埠，一时之间外国商品涌入，本国商品失去了市场，许多人失业和破产。《辛丑条约》后，清政府规定湖南每年要上缴70万两给列强，以分担其赔款的财政压力。因此，政府苛捐杂税，甚至趁火打劫，长沙人民过上了水深火热、顾不上温饱的日子。

1909年，长沙一带暴发洪水，谷物收成极差。但湖南政府仍然将粮食卖给其他省份甚至是帝国主义列强，使得本地居民的粮食供应严重不足。一些奸商趁机哄抬米价，往年每石米只要二千文上下，此时却被炒到每石七八千文，并且一直在涨价。到了1910年4月11日时，长沙米价竟然突破了每石8千文。此时，长沙农民黄贵荪一家4口人，因为买不起米，纷纷投水自尽。第二天，一位老人在南门外碧湘街邹姓碓坊买米，也遭到店主的谩骂。听说了这些悲惨的故事，本就对政府极度不满的长沙市民再也无法压抑自己的愤怒之情，来到店内对店主拳脚相向，并且把店内的米一抢而空。善化知县郭中广听闻此事前来镇压，却被愤怒的民众围住，要求他立即开仓放粮。郭知县只能暂时答应了下来，承诺第二天中午开仓放粮。

但是第二天，饥饿的民众并没有等到郭知县所承诺的开仓放粮，原来他昨天的话只是缓兵之计，根本就没打算救济百姓。而且此时，昨日暴动的领头人刘水福被捕，民众们更是怒不可遏，集体来到里仁坡鳌山庙巡警分局，要求政府释放刘水福并且遵循承诺开仓放粮。巡警道赖承裕亲自前去镇压，但却被愤怒的民众绑在树上对其进行殴打，副将杨明远也被打伤。此时，赖承裕的一个手下急中生智，他混到灾民内，提议大家直接去巡抚衙门找岑春开仓放粮，赖承裕才得到脱逃。

此时已经是晚上，民众赶去巡抚衙门，但巡抚衙门大门紧闭，岑春避而不见。愤怒的人群冲进了衙门内，捣毁了衙门的众多设施，并且企图向岑春施暴。岑春下令开枪，当场打死十几人，打伤几十人。民众们又来到大街上，将长沙800家米店、碓坊的存米一抢而空，又摧毁了街上警卫站岗的木棚。

到了后一天，也就是4月14日，更多民众涌入衙门，岑春再次下令开枪，又打死20多人。面对暴力镇压，民众们就放火焚烧巡抚衙门，又捣毁了日本领事署、美商美孚洋行、英商怡和洋行、日商东情三井洋行及教堂、趸船等帝国主义国家的建筑，还有大清银行、长沙海关等衙署类清朝政府所办的机构。

长沙发生暴动的事很快传到了京城，清政府下令严厉镇压参与暴动

的民众。4月15日，护理巡抚事务的布政使庄赓良开始了残酷的镇压行动，命人提着血淋淋的人头，到处恐吓民众，并称参与暴动者格杀勿论。英、日、美、德等帝国主义国家也纷纷从上海、厦门、武汉调来10多艘兵舰镇压，抢米风潮就在强权镇压下逐渐平息了下去。

尽管长沙的抢米风潮只经过几日就被镇压了下去，但这是晚清历史上一次重要的人民群众联合起来反抗政府的抗争运动，体现出晚清时期政府的腐朽无能和官场的腐败，预示着大清王朝已经穷途末路、岌岌可危，发生政治剧变指日可待。后来的历史也证明了这一点。

你知道辛亥革命军只花了一天时间就攻下了长沙城吗？

1911年10月22日，在武昌首义成功后，同盟会湖南分会由焦达峰、陈作新领导新军发动了起义，又因为1911年时值辛亥年，所以这次起义又称作"辛亥长沙起义"。

1911年10月13日，湖南革命党人举行会议，决定于10月22日在长沙起义，以响应武昌首义，并成立了以焦达峰、陈作新为首的同盟会战时统筹部。但由于受到武昌起义的影响，清政府如临大敌，此时各地风声鹤唳，防卫甚严，到了10月19日时，长沙街头已经站满了荷枪实弹的警察。巡防营稽查队的官兵高举大令，日夜巡逻，对来往行人进行严格检查，严防革命党人制造事端。由于长沙的警备力量日益增加，再加上洪江会的兵马在路上有所耽搁，要到差不多23日才能赶到长沙，焦达峰等决定将起义日期推迟到23日。

但不幸的是，在21日当天，革命党人计划在长沙起义一事被奸人泄露，巡抚余诚格决定于次日将长沙新军全部调往株洲，然后紧闭城门，计划将革命党人一网打尽。就在这千钧一发的时刻，焦达峰、陈作新立即召开紧急会议，决定将起义时间提前到22日。

10月22日清晨，辛亥长沙起义正式开始。按照事先制定的计划，新军兵分两路向城里开进。第一路，彭友胜率领四十九标二营后队，会同五十标及马队由湘春门进城，至新开门占领荷花池军械（装）局。第二路，安定超率领四十九标前队、右队、左队，会同辎重、工程两营由小吴门进城，占领谘议局；李金山率领炮兵营后由小吴门进城，直捣军械局，取出枪械弹药。

令人瞠目结舌的是，彭友胜率领的北路军攻进长沙城的北门时，守城的士兵竟然主动为他们打开了城门。原来，守门的巡防营部队早就与革命党有联系，其管带赵春霆早已投向革命。进攻小吴门的安定超东路军也没有与清军发生火拼就顺利入城。他们进入长沙城之后，从东、西辕门展开了对抚台衙门的攻击。此时，焦达峰、陈作新等战时统筹部的成员也赶到了巡抚衙门外，带领大军前去擒拿巡抚余诚格与防营统领黄忠浩。

巡抚衙门原址，就是现在的长沙青少年宫。清康熙三年，也就是公元1664年时，原本同属湖广省的湖南、湖北两省第一次分开，湖南成为一个独立的省份，于是就在长沙设立了巡抚衙门。乾隆年间，巡抚蒋溥曾加以扩建，取名"又一村"。

很快地，黄忠浩在又一村被炮兵营李金山抓获，还被当众斩首示众。余诚格则举起"大汉"白旗宣布投降，然后趁革命军人不备逃脱，逃往上海。长沙起义宣告成功。

革命成功后，长沙的革命党人成立了以焦达峰、陈作新为正、副都督的"中华民国军政府湖南都督府"。听闻长沙光复，湖南各地的革命军士气大振，到了11月5日时，全省除常德以西地区外，全部光复。

你知道毛泽东在长沙建党的历史吗？

1920年8月，陈独秀在共产国际的帮助下，在上海建立了我国第一个共产主义小组，开创了在中国开展共产主义运动的先河。与他志同道合的朋友们纷纷也加入了他的行列，同年10月，李大钊建立了北京共产主义小组。此时的进步青年毛泽东，受到陈独秀的委托，也开始着手湖南的共产党建党工作。

1920年7月，毛泽东从上海回到长沙后，与彭璜、何叔衡等成立了长沙文化书社，向群众介绍《共产党宣言》《马克思资本论入门》等马克思主义书刊，宣传马克思主义思想，并同时发起了湖南俄罗斯研究会和留俄勤工俭学活动。

1920年10月，长沙共产主义小组正式成立了，由毛泽东、何叔衡、彭璜、贺民范等6人发起，不少有志青年都陆续加入其中。另外，毛泽东还着手进行中国共青团的建团活动，为共产党员提供储备的新鲜血液，刘少奇、张文亮、彭平之等人首先加入，到了1920年的年底，已发展团员20多人。

1921年6月29日，毛泽东、何叔衡作为湖南共产主义小组的代表，来到上海参加"中共一大"。1921年10月10日，中国共产党湖南支部在长沙正式成立，毛泽东任书记，委员有何叔衡、易礼容等人。

中国共产党湖南支部成立后，积极响应、组织各方的进步活动，曾派遣党员夏曦、团员贺怨参加共产国际在莫斯科召开的远东各国共产党及民族革命团体第一次代表大会，正式成立湖南自修大学，建立中国劳动组合书记部湖南分部和社会主义青年团长沙地方执行委员会。

1922年5月底，中共湖南支部改为中共湘区执行委员会（简称"湘

中共湘区委员会旧址陈列馆

区委"),毛泽东任书记,委员有何叔衡、易礼容、李立三等,区委机关则设在长沙小吴门外清水塘,现原址仍保存完好,是长沙重要的革命教育基地。杨开慧担任区委机要交通联络工作。同年,以陈佑魁为书记的中共长沙地方执行委员会也正式成立。

中共湘区委成立后,在人民群众当中吸收了大量进步力量。毛泽东在粤汉路的长沙新河站召集了程帝广、卢士莫等人入党,又在长沙泥木、铅印活版、缝纫、纺织工人中吸收任树德、张汉藩、朱有富、杨福涛、萧石月等人入党,并在泥木工人中建立党支部。

1922年,中共湘区委先后组织发动了粤汉铁路武长段、安源路矿、长沙泥木、水口山矿等10多处4万余工人参加的罢工斗争。

1923年4月底,毛泽东调往中共中央工作,因此,由李维汉担任湘区委书记。6月,中共"三大"在广州召开,陈独秀在"三大"报告中特别指出,党的工作"只有湖南的同志可以说作得很好",对中共湘区委的工作成果给出了极高的评价。

中共在湖南一带的力量发展迅速,很快,岳州、铜官、株洲、常宁、平江、常德、浏阳等地也先后建立了党的小组或支部。当然,长沙作为湖南的首府,自然也是湖南共产主义运动的中心。据1924年5月的统计,长沙当时已经发展了共产党员89人,是湘区委管辖范围内党员人数最多的。

你知道长沙近代史上残酷的"马日事变"吗?

1927年,蒋介石在上海发动"四一二"反革命政变后,在长沙又掀起了一阵腥风血雨,发生了反革命的"马日事变"。因为行动当天的电报代日韵目为"马"字,所以这次反革命事变又被称为"马日事变"。

这场事变,是由当时担任国民革命军第四集团军第三十五军军长的何键发起的。因为中共在湖南的力量薄弱,因此他们选择在长沙发动这场事变。

5月17日,何键手下的余湘三、王东原、许克祥、陶柳、李殿臣、

晏国涛、魏镇等人在小吴门外许克祥团部召开会议，决定彻底摧毁共产党和与之不和的国民党各革命团体机关，会议决定，此次行动于5月21日晚上开始，由许克祥担任指挥。

早在5月19日晚，三十五军驻长沙留守处部队就已收缴了工人纠察队10多人的枪校，三十三团许克祥部下则无理毒打工人。5月20日夜，中共湖南省委（原中共湖南区委）、国民党省党部和省政府采取了应急措施，但湖南境内共产党的力量总体上还很薄弱，因此没能阻止悲剧的发生。

5月21日晚11时许，一千国民党官兵在许克祥的指挥下，向长沙城内各革命机关进行突袭，主要攻击省总工会、省农民协会和国民党湖南省党校、中央军事政治学校第三分校、省特别法庭、国民党省市党部及工运训练班、党员训练班等，到了第二天上午，已经有70多个机关被袭，被残忍杀害的共产党员、国民党左派人士和革命群众达100余人，被捕40余人。他们还释放了被关押的许多犯下罪的土豪、乡绅，意图联合他们一起作乱。他们屠杀革命干部，甚至连普通老百姓都不放过，还反咬一口，声称此次事件是因为工人暴动而发生的，属于军队的正当自卫。

由于长沙反革命势力的带头作用，常德、溆浦、湘潭、湘乡、浏阳、衡阳等20多个县，都先后发生了反革命大屠杀事件，大量无辜的革命人士被屠杀。

马日事变，既是国民党内部的一次叛乱，更严重波及共产党内部的许多进步人士，可谓十分惨烈，使得湖南的大革命运动走向低潮。

你知道发生在长沙的"文夕大火"吗？

抗日战争爆发后，国民党军队接连失守多城，1938年10月武汉失守后，日军向湖南推进。1938年11月8日，日军攻入湖南北部，并轰炸了长沙和衡阳。9日、11日，临湘、岳阳接连失守，中日两军对峙新墙河，长沙的局势十分严峻。因此，蒋介石在长沙召开了军政人员会议，讨论应对事宜。

最先提出"焦土抗战"战略思想的人是国民党陆军一级上校李宗仁。"焦土政策"即政府为避免军事物资遭日军获取,当敌军进入城郊30华里以内时,就放火烧城。李宗仁曾发表《焦土抗战论》,正式提出这一完全抗日的主张,随后发表一系列文章,明确提出"举国一致,痛下决心,不惜流尽最后一滴血,更不惜化全国为焦土,以与侵略者做一殊死之抗战"。

蒋介石同意实施这一政策,并且对张治中下达了紧急电报:"长沙如失陷,务将全城焚毁。望事前妥密准备"。随即,张治中又接到蒋侍从室副主任林蔚的电话,内容是"对长沙要用焦土政策"。张治中立即指定省会警备司令部司令酆悌负责筹备,警备第二团团长徐昆担任放火总指挥。当时他们拟定的放火计划是,放火前,先发布日军轰城的消息,疏散市民,并放出空袭警报,由警备队督促市民出城;放火时,以城南天心阁处举火作为信号,全城同时行动。而放火时间则视日军进攻长沙的情况而定。张治中还和酆悌、许权一起研究组建了"破坏长沙指挥部",统率放火工作。

1938年11月13日凌晨2点左右,长沙南门口外的伤兵医院突然起火,许权经过调查发现这只是一场意外。他打电话找到警察局局长文重孚,要求灭火,但却得知此时消防队员都已经撤离了。另外,因为早先为了实行焦土政策,所有消防车都已经把水换成了汽油,因此尽管这场火灾只是一场意外的小火灾,但却没办法熄灭。不到一刻钟,南门附近

文夕大火后的长沙

又有三处起火。城内的警备司令部误以为这是放火信号,就开始四处放火,不久全城都燃起了熊熊大火。这场大火足足烧了五天五夜,才自行熄灭。

由于事先没有做好通知工作,加上这场火来得十分突然,又发生在凌晨,城内许多百姓当时仍都处于睡梦之中。等到百姓们反应过来开始逃命的时候,火势已经过大,因此许多人都丧生于火海之中。许多老弱妇孺都被活活烧死、烤死,还有很多人死于房屋坍塌等意外事故,一时之间,长沙城如同人间炼狱。并且,由于无数市民争相逃命,在长沙城的湘江渡口,也发生了严重的事故。

因为1938年11月12日蒋介石所发的电报代日韵目是"文",大火又发生在夜里(即夕),所以此次大火被称为"文夕大火"。"文夕大火"之惨烈,震惊了中外。也让长沙与斯大林格勒、广岛和长崎一起成为第二次世界大战中毁坏最严重的城市。"文夕大火"成为了中国抗战史上与花园口决堤、重庆防空洞惨案并称的三大惨案之一,据国民党当局公布的数字,直接死于火灾的,就足足有30000余人,其余死伤者不计其数。文夕大火不仅造成了人员伤亡,也造成了巨大的财产损失,还将长沙城内几千年以来的古代文物大部分摧毁,可以说,是长沙近代史上最惨烈的一次事件。

历史上长沙曾有哪些旧称和别称?

长沙,自古被称为"星城",古时也被称为"潭州",还有着"屈贾之乡"的美名。而长沙城的这些旧称和别称,又是怎么得来的呢?

长沙之所以会被称为"星城",主要是因为我国古代人民有着强烈的封建思想,笃信星相等天体变化是与人间的祸福相依的。有一种说法是,在我国自商、周以来逐渐形成的据以观测天象的二十八宿(星座)中,有一宿叫轸宿。根据古天文学的星宿定位,轸宿这一星宿正位于荆州上空。轸宿旁边有个附属于它的小星,名叫"长沙星"。而事实上,长沙正位于荆州附近,在远古时代,它也正是一个规模不如荆州的偏远小城,因此,长沙就因长沙星而得名,也有了"星城"的别称。唐朝张谓所著的《长沙风土碑记》中曾经这样写道:"天文长沙一星,在轸四星之侧。上为辰象,下为郡县。"这其中的"郡县",指的就是长沙城。《明史·天文志》也有类似的记载:"长沙小星,下应长沙。"《长沙县志·拾遗》也持这一观点:"长沙之名……以轸旁有长沙星,正在其域分野,故云。"因此,这种说法流传甚广。

后来的文人墨客们,还把长沙称为"星沙"。唐代著名文学家韩愈的诗中,就以"星沙"比长沙:"绕郭青山一座佳,登高满袖贮烟霞。星沙景物堪凝眺,遍地桑麻遍圃花。"直到今天,长沙仍然还流传着这一种叫法。

潭州,乃是隋朝至明朝时期州治或府治长沙的古称。潭州曾作为一级行政单位——潭州行省,是大部分湖南地区以及部分湖北地区在古代的称呼;也曾作为二级行政单位——潭州或潭州府,地域包括今长沙、湘潭、株洲、岳阳南、益阳、娄底等地。

而"屈贾之乡"的美名,这就不难理解了,相传,屈原、贾谊两位历史名人、文学大家都曾在长沙留下过足迹,甚至在长沙生活过。据说,他们的故居,就在今天长沙市天心区太平街的一条小巷"太傅里"之中。太傅里,原名"濯锦坊",相传屈原被贬居长沙后就住在这里,这里本来并不叫作濯锦坊,但由于屈原十分爱干净,经常在坊内的一口古井旁清洗他的锦衣,因此,后来这里就被称作濯锦坊了。屈原被贬长沙期间,仍心系国运、忧国忧民,留下了《离骚》《九歌》《渔父》等不朽的诗篇。公元前278年,秦攻破楚都郢,屈原悲愤地写下一首《怀沙》后,就投汨罗江而死。人们为了纪念他投江的壮举,称他为"屈长沙"。

后来,贾谊被贬官至此,也曾住在濯锦坊,并在此写下了汉赋中的名篇《吊屈原赋》《鵩鸟赋》。

你知道长沙有哪些历史文化之最吗?

长沙是我国的一座历史文化名城,早在旧石器时期这里就有人类活动,并且历经三千年城址不变,自然也诞生了许多历史文化之最。

长沙诞生了中国最早的金属称量货币。1959年时,在长沙宁乡出土了224只小青铜斧,据相关专家考证,这是当时的一种流通货币,属于金属称量货币,这也是我国迄今为止发现的最早的金属称量货币。

在长沙发现了世界最早的铸铁件。1951年,考古学家在长沙识字岭314号春秋晚期楚墓填土中发现的铁凹形锄和长沙窑岭15号春秋晚期(约公元前六七世纪)暮中出土的铁鼎,是国内目前发现的最早的铸铁件,比欧洲发现的最早的铸铁件要早2100多年。

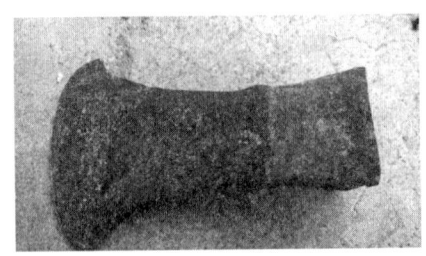

宁乡出土的小青铜斧

长沙诞生了世界最早的釉下彩瓷器。唐朝中晚期时,长沙窑发明了釉下彩瓷器,长沙就成了世界上最早的釉下彩瓷器的发源地,也成为了著名的陶瓷之路起点。

在长沙发现了中国最早的绢画作品。1949年,长沙陈家大山楚墓中发现的《人物龙凤帛画》和1973年长沙子弹库楚墓中发现的《人物御龙帛画》,是我国迄今发现年代最早(距今2400年)的两幅绢画作品。

在长沙发现了中国最早的印刷广告。1985年,考古学家在沅陵县双桥元墓中发现了两张元代潭州"票报",这是类似于现代海报的物品,更是迄今为止我国所发现的最早的印刷广告。

值得一提的是,在著名的长沙马王堆中,也出土了许多历史文化之最。其中,马王堆中出土的素纱禅衣,是世界上最轻的素纱禅衣。它重仅49克,不足1市两,其纺织技术之高超,令人叹为观止。马王堆中出土的金银色印花纱是我国首次发现的3套版印花纱,也是世界最早的彩色套印实物。另外,马王堆汉墓还出土了3幅地图,也是我国迄今发现最早的地图实物。在著作方面,在马王堆出土的帛书《五星占》和《天文气象杂占》是世界上现存最早的两本天文学专著,出土的14种医书,包括帛书《足臂十一脉灸经》《脉法》《阴阳脉死候》《五十二病方》

《养生方》《杂疗方》《却谷食气》，竹简《十问》《合阴阳》《天下至道谈》，帛画《导引图》等是我国目前发现最早的中医学著作。

另外，长沙的岳麓书院，可以称得上是世界最早的高等学府。它始建于宋太祖开宝九年（公元976年），这比欧洲最早的意大利的博洛尼亚大学还要早100年。从岳麓书院中走出过许多名人，比如著名的王夫之、曾国藩、左宗棠等。

你知道长沙的茶文化有多么悠久的历史吗？

在我国的民间故事和传说中，三湘四水，也就是今天的湖南一带，曾是远古中华民族创始人——炎帝神农氏的领地。炎帝神农氏在此始种五谷、制作耒耜、遍尝百草、织麻为布、陶冶器物、削桐为琴、首辟市场、剡木为矢，完成了从游牧到定居、从渔猎到田耕的历史转变，实现了从蒙昧到文明的过渡，从旧石器时代向新石器时代的跨越。遗憾的是，相传炎帝神农氏因误尝断肠草而死，葬于长沙茶乡之尾。

据《神农百草经》记载："神农尝百草，日遇七十二毒，得荼而解之。"这里提到的"荼"，就是我们现在所说的"茶"。神农大帝尝百草，终于从湖湘大地的野生茶树上，发现了茶叶的解毒作用。自此，诞生了中华茶文化，因此，他也被称为中国乃至世界的"茶祖"。也正是因为如此，有着"茶祖在湖南，茶源始三湘；茶为国饮，湖南为先"的说法，湖南一带，也成了中华茶文化的发源地。作为湖南首府的长沙，更是与茶文化自古就有着不解之缘。

1972年，在湖南长沙马王堆西汉古墓中，出土了汉隶书写的"一笥"的竹简和"笥"木牌。据专家说，这就是茶的意思。

1954年，长沙魏家大院第四号汉墓中（墓的建造时间约为前179—前143年）出土了一枚石质官印，上面写着"荼陵"二字，

马王堆中出土的"笥"字竹简

说明了公元前168年湖南已有茶叶生产，也有以茶命名的茶陵县。陪葬品中也有茶，说明了茶文化在当时的风行程度。

长沙茶文化的鼎盛时期，大约出现在唐朝，有着"饮茶之风行于唐朝"的说法。唐朝末年，地方割据，马殷在湖南称楚王，规定湖南年贡茶二百余担。

你知道长沙的酒文化吗？

早在战国时期，关于湖南一带的文献中就提到了酒文化。屈原在《楚辞》中描写了衡阳的古酒"餬酒"，并称其为"楚源餬"。在《国策·魏策》中，则有着这样的记载："昔者，帝女令仪狄作酒而美，进之禹。"据考证，仪狄就是女性酿酒官，极有可能是古武陵地域的部落先民。特别是古武陵文化中的"酉水""澧水"，就与酒文化有着极为密切的联系，因为在古代汉语中，"酒"和"酉"是通假字。按湖南民间说法，酉水河以前，就有个别称叫作"酒河"。另外，在古汉语中，"酒、醴、礼"三字是相通用的，醇酒也叫"醴酒"，甲骨文中此字象征着以陶豆盛醇酒祭神的样子，后人加酉旁为醴。《华阳国志·卷三》《蜀志》中曾有着这样的记载："始立宗庙，以酒曰醴。"善于酿酒的部落居住地附近的河流就被称作"澧水"。

另外，楚国一地盛产菁茅（也称之为"苞茅"），《禹贡》《汉书·地理志》等就有"包匦菁茅"的记载。周天子让楚人上缴的贡品中，就有这种茅草，主要用于缩酒祭祀。

马王堆中出土的《养生方》帛书

在湖南民间，还有许多关于炎帝在湖南一带造酒的故事。相传，湖南是神农炎帝和黄帝的生活之地和炎帝安寝之地（株洲有炎帝陵）。当时，他通过观察猿猴造酒的过程，总结出了酿酒的技术，成为了湖南酒文化的先祖。

　　20世纪70年代，在长沙马王堆汉墓中，出土了酒和大量残留食品。在西汉墓中出土的文物中，关于酒的记载有白酒、米酒、温（酝）酒和肋酒等几类，特别是在出土的帛书《养生方》和《杂疗方》这两本医药学方面的著作中，发现了我国迄今为止有据可考的最早的酿酒工艺记载。据说，著名的马王堆汉墓女尸数千年不腐的原因之一，就是经过了"七窍灌酒"这一特殊的防腐技术。在常德澧县的城头山城市文化群中，还发现了用于滤酒的"漏斗形澄滤器"，说明距今9000年至7000年在湖南就已出现了酿酒工艺。

老长沙的城门楼

长沙古城,历经三千年而城址不变,是华夏大地上一座历经风雨、见证着中华文明的发展与变迁的重要古城。而我国古代的城池,多是由城墙、城门、各种状似亭台楼阁的配套设施和护城河等围建而成的,长沙城也不例外。尽管这些建筑在岁月的变迁、朝代的更迭中大多已经不复存在或不复原貌,但它们曾是长沙城最重要的组成部分之一,是守卫城池,保证政局稳定、百姓安居乐业的重要防线,更见证着长沙城的兴衰沉浮,记录着许多精彩的历史篇章。下面,就让我们一起走近它们,一睹老长沙城门楼的风采……

长沙真的有"老九门"吗？

以长沙为故事背景的电视剧《老九门》一度在各大电视台热播，长沙"老九门"的名声一下子就传播了开来，使得不少人都对长沙的历史产生了浓厚的兴趣。那么，长沙的"老九门"到底指的是什么？而且，长沙究竟是不是真的有"老九门"？

在《老九门》之中，长沙有着九个盗墓家族，而这九个盗墓家族则被称为"老九门"，又称"九门提督"，分为上三门、平三门和下三门。上三门属于白道，即为官；而平三门多背负骂名，即为贼；下三门多数是做生意的，即为商。这九大家族，控制着长沙城的文物买卖和流通。

事实上，在真实的长沙历史当中，"老九门"代表着长沙九个盗墓家族的说法并不存在，应该是作者为了艺术创作而杜撰的。但是，老长沙却真实存在着另外一种"老九门"，即长沙古城的九座古城门。

大西门，位于今五一大道与湘江大道的交会地段，原是大西门正街出西城的城门，又叫"临湘门""驿步门"。

小西门，位于今坡子街与沿江大道交会地段，今属于天心区。小西门原为小西门正街出西城的城门，又叫"德润门"。

浏阳门，浏正街因浏阳门而得名。清代称为东正街，因出入浏阳门的主要通道而得名，俗称浏正街。

小吴门，位于今中山路、八一西路与建湘路的交会地带，又称"小乌门"。小吴门外为古校场所在地。

新开门，位于今蔡锷路与湘春路交会地段，为古长沙城北二门之一的新开门的所在地。1911年湖南新军响应辛亥革命，从湘春门入城，在新开门成功夺取军备局，因此，后来新开门就被更名为"兴汉门"。

正南门，位于今黄兴南路与城南路、西湖路十字交叉口周围地带，它曾有王道门、黄道门等别名。

湘春门，即为长沙北门，位于今北正街和湘春门交会地段。

通货门，因通货码头而得名，从西城通货门进城即为通泰街，因此它又被称为"通泰门"。

草场门，因草码头而得名，又被称为"潮宗门"。旧时，长沙的米市主要集中在草场门。

此外，还有一种说法是，长沙的"老九门"分别为：东2门即浏阳门、小吴门，西4门即德润门（小西门）、驿步门（大西门）、潮宗门（草场门）、通泰门（通货门），北2门即湘春门、兴汉门，南1门即正南门（南熏门）。

据记载，当时长沙城内有正街通向各城门，各城门都设有门楼、钟楼、鼓楼等完备的配套设施。这些城门在清代长沙修建环城马路之时尽数被拆除，现今已荡然无存，只活在了历史文献的记载之中。

为什么说天心阁是古城长沙的标志？

天心阁位于湖南省长沙市中心地区东南角上城南路与天心路交会之处的古城墙上，是长沙古城的一座城楼。天心阁始建于明末，清乾隆年间重修。抗战期间因"文夕大火"烧毁，并于1983年重建。

"天心阁"名字的由来，是因为修建时期的星象学者认为这里地势高峻，地脉隆起，为文运昌隆之祥兆，于是在城楼建"天心"与"文昌"二阁。

值得一提的是，天心阁下的古城墙始建于西汉高祖五年（公元前202年），为长沙王吴芮所建，距今有2200多年的历史。明洪武五年（公

1372年),长沙守御指挥使邱广修复加固,其长为8.5公里,在城墙上足足设了九座城门,这是我国古代城防工事现存实例中极为罕见的,是长沙古城为数不多的文化载体和历史遗址。

而且,天心阁由于地势高,因此在军事上有着重要的地位。太平天国时,西王萧朝贵率军攻打长沙就是从这里进攻的,现在城墙上还留下了一些炮眼。1905年,孙中山、黄兴在日本派遣同盟会会员陈家鼎回湖南组织同盟会机关,其秘密机关一度设在天心阁内。1930年7月27日,彭德怀率领工农红军攻入长沙,也曾在天心阁作过报告。

天心阁

1938年,震惊中外的长沙"文夕大火"发生后,天心阁原址被烧毁。现在重建的天心阁有楼阁三层,建筑面积846平方米。

天心阁由于其独特的地理位置(占据长沙城的最高点),以及其悠久坎坷的历史,成为了长沙城的重要名胜,并且,由于长沙的古建筑大多在过去被摧毁,天心阁也成为了目前长沙仅存的古城标志。

"不入潮宗门,不进长沙城"是什么意思?

古代长沙共有十三个城门,东有浏阳门、小吴门、经武门,南有学宫门、正南门(黄道门),西有通泰门、潮宗门、福兴门、太平门、大西门、小西门,北有兴汉门、北门(湘春门)。自古,长沙城就流传着一句脍炙人口的传言:"不入潮宗门,不进长沙城",而这句话,又是什么意思呢?

潮宗门,原名"朝宗门",在注重宗族伦理的古代,这扇城门的名字原本是朝拜祖宗、纪念先祖之意。后来,因为朝宗门一带聚居着许多挑河水卖的脚夫,街上到处都是满溢出来的河水,因此这"朝"字,逐渐就演变成了"潮"字。在过去,潮宗门是进入长沙的必经之门,因潮宗门而得名的潮宗街是从长沙城内出潮宗门到达湘江河运码头的必经之路。

现在，潮宗街留有的古城墙一号墙体剖面呈拱形，顶部宽约7.2米，底部宽约19米，高约3米。因此，不难想象，在古代这堵厚厚的城墙是很难被翻越过去的，如果敌军想从此地进入长沙城，就必须得从城门正面进入。

并且，在古时候，潮宗门正面湘江，是到达河运码头的必经之地，而如果有敌军想绕开潮宗门进入长沙，将会绕着城墙多走许多路，也很容易被城内的士兵发现，因此，想攻进长沙的军队，一般都会选择从潮宗门进入。

正是因为潮宗门在古代长沙城有着举足轻重的地理位置，才有了"不入潮宗门，不进长沙城"这句俗语。

潮宗门遗址

定王台为何又称"望母台"？

定王台在长沙市浏正街南侧的小巷深处，今芙蓉区解放中路高架桥东侧的长沙市图书馆系古定王台旧址。定王台为汉景帝之子刘发所建。几千年以来，定王台一直都可以说是长沙的标志性建筑，也是著名的名胜古迹，许多文人墨客来到长沙，都要来定王台一睹其风采，甚至有人把长沙城称为"定王城"。

相传汉景帝之子刘发的母亲唐姬，原来是另一位妃子程姬的侍女，因为出身卑贱，刘发得不到汉景帝的重视，公元前155年，景帝派刘发去当时被认为是十分落后的"南蛮之地"长沙，封他为长沙王。14年后，汉景帝做寿，各位亲王都来到京城祝寿，但轮到刘发祝寿时，他却表现得十分低调卑微，只是略微抬手挥袖。大家都嘲笑他，他的父王汉景帝也责怪他，刘发就解释说："臣国小地狭，不足回旋。"汉景帝听闻后，感到有些愧对自己这个儿子，就把长沙附近的武陵、零陵、桂阳也分封给他，自此，刘发的领地就扩大到了今天的湖南省全境。

又相传长沙王刘发由于挂念他的两个母亲程姬和唐姬，就派人把长沙种的米运到长安给她们，并且把长安的土运回长沙。他命人将从长安运来的土堆在城东的高地上，建成了一座高台，刘发有空就来这座高台上远望长安，寄托对两位母亲和父王的思念之情。

后来，刘发的两位母亲去世，一种说法是，她们的陵墓就建在长沙城旁。《太平寰宇记》记载道："双女墓即汉长沙王葬程、唐二姬之冢，坟高七丈，在长沙县侧。"在《明一统志》与《湖南考古略》中，也有着相似的记载。但又有一种说法是，程、唐两姬是葬在长安的。不论哪种说法是真的，刘发常在高台上思念母亲的事，一直流传至今。

刘发去世之后，被追谥为长沙定王，所以他建立的这座高台，也被称为"定王台"。又因为这是他登高望远思念两位母亲的地方，因此定王台又被称作"望母台"。

关羽战长沙时曾与守将黄忠在湘春门外激战？

相传在三国时期，著名的"红脸关公"、刘备手下的大将关羽曾骑着赤兔马，来到长沙，在长沙留下了许多有趣的传说。

相传当时三国鼎立，群雄混战，长沙城尚未被刘备收复，于是关羽主动请战长沙。关羽出征之前，刘备的军师诸葛亮对关羽说："子龙取桂阴、翼德取武陵，都是带三千人去，但如今你去取长沙，必须多带些军马。因长沙太守韩玄虽没有什么本事，但他手上有一员大将，姓黄，名忠，字汉升，年纪虽近六十，却有万夫不当之勇，不可轻敌。"但关羽并

明清时期的湘春门

不信，只肯带五百人去应战，还对诸葛亮反唇相讥："军师为什么长别人锐气，灭自己威风？"

在关羽率兵前往长沙的路上，遇到了长沙太守韩玄的部下杨龄，但很快，骁勇善战的关羽就砍下了杨龄的脑袋，杨龄兵败。关羽一路披荆斩棘，来到了长沙城的湘春门外，此时，韩玄麾下的大将黄忠早已在此等候多时。黄忠与关羽大战一百多个回合，不分胜负。

因为害怕局势对自己不利，韩玄命黄忠暂时收兵，关羽也退后十里下寨。第二天，两人又在城外大战，突然，黄忠的战马跌了一跤，黄忠也倒在了地上，眼看就要死在关公的大刀之下，但由于英雄相惜，关羽放过了他，约好明日再战。

又过了一天，两人又在城外厮杀，仍然难分胜负。黄忠假装投降回城，关羽就紧追不放。此时，黄忠突然举起弓箭向关羽的方向拉弓，但并没有看到箭飞过来。黄忠又拉了一弓，但关羽仍然没有看到箭，关羽这才知道，这是黄忠感念昨日他不杀之恩，只是放空弓以示警告。眼看关羽就要进入城内，黄忠就向着他的头盔射了一箭，这一箭十分精准，射到了关羽的盔缨之上。关羽这才知道黄忠的箭法一流，今日只是手下留情，就没有继续追下去了。

长沙太守韩玄听闻黄忠放过关羽，勃然大怒，欲杀黄忠，但被魏延所救，献了长沙。后来，刘备等人到，就收了黄忠、魏延。

太平天国的萧朝贵真的死在长沙的南门口吗？

萧朝贵（约1820—1852年），客家人，生于清嘉庆末年，广西武宣罗渌垌人。金田起义的核心领导人之一，太平天国运动初期的重要领袖，官封西王。他在太平天国领导集团内的地位颇高，位居洪秀全、杨秀清之下，冯云山、韦昌辉、石达开之上。

太平军占领了湖南道州后，发布了《奉天讨胡檄布四方谕》等讨伐清王朝的3篇檄文。在反清思想的大力宣传下，湘南的穷苦农民、手工业者以及天地会众，纷纷参加了太平军。据称，当时主动参军的人数日以千计。因此，太平军很快就从出广西时的五六千战斗人员，一下子增加到2万余人。

于是，太平军整装待发，企图攻入湖南的首府长沙城。太平军由西王萧朝贵领头，十分骁勇，在城郊的石马铺就将驻防军西安镇总兵福成等全军2000余人全部歼灭。很快地，大军就来到了长沙城的南门之下。

太平军在碧湘街等处架设炮台轰城，迅速占据南门、小西门外民房为垒，围攻长沙。清兵将惊惶不已，湖南提督鲍起豹甚至把城隍庙中的泥塑神像放在南门城楼上，求神拜佛，以求自保。

萧朝贵阵亡处纪念碑

1852年9月12日，萧朝贵在长沙南门外率兵打仗时，被魁星楼所设重炮击伤，有一种说法是，炮弹正好打在了萧朝贵的胸膛上。还有一种说法是，城上的铅子打入太平军铜炮炮眼，铜炮顿时炸裂，误伤了正好站在铜炮旁边的萧朝贵。总之，萧朝贵受到了重伤，并于次月初因伤重不治而去世。

现在，长沙城仍设有"萧朝贵阵亡处"这一地点，以纪念这位曾经叱咤风云的革命领军人物，"萧朝贵阵亡处"就在长沙古城墙的东南门下，现在重修的"天心阁"附近。

长沙光复当日，黄忠浩的头颅被挂在天心阁之下的城门上吗？

黄忠浩，字泽生，湖南黔阳人，清末著名将领。1895年，他招募了五百人来到湖北驻守田家镇（今鄂东广济县境）炮台，后来被清末名臣张之洞所赏识，1902年，当上了湖南营务处总办。1903年，广西柳州爆发农民起义，他率领部队前去镇压，立下战功，因此胜任总兵。1910年，他升任湖南提督，次年又担任巡防营统领。

1911年，武昌起义后，张之洞仍然不愿投靠革命党人，选择替清廷效忠，坚守在自己的岗位上。1911年10月22日，在武昌首义成功后，同盟会湖南分会由焦达峰、陈作新领导新军发动了起义，史称"辛亥长沙起义"。据史书记载，长沙新军攻破抚台衙门，正碰上换上便服想要逃走的湖南巡抚余诚格，但最终被其侥幸脱逃，逃到了湘江中的日本军舰上。但黄忠浩就没有这么好的运气了，他被已经投靠革命党人的士兵发现，士兵故意高喊："我们首领来了！我们首领来了！"因此，他很快被革命党人抓获，据说，还被暴打了一顿，最后被押送上了天心阁下的城楼上斩首。

　　听到这个消息，有人感到庆幸，也有人一直尊崇黄浩忠坚贞不屈、誓死恪守职责的军人作风，替他感到十分惋惜。

　　后来，在革命党人新成立的湖南军政府当天的布告里，写着如下的字句："兵不血刃，商民交欢。"在自古以来的革命起义过程中，这确实称得上是"兵不血刃"了，因为在这场斗争中一共只死了四位不肯投降的清朝官吏，在这四人之中，黄浩忠的官位是最高的。

为什么长沙的古城墙现今只存251米？

　　长沙自古以来就是湖湘首邑，城址约建于公元前800年。至于长沙城的诞生，目前学界普遍认同的一种说法是，其因为春秋战国时期"楚国对越军事的需要而产生"，且"其首先是以一种军事要塞的形式而出现于楚国的南方边陲"。

　　东汉时期，应劭的《汉官仪》中对长沙城有着这样的描写："秦……凡郡或以列国，陈、鲁、齐、吴是也；或以旧邑，长沙、丹阳是也。"也就是说，秦代长沙郡是以此前的旧长沙城为基础所建造的。

　　西汉时期，长沙国在此建都，这个都城比东汉的"旧邑"稍微大一些，约1.5平方公里。长沙城的面积在后来的许多朝代中都有所变化，直到宋代长沙城才基本被定型下来。南宋初年，金兵曾攻入长沙并且进行了惨烈的屠城行动，次年，调任长沙的李纲发现长沙的古城墙已经破损不堪，难以抵抗外敌的入侵，就向朝廷禀明了这一情况，之后就将长沙城北部缩小并重修。后来，长沙城就逐渐地定型下来，形成了"十四里有奇"的城周。

到了明朝时，因为各地的城墙都遭到过蒙古军队的破坏，朱元璋时期朝廷就开始重修各个城池的城墙，这其中也包括了长沙城，但其位置基本上沿袭了宋代时的长沙城墙位置而没有改变。

清代，长沙城墙基本也没有被改动过，只有在1654年，洪承畴曾拆掉明代吉王府的城砖，重修过长沙城墙，算是最大的一次改动了。

但是，随着时代的发展和军事武器的不断革新，长沙城的城墙逐渐变得无用，防御作用逐渐下降。而且，城门到了傍晚就会关上，这给很多夜晚要进出城池的市民带来了不便。有些人急着出城，就只好撑着伞从城墙上跳下去，非常危险。而且到了清朝末期，长沙的城墙因为年久失修，已然破旧不堪，出现了多处塌陷，甚至有些地方的墙砖已经被百姓拆走去造房子了。

辛亥革命后，谭延闿下令对长沙城进行全面整顿重修，"拆墙修路扩城"。谭延闿，是国民党湖南地区的一位大人物，曾经任两广督军，三次出任湖南督军、省长兼湘军总司令，授上将军衔，陆军大元帅。

1923年，长沙市政公所下设的马路工程处成立，长沙古城墙拆卸工程和环城马路的修筑工程开始实施。到1924年，长沙古城的城墙被尽数拆除，只保留了天心阁附近251米的一段。

至于为什么城墙还保留了251米的一段，这背后可有着一个故事。在1923年拆除城墙的过程中，时任市政公所总理的曹典球和一些学者提出保留天心阁下这段城墙以作为历史遗存，但是并没有得到当时长沙掌权者们的认可。为了能留下这一段古城墙，曹典球挺身而出，声称要"睡在城墙上，誓与城墙共存亡"。最后，掌权者们采纳了他的建议，决定保留这段城墙与天心阁，重新修改了环城马路规划，将原拟拆除天心阁后开辟的路段改为绕城墙而过。

因此，这251米珍贵的历史文化遗存还有天心阁就一直留存至今，成为长沙宝贵的历史遗迹，也吸引着中外游客前去一睹千年古城墙的独特风采。

长沙万达广场修建时竟挖出了南宋古城墙?

2011年11月,在长沙万达广场项目的工地上,竟然发掘出土了120米长的古城墙。经过有关部门的鉴定,这段古城墙应建造于南宋初期,历经元、明、清,大约到了民国时期才被埋进地下。其中,古城墙有20多米状态较为完好。有许多专家指出,这段新发掘出的古城墙有着非常重要的历史价值,"堪比马王堆汉墓"。

在发现这处古城墙之后,湖南省文物局邀请考古、水利、建筑、规划、地质与工程结构等方面的专家一同研究南宋古城墙的保护方案,提出了两种保护方法:

第一种是"原址复原保护与异地迁移保护相结合的方法",即先将古城墙分段挪动,再将有典型意义的部分按原标高、原地点搬回原址保护展示,其他部分异地保护展示。

第二种,"原址保护与异地迁移保护相结合的方法",即原址保留一定长度的有典型意义的墙体,采用地下连续墙进行围合封闭保护,其他部分异地保护展示。

长沙南宋古城墙

最终,经过比较,有关方面决定按第二种方案进行工程设计,对最重要的23米古城墙进行原址保护,其余进行异地迁移保护。

另外一件令人称奇的事是,在万达广场施工工地上发现南宋古城墙之后,人们竟然又在已经发掘的古城墙往东20米左右处发现一部分被称之为三号古城墙的墙体。从地下木桩来看,这段新发现的古城墙的年代更为久远,据考古专家分析,应该在五代时期就已建立。

老长沙竟有一扇"防盗门"?

在老长沙,有一件奇怪的事,当外来的人们问起老长沙的南门,长沙人常常会告诉你,那是一扇"防盗门"。可是,老长沙的城门都建于古代,难道早在那时候,长沙人就已经发明了防盗技术?这到底是怎么一回事呢?

原来,老长沙的南门名叫"黄道门",根据从明代开始直到清朝康熙、乾隆、同治、光绪年间所编著的《长沙府志》《善化县志》《湖南通志》,以及清宣统二年(1910年)的《湖南乡土地理书》、1924年的《长沙一览》,还有1924年长沙《大公报》"湖南省城古迹今释"专栏所记载,长沙南门的正式名称一直是"黄道门",南门则是百姓们对它的俗称。而这扇"黄道门",与其他城门构造、材料相仿,并没有特意加入防盗的功能,那么为什么人们都叫它"防盗门"呢?原来,这是一场谐音的误会。在湖南大多数方言包括长沙方言里,人们常常分不清"f、h"的发音,常常把它们混为一谈甚至读错,因此,许多人在说"黄道门"的时候,常常将它念成了"防盗门",这才闹了这样一个笑话。

早在民国初年,当局决定拆除老长沙的城墙,最终,在赵恒惕当政之时,这一工程正式完工。当时,人们觉得长沙老城墙算是一样历史文物,有一定的价值,于是,他们不但把城墙上的砖悉数拿去贩卖,更连地底下也不放过,希望能发现什么珍贵的文物。结果,他们还真的在黄道门边上的老城墙地底下挖出了一块明代时期长沙名人庄天合撰写的石碑。

如今长沙城墙早已拆除,只剩天心阁一段,而老长沙的南门"黄道门"也早已不存,此处只空余一个地名了。

长沙的古镇

长沙是一座千年古城,在它的主城区周边,自然也诞生了许多各有特色的古镇,比如曾被称作陶瓷之都的铜官镇,和鼎鼎大名的关羽有着剪不断理还乱的渊源的关山镇,著名港口靖港镇,还有景色优美、名称独特的椁梨镇……下面,就让我们暂别都市的喧嚣,一同走进那幽静、美丽、神秘的古镇深处……

长沙的铜官镇曾是全国五大陶都之一吗？

铜官镇位于长沙市望城区北境的湘江东岸，南距省会长沙30公里，南距望城区城区10公里。地理上，铜官镇西隔湘江与靖港镇、新康乡相望，北临东城镇，东临茶亭镇，南与书堂山街道接壤；辖4个行政村，5个社区居委会，20多个驻镇单位，有"山城"之称。

长沙铜官窑遗址公园

自唐代起，铜官又称"陶都"，以陶瓷闻名于世。早在1300多年前的隋末唐初，铜官镇便出现了大型的窑场"长沙铜官窑"。这里是世界陶瓷釉下多彩发源地，被誉为"陶瓷史上的里程碑"，其产品在当时畅销29个国家和地区，是全国五大陶都之一。据宋《监略妥注》载："舜陶于河滨，而器不苦窳。"说的是舜帝曾在湘江江畔组织人们生产陶器，直到现在，铜官的陶业工人仍把舜帝奉为祖师。《水经注》载："铜官山，亦名云母山，土性宜陶，有陶家千余户，沿河而居……"由此可见古时铜官陶业之发达。

新中国成立以后，铜官陶瓷业逐渐形成一个现代化的产业。1987年，湖南省铜官陶瓷总公司成立，有职工6200余人。主要产品有日用陶瓷、建筑陶瓷、工业陶瓷、艺术陶瓷和炻瓷五大类1700多个品种，产品畅销全国，远销美国、日本、荷兰、澳大利亚以及中国香港等27个国家和地区。2005年，铜官陶瓷产值过亿元。2007年，铜官镇被列入湖南省首批历史文化名镇名录。

你知道铜官古镇上有哪些老街市吗？

铜官老街位于铜官古镇南端，南北走向，街长1200米，宽6～8米，在唐代就已形成。街上房屋铺面多系砖木结构，街面为麻石铺垫。在老街的北端，有一座云母寺，它位于湘江之畔，云母寺附近有一个近1000米长的深水港湾叫作"铜官潭"，是一个天然的船舶码头。相传在唐大历四年二月，诗人杜甫途经铜官，突然遇到大风，于是他就写下了著名的《铜官渚守风》一诗。后来，人们为了纪念他，就在云母寺边建造了一座"守风亭"。

铜官老街一角

除了云母寺，铜官老街还有李氏家庙、王爷庙、东山寺等寺庙。铜官老街上有手工作坊和各类老字号商店100余家，大部分是前店后厂，其中比较著名的有万顺斋、永泰、万泰和、源泰、介纶昌、锦纶、天纶等绸布店，以及袁颐丰、杨德星堂、金云寿堂、广源利、盛合大、协顺、大顺鱼行、贺达昌粮行等。不难看出，当时的铜官老街是这一带的经济中心，直到现在，铜官老街上仍然商业繁华。

另一条著名的老街，就是誓港老街了。誓港老街位于铜官古镇北端，与靖港镇隔河相望，街长约700米，宽5～7米，街市繁华程度仅次于铜官老街，也是铜官地区的重要商埠。誓港老街最有特色的是"义渡亭"，它是街中段的渡船亭，始建于光绪七年，是铜官靖港重要的交通码头。街上有许多老字号商家，如毛乾丰、郭万和、蔡万和、黄俊泰等。但令人感到十分遗憾的是，因为修建沿河公路，原来的誓港老街被破坏，现在仅保留了一截，游客们来到这里，只能在草丛深处依稀看见长约50米的麻石铺设的老街街面的痕迹。

你知道铜官古镇上有哪些名胜古迹吗？

吴楚桥。位于以前的誓港街南端，桥身用平板长条麻石搭砌而成，桥长1丈，宽2丈，相传在战国时期，楚置黔中郡，吴楚桥为吴、楚两国分界处。清光绪二十年时，曾重修一次。现旧桥已不存，但仍存桥址和当年重修桥时捐钱人士的功德碑。

泗洲庙。它始建于唐代，又名"舜帝庙"，主要供奉的是华夏民族的先祖舜帝，位于誓港街后一处山岗上。宋《监略妥注》载："舜陶于河滨，而器不苦窳。"说的是舜帝曾在湘江江畔组织人们生产陶器，直到现在，铜官的陶业工人仍把舜帝奉为祖师。庙前有一对三人合抱的古樟，庭院之中，建有"双爪角"戏台。每年的农历六月初六是舜帝寿辰之日，此时各窑的代表都会来此表达对先祖的感恩之情。如今，庙基尚在，一对古樟树和道光十八年重修此庙时捐资人的功德碑都仍在。庙中原有花岗石雕塑的"十八罗汉"，在"文革"期间被几位信徒藏在一个防空洞内，至今仍在。

东山寺。位于铜官街南端，它的前身为彤关寺，建造于清康熙十三年（1674年），光绪三十年（1904年）时，被改建为东山寺。寺内摆有关公和少白龙王神像，正厅上方悬长方形饰金花边木匾两块，一块上由李觉生题"气壮山河"，另一块上则为郭玉田所题"神文圣武"。寺坪前方有一座木石结构戏台，两边横梁上镌刻有云龙花卉和八仙人物，台前上方悬有"静观"二字木匾，左右木柱挂有楹联，台后方有花边横匾一块，上有"东山丝竹"四个大字，两边门额有小型木牌各一块，左为"出俗"，右为"入雅"。相传每年农历四月初八日为少白龙王诞辰，有数百人参加盛典。

云母寺。位于铜官老街北端，湘江铜官潭边，主要供奉的是关公。相传，云母寺是三国时期关羽为纪念义母所建。云母寺一带多产益母草，是一种中药材。在云母寺前有一座亭子，亭前沿江有石阶数十级，也算是一个小型码头了。

王爷庙。又名"洞庭宫"，距云母寺南约150米，是人们为了祭祀洞庭王爷和白马三郎而建的。王爷庙正殿有一副对联：兄玄德弟翼德德兄德弟；师卧龙将子龙龙师龙将。将刘、关、张三人和孔明、赵云各人的字号巧妙而工整地设计在其中。王爷庙对面有一木楼巷，人称龙船巷子，是专门用于收藏龙舟的阁楼。

守风亭。相传在唐大历四年（769年）二月，著名诗人杜甫在铜官被大风所阻行，于是写下《铜官渚守风》一诗。为了纪念杜甫，后来人们在铜官老街北端离云母寺50米处建"守风亭"。该亭为双层砖木建筑，现留有旧址。

义渡亭。位于誓港，始建于光绪七年（1882年），建筑面积378平方米左右，亭脊顶高16米，檐高9米，南北宽21米，东西径深18米，坐东朝西。亭内南北两边各置长5米直径为0.4米的杉木"勤橙"。亭前有一条三径二道的麻石阶梯一直铺到河边，全长约40米左右。前清秀才胡十一曾为义渡亭写下一副对联：黄花港在江边，战绩千秋，时事造成瞻太福；紫云宫横眼底，长天一览，清风来自大微山。

义渡公所。位于誓港街,北距义渡亭200余米,建于光绪十年(1885年),坐东朝西,是一座层高约9米,宽21米的具有清代江南民居建筑风格的砖木楼房,共有三进一罩亭,总建筑面积1000余平方米。现仅存遗址,并有一刻着"义渡公所私墙"的石刻。

铜官古镇曾是湖南省的红色革命重地吗?

1923年1月,毛泽东同志在郭亮的陪同下来铜官考察工人运动,经他批准,铜官成立了陶业工会,后又成立了中共铜官陶业工人党支部,是湖南省最早建立的基层党组织。1930年8月,中共湖南省委迁到铜官,当年冬天,中共南安县委、湘阴县委联络处也搬到了铜官,铜官成为了当时湖南省的红色革命中心。1935年5月,经湘鄂赣省委批准,在铜官成立了中共湘江特委,负责领导长沙、益阳、湘阴等地的革命工作。

在铜官,也曾发生过共产党军队与国民党军队的正面斗争。1944年,八路军南下支队从延安出发,突破层层阻碍,终于在1945年7月24日到达铜官,但在渡湘江时遭到了国民党军队的袭击,结果共产党军队胜利。

铜官更是一个人才辈出的地方,诞生了郭亮、文淑益、周汉青、周青云、杨春林、袁仲贤、谭希林、李灿英、杨东贵、谢介眉等老一辈无产阶级革命家和烈士英模,郭亮烈士陵园、郭亮烈士纪念亭已经成为红色旅游胜地。

长沙的关山镇是关羽战长沙时屯兵之地吗?

相传,刘备在赤壁大胜之后,命赵云、张飞,分别攻克零陵、桂阳、武陵三郡。临行前,军师诸葛亮特意叮嘱关羽不可小觑对方守将黄忠,但关羽却不以为然,还嘲笑诸葛亮长他人志气灭自己威风,仅仅带了五百校刀手赴战。他们大战几天却难分胜负,甚至在战斗中产生了英雄相惜之情，黄忠有一次不小心马失前蹄，关羽放过了他，而后来黄忠为了报答则故意不射死关羽。长沙太守韩玄得知此事后勃然大怒，欲杀黄忠，但后来黄忠被魏延所救，献了长沙，两人都投入刘备麾下。

相传关羽在夺取长沙之战时，就是在关山一带屯兵的，关山，也因此得名。后来刘备大军迁移，此地空留箭楼、颜塘、卧马槽、烽火楼、关帝庙等遗迹。

关山景区中的关公像

现在，关山景区是国家4A级景区，东距长沙市政府24公里，西距宁乡县城11公里，长张高速8.5公里处有一个关山互通直达景区，交通便利。景区占地面积50平方公里，是长沙富有特色的一个集自然风光和人文景观于一体的景区。

你知道关山镇上关公砍榆树的传说吗？

关山镇以关公为名，人们都十分敬重他，关山镇上到处都可以看到关公的"身影"。在进入关山古镇的主干道关山大道口上，就有一座关公雕像，可以说是关山的门面了，它高19.9米，坐北朝南，栩栩如生，手握青龙偃月刀，十分有气势。

在古镇上，有一棵直径达25米的千年榆树。据说，在古镇建设初年的4月2日，人们将关公雕塑放在榆树的后面，当晚镇上就有人梦到关公拿着大刀劈砍榆树，寓意是古镇的人们将会发财（取"伐柴"的谐音），也有人说，关公是生气了，认为自己的雕像被榆树挡住了，因此才会砍树。到了第二天下午，突然下起了雷雨，一道惊雷过后，千年榆树竟然被雷击中了，留下一道口子，那形状就如同被刀砍出来的一样，人们都认为这是关公显灵了，于是纷纷跪下祭拜。虽然这只是一个传说，却体现了关山的一种独特的"关公文化"和对历史的传承。

长沙靖港古镇是因为唐朝大将李靖而得名的吗？

靖港古镇位于长沙市望城区西北，距离长沙城区约为30公里，属望城区所辖乡镇，东濒湘江，与铜官镇隔江相望，南临老沩水，西与格塘接壤，北面毗邻乔口镇。靖港原名芦江，又名沩港，为沩水入湘江口，是扼湘江逆上长沙之要冲，历来为兵家必争之地。明朝《一统志》中曾这样描绘靖港镇："在长沙县西北五十里，自宁乡县流至东北入湘。"现在的靖港镇，是1995年长沙地区撤区并乡时，由原望城县靖港区靖港乡和靖港镇并入而来的。

靖港镇位于湘江下游西岸，是天然良港，曾为三湘物资集散中心，也是一个繁荣的商埠，有着"小汉口"的美名，曾为湖南四大米市之一，又是省内淮盐主要经销口岸之一。在清朝末年至20世纪初期，靖港有粮栈米号20多家，还有

长沙靖港古镇风光

一批工商作坊。当时街头巷尾都流传着这样一句话："船到靖江口，顺风都不走。"由此可见当时靖港镇的繁荣程度，当时来往于沩水、湘江的宁乡"乌舡"船有3000多艘，平日停靠船只则有千艘左右。清光绪二十四年（1898年）时，港口还特意建了"洋棚子"接送来往的旅客。到了清末民初时，靖港镇已有粮行50多家，粮栈、米号各20余家，其他大小行业也发展兴盛。1933年，建置长沙县直属镇，同年，设长沙县靖港民众教育馆。1935年，设长沙县卫生院靖港分院。1938年长沙大火后，不少商户离开长沙来到靖港，当时工商业达500多户。

靖港原名沩港，相传，后来它被改名为"靖港"是为了纪念唐朝大将李靖。卫国景武公李靖（571—649年），字药师，雍州三原（今陕西三原县东北）人。隋末唐初将领，是唐朝文武兼备的著名军事家，后封卫国公，世称"李卫公"。李靖善于用兵，精通谋略，他原为隋朝将士，后被招至李世民麾下，东征西讨，南平萧铣、辅公祏，北灭东突厥，西破吐谷浑，立下赫赫战功，官至兵部尚书。贞观八年（634年），吐谷浑部在唐朝通往西域的"丝绸之路"上作乱，严重影响了大唐与西域的贸易往来。此时，年逾花甲，已经告老还乡的李靖听说此事，就主动要求再次带兵攻打吐谷浑部，最终大胜而归，这就是著名的"李靖攻吐谷浑之战"。在唐代开国之初，李靖曾镇守长沙湘江一带，麾下大军就驻扎在沩水港口，深受百姓的爱戴和敬仰。后来他离开了长沙，当地百姓为了纪念他，就把他驻扎过的"沩港"更名为"靖港"，"靖港"的名称由此而来。

你知道靖港著名的"望江楼"布鞋厂吗？

由于靖港古镇曾经盛极一时，因此这里曾经商铺林立，贸易繁荣，也诞生了许多著名商号。这里的老字号都以诚待人，商品质量也都相当不错，再加上靖港曾是这一带的商业中心，远近的居民都会选择来这里置办商品。比如望江楼布鞋厂，就是镇上著名的老牌企业了，厂里生产的布鞋，由于物美价廉、诚信经营，一直深受人们的喜爱。关于这家布鞋厂，还有着一个传说呢！

据说，当时望江楼鞋厂的一名员工因故去上海出差，当他来到一家鞋店门口时，看到这里排起了长队，一副供不应求的样子，他以为这里在卖什么上海的时髦货，也就加入了队伍之中。等到他把鞋子买到手的时候，一看简直惊呆了，原来，这就是他们鞋厂生产的鞋子！其实望江楼的鞋子并没有做过什么广告，这位员工也没有想到他们厂的鞋子已经在不知不觉间远销上海，还成为了这座大城市里的时髦货，可见其质量之精美。

除了鞋厂，靖港古镇上还有着许多著名的商铺，而且大都是从祖上传下来的，比如米铺、陶瓷铺、印染铺、修理铺等，一直发扬着诚信、优质的传统商业精神。

你知道靖港古镇上有哪些博物馆吗？

毛主席手迹展览馆。这里收藏了大量的毛主席各个时期的书法作品，代表作有《沁园春·长沙》《清平乐·六盘山》等。值得一提的是，馆中不但有毛泽东、郭沫若、周恩来、胡乔木等书法大家的书画真迹，还收集到了贺龙、朱德、彭德怀等30多位不以书法闻名的先辈们的书法手迹，有的甚至是其唯一流传于世的作品，可以说是极为珍贵了。

族谱陈列馆。族谱是一种以表谱形式，记载一个家族的世系繁衍及重要人物事迹的书。皇帝的家谱称"玉牒"，如新朝玉牒、皇宋玉牒。它以记载父系家族世系、人物为中心，由正史中的帝王本纪及王侯列传、年表等演变而来，属于珍贵的人文资料，对于历史学、民俗学、人口学、社会学和经济学的深入研究，均有

毛主席手迹展览馆

其不可替代的独特功能。元末明初，湖南经过几次战乱后人口大减，后有大量外来移民涌入。在靖港族谱陈列馆中，我们能看到千百年来，靖港地区139个姓氏的源流、派语（字辈）和迁徙情况等。

皮影艺术馆。皮影戏，又称"影子戏""灯影戏"，是一种以兽皮或纸板做成的人物剪影表演故事的民间戏剧，被誉为"最早的卡通"。皮影作为中国非物质文化遗产，历史悠久，相传起源于汉、发展于唐、盛行于宋，于明清时期流传各地。靖港皮影艺术馆占地近300平方米，分为两层，一楼主要是展示厅，二楼主要是表演厅和互动厅。

靖港铁器文化馆。靖港铁器文化馆是一座展现靖港铁器锻造历史的专业文化场馆，全馆分一个展区和四个陈列区，展示区展示了技艺传承的打铁现场，四个陈列区收集古今铁器逾两百件，分别为军事、商旅、农耕和船舶铁器陈列区。

江南民俗文物馆。由花轿馆、千尊古神殿、珍藏馆三个小馆组成。馆中文物以明清民俗文物为主，最早的制作时期可以追溯到唐朝、五代时期，馆藏总计上万件。民俗文物主要有当地举办大型仪式时用的花轿、面具、佛像等，极富当地特色。

花轿馆及珍藏馆。馆中主要藏有文房四宝（宣纸、徽墨、端砚、湖笔）、铜镜、面具、花床、三寸金莲、花轿、凤冠等文物，还有宋朝皇帝赵构赐给礼部尚书邓三凤的生日礼物，就相当于今天国家主席送给外交部长的生日礼物，距今已经有900多年的历史了。

锄禾源农耕文化展览馆。主要展出旧时的农具、渔具。因为靖港土地肥沃，气候适宜水稻生长，是典型的稻作农业地区，因此农耕文化自古便繁盛。锄禾源，既取"锄禾日当午"之意，更提醒人们饮水不忘思源，享用美味粮食的时候要记得农民们的辛苦付出。又由于这一带也有着丰富的水系，因此渔业文化也相应而生。来到锄禾源农耕文化展览馆，人们能够深入地了解富有长沙特色的传统农业、渔业发展历程。

恐龙化石馆。恐龙化石馆里陈列着从云南禄丰县运来的恐龙化石，称为"禄丰龙"，它身长八米，体型庞大，颈部较长，但头比较小，属于植食性恐龙。其他化石主要有贵州龙化石、初龙化石、恐龙蛋化石、三叶虫化石、珊瑚化石、鹦鹉螺化石等,共数百样。

陨石馆。陨石馆位于古镇保安街,展馆规模庞大,有千余平方米,一楼展览陨石,二楼展览的则是古代青花瓷。陨石根据自身成分的不同可划分为石陨石、铁陨石、石铁陨石三种。目前世界上最大的石陨石是在我国吉林省发现的"吉林一号",重1770千克,最大的铁陨石则发现于纳米比亚,被称为"戈巴",重达60吨。在古镇陨石馆大厅的中间,有一处由各式各样的石头拼凑起来的被誉为"满汉全席"的石制美味盛宴。

你知道靖港古镇上的杨泗庙中供奉的是哪位传奇人物吗?

杨泗庙又叫"杨泗将军庙",是为了纪念南宋农民起义首领杨幺而建的。建炎四年,杨幺跟随钟相起义,因为他在众多将领之中年纪最小,所以被称作"杨幺"。后来,他被推为总首领,称"大圣天王",并用以纪年,愿意跟随他的人足足有二十余万。他领导下的起义军攻下了东起岳阳,西到鼎、澧,北抵公安,南到长沙界内的一大片区域。绍兴五年,他被叛徒黄佐、杨钦出卖,到了最后关头,他仍然不愿被宋军所擒,投水自尽,却还是被宋军抓走,最终牺牲。杨幺在其统治区域内实行"等贵贱,均贫富"的政策主张,受到了百姓们的支持与爱戴,所以在他死后,人们为他建了一座庙宇。为了不被朝廷发现,人们给他取名"杨泗",因为他在几位首领之中排行第四,并且因为他投水自尽但未死,人们认为他是水神的化身,所以这样尊称他。过去,在益阳一带和洞庭湖滨各县,多地都建有这样的庙宇,供奉的都是杨泗将军。

现在我们所看到的靖港杨泗庙建于清雍正七年,位于保粮街街头,毗邻观音寺,内有楼廊相通。因修建湘江大坝被拆除,现在内部仅剩内殿,内殿为单体砖木建筑,正中供奉三身佛,佛像左右为陶制二十四尊诸天菩萨。为扩大古庙规模,2003年,当地政府在原杨泗庙的基础上增建一座新殿,正中供奉关帝爷和杨泗将军,侧有一合金大钟。此庙为靖港镇内唯一保存良好的庙宇,因此香火十分旺盛。每逢农历六月初六日、九月十九日观音圣诞，此庙人声鼎沸，有人曾经这样描写当时的盛况："朝有千人作揖，夜有万盏明灯。"

靖港水战是曾国藩军事生涯中的重要转折点吗？

在靖港古镇上，有一处曾国藩行营旧址。曾国藩是长沙人，与李鸿章、左宗棠、张之洞并称"晚清中兴四大名臣"，官至两江总督、直隶总督、武英殿大学士，封一等毅勇侯，更是湘军的创建者和领导者，在太平天国时期，曾经为清政府立下了赫赫战功。靖港古镇上的这处曾国藩行营位于芦江南岸，古镇半边街对面，是由靖港水战而生的。

清咸丰四年（1854年）4月下旬，太平军将领石祥贞（西征军翼王石达开之兄）、林绍璋率领太平军从岳州（也就是今天的岳阳）南下，占领靖港。同时林绍璋还分兵进攻宁乡、湘潭，对长沙形成包围之势。当时担任湖南团练大臣的湘军统帅曾国藩亲自率军进攻靖港，但遗憾的是，最终曾国藩所率领的湘军落败了。这是曾国藩第一次领兵作战，却不曾想有负重托，因此他曾两次投水自尽以谢罪，但后来都被手下救起。后湘军水师彭玉麟、陆师塔齐布等人及时赶来救援，局势终于发生了变化，最终太平军战败，退兵至岳阳。后来的曾国藩，带领着湘军东征西讨，不但将太平军赶出了湖南境内，更最终攻下天京，彻底击垮了太平天国的政权，也使得湘军名声大振，得到了世人"无湘不成军"的高度评价。可以说，靖港水战是清末名将曾国藩军事生涯的一个重要转折点。

来到曾国藩行营馆中，游客们能看到古战船、排列的士兵、议事厅，更能通过种种资料进一步了解曾国藩传奇的一生。

你知道靖港古镇上还有哪些名胜古迹吗？

宏泰坊。宏泰坊位于靖港古镇保健街街头，始建于清雍正七年，是长沙自清朝以后保存得最完好的青楼遗址。现在经过修葺后的宏泰坊基本延续了其原貌，砖木构造，共有三进，木楼雕花，内部有丹青、笔墨、镌刻、陶艺、什物等，表现出当时的历史。宏泰坊中也展示了许多我国古代名妓的动人故事，如李师师、苏小小、陈圆圆、杜十娘等。从她们的身上，我们看到了古代女子虽堕风尘但仍然高洁的品格。

宏泰坊

八元堂。又名"宁乡会馆"，位于古镇保健街上，建于清咸丰十一年（1861年）。晚清时期，宁乡的谷米、煤炭、油盐等都在此集散，靖港是长沙一带盛极一时的运输集散中心。因此，宁乡会馆应运而生，它是一个管理宁乡船舶和谷米销售的据点，也是一个服务于宁乡商人的服务机构。宁乡会馆高约4米，中有20多平方米的木楼——古戏楼，过去，在闲暇之余这里会有富有特色的地方戏演出。会馆大厅空阔，可容纳百人，厅中两根四方形花岗石柱，柱基略宽于柱身，四周有浮雕图饰。中庭两侧是休闲茶肆，可供游客休憩停歇。值得一提的是，在会馆里，还有靖港老照片展览，游客们可以从中穿越时光，走进靖港的往昔岁月。

陶承故居。陶承故居位于靖港古镇保健街，是一栋土砖老式房。陶承，是中国近现代史上一位伟大的女性，她原名刘桃英，1893年生于靖港。20世纪20年代她的先生欧阳梅当时在湖南省担任总工会秘书长，

陶承故居

1927年长沙"马日事变"后转移至武汉，陶承携子女和先生一起投身革命。后她发表一部著作《我的一家》，主要讲述了她和她的家人献身于革命的波澜壮阔的一生，发行600多万册，还被北京电影制片厂改编成电影《革命家庭》。因为她将自己的一

生都奉献给了革命事业,所以还有"革命母亲"的光荣称号。1986年7月11日,陶承病逝于长沙。

中共湖南省委旧址。中共湖南省委旧址是原地下省委在靖港设立的临时办事处,位于古镇保健街,为民国风格的建筑。1927年,长沙发生了"马日事变",大部分共产党组织和工农团体被破坏,万余名共产党员和骨干惨遭屠杀,大革命遇到重大挫折。1930年11月,中共湖南省委机关几经转移后,移至靖港。当时这里是一个米厂,驻守机关的是省委员王首道的夫人王绍坤和她的妹妹王绍兰,两人对外的身份是望江楼鞋厂的女工,对内则是党的主要干部。后来省委机关暴露,在再次转移的过程中,由于被叛徒出卖,王绍坤和王绍兰两姐妹不幸被捕,她们坚贞不屈,在长沙识字岭英勇就义。被誉为"革命母亲"的靖港优秀女共产党员陶承,在《我的一家》这本书中,曾详细地描写了这段历史。

旧址大厅正中间为青年毛泽东雕像,是1964年由中央美院的文楚中女教授所创作的。旧址中还有一副对联"四海翻腾云水怒,五洲震荡风雷激"悬挂,这也是出自毛主席的作品。除此之外,这里还展出了一些革命时期的珍贵文物,如粮票、布票、汽车票等票证,还有20世纪六七十年代农民的生产生活用具,如棉花锤、吹火筒、斗笠、蓑衣和木屐等。

值得一提的是,靖港此地早就深受革命精神的影响,早在20世纪20年代,就诞生了一大批优秀的共产党员、烈士英模,如刘畴西、周炳文、何章杰、周以栗、郭亮、李灿英、袁仲贤、谭希林等。

你知道靖港古镇有哪些特产吗?

手工杆秤:古式杆秤的传统制作工艺在靖港一直保留至今。杆秤是秤的一种,是利用杠杆平衡原理来称重量的简易衡器,由木制的带有秤星的秤杆、金属秤锤、提绳等组成。杆秤由杠杆原理组成,其重心在支点外端。称重时根据被称物的轻重,使砣与砣绳在秤杆上移动以保持平衡。根据平衡时砣绳所对应的秤杆上的星点,即可读出被称物的质量示值。杆秤的结构和制作工艺简单，具有轻小、携带使用方便的特点。

手工杆秤的历史十分悠久，早在中国湖南长沙东郊楚墓出土的公元前700年前的文物中，就已有各种精制的砝码（秤砣）、秤杆、秤盘、系秤盘的丝线和提绳等。中国汉墓出土的公元前200年前的文物中，已有各种规格的杆秤砣。1989年，在中国陕西眉县常兴镇尧上村的一座汉代单窑砖墓中，发现完整的木质杆秤遗物，其制作时间约在公元前1—100年。古代杆秤的发展，长期停留在采用绳纽、非定量砣和木、竹、骨秤杆的基础上，并由手工制作。

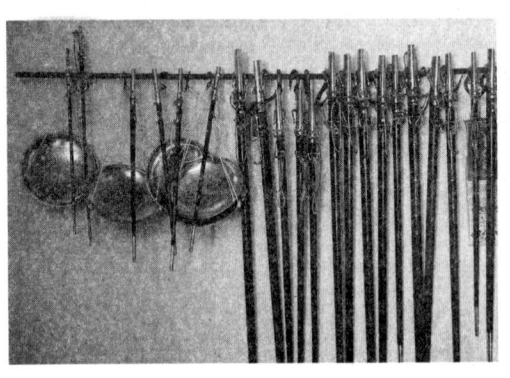

手工杆秤

直到20世纪，杆秤才由传统的绳纽结构，逐渐改变为外刀纽与刀承或内刀纽与刀承结构。

古式杆秤有150道工序，现仍保留十几道，主要有刨、钻、割、磨等制作工序。制作杆秤既要有木工手艺，又要懂得数学和物理，更要手稳、心稳，因此十分不易，只有十分有经验的传统匠人才能做出精致合格的手工杆秤。在今天，手工杆秤更多地作为一种精美的工艺品被人们收藏。

圆木工艺："水不漏盆和桶"指的正是靖港圆木工艺。早在明清两朝，靖港的圆木业已经十分发达，在其最繁盛的时期，从业人员有六百多人。到了民国时期，靖港有名的圆木行有19家，全都挂招牌，招牌全用姓氏打出。新中国成立后，靖港还曾开办过圆木厂。

圆木制品选用优质杉木作原料，制作工具有锯、斧、弯刀、削刀以及七八种刨子，产品有提桶、脚盆、洗脸盆、饭盆、淘盆以及澡盆、马桶等。这在旧时候都是人们生活的必需品，而且由于靖港圆木制品物美价廉，质量过硬，声名远播，因此当时盛极一时，供不应求。但后来随着塑料制品的普及，圆木制品逐渐淡出了人们的生活，靖港的圆木行业也逐渐衰落。后来，仅存一家"余记圆木店"，只有余师傅一人还在继承传统工艺，坚守这一行业。余师傅的故事被媒体报道后，感动了许多追求返璞归真的现代人，余师傅的圆木生意也兴旺了起来。

湘绣：湘绣是湖南著名的传统手工艺品，与苏绣、粤绣、蜀绣并誉为中国四大名绣，有"超级绣品"之誉。湘绣起源于湖南民间刺绣，已有2000多年的历史。1958年长沙出土的公元前五世纪以前的楚墓中，就有精致的龙凤刺绣品。1972年马王堆出土的距今2100多年的西汉古墓随葬物，有更多的绣衣、绣料。1898年前后，许多优秀画师参与湘绣技艺的改革，使湘绣进入了新的发展阶段，发展到今天，湘绣技艺已相当成熟。

湘绣产品分日用品和欣赏品两大类。日用品有沙发上铺的华丽椅垫、靠垫，床上用的雅致床罩、被面，妇女们穿的绣花礼服、梳妆用的镜套、披肩，外出用的提包及绣花睡衣、晨衣、小孩用的披风等，欣赏品则有作为大型客厅陈设的气势宏伟的大中堂、大挂屏，小客厅挂的小幅条屏，书案上摆设的精致小巧的座屏等。

湘绣的内容可谓包罗万象，绣面图案主要有花鸟、走兽、人物、山水、虫鱼、书法、肖像等，无论是工笔画、兼工带写画、版画、水彩画、油画，甚至照片，无不可以刺绣。

相传，湘绣的发源地就在靖港古镇所在的农村地区。因此湘绣，可谓靖港古镇的一大特色了。

油纸伞：油纸伞原料为皮纸、楠竹、棉纱、发绳、熟桐油、柿子水、颜料、牛角及木材。靖港油纸伞一直名声在外，有着"湘潭的木屐靖港的伞"的美誉。长沙的油纸伞业有一百多年历史，而靖港，则是湖南油纸伞的主要生产地之一。长沙有史可查的最早伞店是陶恒泰纸伞店，由陶季桥于清朝咸丰年

油纸伞

间创。

1900年,长沙市北正街梁宏茂伞店的学徒梁敬庭来到靖港,在此开了一只梁宏发伞号,生产老式明油、黑油纸伞和特制鸭棚用大伞,因为技艺过人,就将靖港油纸伞的美名传播开去。1921年,潘馈清兄弟创办菲菲伞厂生产纸伞,除了传统的绘花外,还有喷花、印花和贴花,远销香港、澳门和东南亚地区,并于1929年的中华国货展览会上获优等奖。

靖港生产的油纸伞,最高年产接近三万把,直至1975年2月,靖港雨伞社被撤销,靖港油纸伞停产,油纸伞行业逐渐走入下坡路。

铁器:早在清朝雍正年间,靖港的铁器行业就已经十分发达。当时靖港为长沙一带重要的水上交通枢纽,沩水每天有3000余艘船只来往停靠,船舶的铁制零件需求量很大。因此,靖港的铁铺除了制作农具、日常用品以外,更多的是生产船只零件。但后来,随着现代制铁技术的发展,手工打铁的方式逐渐被行业淘汰,目前靖港已经仅剩"金记铁铺"一家铁器店。

另外,还有靖港八大碗、小花片、片糖、糯米甜酒、香干、毛毛鱼等小吃名点。

你知道长沙"㮾梨古镇"名称的由来吗?

㮾梨古镇地处长沙东郊浏阳河畔,"西接长沙、北接星沙、南连武广、东临空港",区域面积34.8平方公里,辖5村5社区,总人口约10万人。2012年5月被批准撤镇设街道。

相传在远古时期,㮾梨古镇一带生长着许多巨大的㮾树、梨树,它们的枝丫、根基一直延伸到了浏阳河中,吸引着往来船只在此停泊、休憩,久而久之就发展成了一个繁荣的城镇。而㮾梨古镇,也就因此而得名了。

值得一提的是,㮾梨古镇名称之中的这个"㮾"字。在现代汉语字典中,只有"㮾梨"一个词组,也就是说,㮾梨古镇的名字,可谓绝无仅有，相当珍贵。现在当地有些人觉得"榔"字太过繁复，也会把它简写成"梛"。

你知道榔梨古镇上最有名的陶公庙吗？

榔梨古镇上最著名的莫过于陶公庙了。陶公庙濒临浏阳河，枕靠临湘山，建于晋代，距今已有1500年历史了，是六朝遗庙、江南一带最早的道观、湖南最早的道教活动场所，也是湖南省级文物保护单位。相传，在晋代时，晋代名士陶侃的后代陶淡、陶恒（一说陶煊）叔侄俩隐居于榔梨，他们信奉道家之术，求养生之法，后修成肉身（木乃伊），后人为了纪念他们，就建了一座陶公庙，将她们的肉身供奉了起来，并且称他们为"陶公真人"。咸丰帝时期，他们被皇帝封为"孚佑真人""福佑真人"，同治帝时则被封为"昭显真人""灵应真人"。庙内有名曰"古楼"的戏楼，为光绪皇帝之师翁同龢亲笔题匾。

陶公庙

相传，农历的正月十三、八月十七，是陶公真人的诞辰日，每年到了这一天，陶公庙都会举办传统的庙会，榔梨古镇附近的善男信女们都会前来参加盛典，一时之间热闹非凡，香火十分兴旺，甚至形成了富有特色的"庙会文化""梨江文化"。每次庙会，都缺不了玩龙、舞狮、罗汉舞、竹马灯等各种民间技艺的争奇斗艳。"飘香八月陶公会，催鼓端阳屈子舟""榔梨人民不种田，两次庙会吃一年"，描述的就是陶公庙会的盛景。

1986年初，陶公庙被定为长沙市文物保护单位。2012年6月，陶公庙会成为长沙县首个省级非物质文化遗产。

著名的《浏阳河》就是在㮾梨古镇所作的吗？

"浏阳河，弯过了几道弯，几十里水路到湘江……"相信大家对这首优美的民歌都不会感到陌生，它就是《浏阳河》，它既描绘了浏阳河的美丽景色，更宣传了革命精神和人们对伟大领袖毛主席的爱戴之情，在中国人民的口中代代相传。相传，这首歌就是在㮾梨古镇一带所作的。

㮾梨古镇位于浏阳河畔，处于浏阳河九道湾中弧度最大、弯形最美的第七道湾东岸，境内分布有双桥港、梨江港、花园港及榨山港四条水系，和以梨江港和梨江垸、花园港和花园垸为代表的河流、湿地，形成长沙近郊难得一见的江南自然湿地景观。

1950年湖南土改运动开始，湘江文工团来到㮾梨古镇一带采风并参与劳动，团中的文艺骨干徐叔华被眼前的自然风光和劳动人民对新生活的希冀、热情所深深感染，连夜创作了花鼓戏《推土车》（后改名为《双送粮》），《双送粮》一共分三段，反映的是农民翻身分得土地的喜悦心情，今天的《浏阳河》便是其中第三段。

1959年，阿尔巴尼亚艺术家代表团到湖南访问演出，提出联欢时唱一曲湖南民歌，经过接待方再三斟酌，决定把《双送粮》的第三段单独分出来唱，并以第三段的第一句歌词"浏阳河"作为歌曲名，于是《浏阳河》就此变成一首独立的歌曲，并且数十年来传遍了大江南北，成为不朽的经典文艺作品。

长沙的街桥地名

　　每个城市都有自己不同的城市符号，比如富有地方特色的建筑、街道，尤其是它们的名字，每个城市总有那么几个或令人惊奇、或令人感叹，或者背后隐藏着一个个动人故事的街桥地名，有些还颇有趣味，让人一听就生出好奇之心。可以说，一座城市中的地名，深深地蕴藏着这座城市的文化内涵。下面就让我们一同去了解一番吧！

你知道长沙有哪些以数字为名的地名吗?

在长沙，有许多有趣的地名，其中特别值得一提的是，长沙有不少以数字为名的地名，甚至十分齐全，从"一"到"十"，每个数都不落下。下面，我们就从头开始，进一步了解这些神奇的长沙地名吧！

◎ 一步两搭桥

一步两搭桥位于长沙城南天心阁附近，西起磨盘湾，东到小乐嘉巷。而"一步两搭桥"名称的由来，据说是因为早在唐朝时，这里是长沙城的护城河。为了方便交通，护城河上建了两座并列的桥，桥与桥之间仅一步之隔，于是，人们便称其为"一步两搭桥"。现在，护城河和城墙都不复存在，但是，"一步两搭桥"作为一个地名则流传至今。

◎ 二里半

二里半是长沙河西的一个地名。据说，这里是因为和以前溁湾镇最繁华的地方的距离刚好为2.5华里而得名的。

◎ 三王街

三王街南起坡子街，北止五一西路。"三王街"中的"三王"，指的是明代吉王朱见浚之前封藩长沙的潭王、谷王和襄王。他们分别是朱元璋第八子朱梓、第十九子朱橞和明仁宗的第五子朱瞻墡。

◎ 四方坪

四方坪位于长沙市开福区东北面，城北入城口，临近浏阳河。"坪"

在长沙方言中是"小平地"的意思,"四方坪"也是因为过去这一带多是四方形的平原、农田而得名。

◎ 伍家岭

伍家岭位于长沙市开福区的北郊。相传在明洪武年间,有靳、毛、李、廖、杨五种姓氏的五家人在此定居,"伍家岭"的名字由此而来。

◎ 六堆子巷

六堆子巷位于老长沙青少年宫后面,是现营盘路以南的一处小巷弄。

六堆子巷的名字来自满语,在满语里,"堆子"的意思是官兵巡逻时居住的房子。在清朝时,这里曾是官兵驻地,"六堆子巷"也因此得名。

◎ 七里庙

七里庙位于长沙的芙蓉中路以东、雨花路以西,北临雨花路与芙蓉中路交叉路口。

关于七里庙地名的来历,还有着一个悲壮的故事。相传在古时候有个和尚被人诬陷奸淫妇女,就要被处死,和尚至死不承认罪行,并立下遗言称,如果他是被冤枉的,那么在他死后,他的尸首就会走七里路。结果他死后,他的尸首真的就走了七里路才倒下。后来,百姓们为他鸣不平,建立了一座庙名为"七里庙",用来纪念他,遗憾的是,这座寺庙现已不存。

◎ 八角亭

八角亭南起司门口,北到药王街口,全长约100米,宽不足30米。过去,它是老长沙城的标志。

八角亭其名,是因为在明朝时,这里的吉藩府建了两座八角形的亭子而得名,现已不存,但是现在长沙市政府在黄兴南路步行街司门口重修了一个新的八角亭作为标志性建筑。

◎ 韭菜园

韭菜园位于今天的长沙市中心,曾经是湖南省政府所在地。抗战时,国立长沙临时大学(西

长沙的"韭菜园"路

南联大前身）就建在这里。而韭菜园名称的由来也很简单，就是它的字面意思，因为相传在很久以前，这里是一片韭菜园，现虽已不存，但是名称却流传至今。

◎ 十间头

十间头是长沙的一条老街。相传在古时候，这里有十栋相连的房子，全都是一家大户人家所建，因此，这里就被人们称为"十间头"。

你知道长沙有条"堕落街"吗？

长沙的堕落街是湘江之畔的一条街道，最早叫作"牌楼口"。从1995年开始，这里的经济逐渐发展起来，开起了一大排娱乐、餐饮场所，比如卡拉OK、录像厅、舞厅、桌球室和小饭馆等，最多的就要数小饭馆了。因为它地处湖南大学附近，因此，这里逐渐成为了大学生们最喜欢来逛和消费的地方。

长沙"堕落街"

而"堕落街"的名字，又是怎么来的呢？据说，早在1998年时，中国青年报驻长沙记者站记者罗旭辉的女友在湖南大学读成教班，但她在校期间因为不遵守校规屡屡被批评处分，为了替女友报复学校，罗旭辉就在报上发表了一篇题为《湖南大学有条堕落街》的文章，对湖南大学附近的这条街道情况进行了抹黑，声称湖南大学有许多学生整天在此沉迷于各种娱乐场所，不务正业，自甘堕落。后来这条新闻被证明是为了报复而写的，属于捏造，1998年10月28日，中国青年报在头版发布了对湖南大学的道歉声明，并将这名记者开除。

虽然此事风波已平，但"堕落街"的名字却传了开去。后来甚至出现了"堕落二街"，开出了新的一批娱乐场所和小餐馆，现在，它已经变成了"大学生文化创意街",整体的品质也得到了大大提升。

你知道长沙"雨花区"名称的由来吗?

长沙市有一雨花区,名字听来十分美丽,但你知道它名称的由来吗?长沙的雨花区,是该区内建有雨花亭而得名。"雨花亭",最早的时候是一座道观的名称,今为地片名,指韶山路与新建路交汇的地带。雨花亭道观的遗址在今内燃机配件总厂的厂区内。

根据清同治《善化县志》记载:"雨花亭,县东七里,祀李公普佑真人、红龙白马三郎,咸丰二年(1852年)兵燹,后众姓重修。"另有《增订湘城访古录》载:"在市东南七里黄土岭之东,今就其地建真人庙,四山环抱,清雅宜人,古木参天,池塘可鉴。"至于雨花亭的建造时间,相传在它建设之时,用的是建南岳大庙所剩的材料,因此,雨花亭的建造时间应与南岳大庙大致相仿,为唐开元十三年(725年)左右,距今已经有着1200多年的历史了。

雨花亭建筑群由李公庙(七里庙)、关帝庙和雨花亭三大主体建筑构成,占地约6000平方米,前有一座水塘名为"掩山塘"。庙宇共三进,庙门有三拱,中门上镶嵌有"雨花亭庙"四个大字,殿堂里尊奉的则是李公、观音、龙王几大神明,还有一座关帝庙。而

雨花亭故址纪念碑

"雨花亭"本尊则为一三层高的六角亭,约有20米高,四周环绕木质楼梯,中层门上刻有"雨花亭"三字。站在此亭上,可俯瞰长沙城。

不幸的是,在抗日战争长沙会战时,关帝庙和雨花亭不幸被毁,只有李公庙得以幸存下来,解放后,李公庙也被改为他用,现已不存。现在雨花亭建筑群所留下的唯一遗物,是当年关帝庙门口的一对石象,也

已有些残缺了，实属遗憾。

长沙的文庙坪是因为孔子而得名的吗？

长沙的文庙坪，指的是现长沙市天心区的一块区域，也算是老长沙遗留下来的一处富有浓厚历史气息的古老街区。从前，文庙坪一带是长沙府学宫所在，也是供奉孔子的地方，供奉孔子的殿堂叫作"文庙"，"文庙坪"的名称也由此而来。

长沙文庙坪

长沙府学宫在宋朝时曾进行过大规模的扩修，后经历多个朝代，已被战火损毁，到了清朝时，湖南巡抚李瀚章对其进行了重修。但在1938年长沙著名的惨祸"文夕大火"中，学宫再次被毁，后来就没有被重修过，因此，现在文庙坪一带只留下了一块刻着"道冠古今"的花岗岩石坊。

后来，为了弘扬长沙的历史文化，长沙市政府对文庙坪一带进行了修建，建设了许多古色古香的建筑，使其成为了现代长沙的一处富有特色的历史文化街区。长沙名校之一的长郡中学也位于文庙坪，更加增添了文化气息。

现在的文庙坪商业繁华，建起了许多文具店、服饰店、小餐饮店等较为年轻化的商铺，吸引着长沙各地甚至全国各地的年轻人前往。

你知道长沙化龙池背后的传说故事吗？

化龙池，是长沙的历史文化街区，位于湘江东岸的天心区古城区。化龙池原名玉带街，是长沙仅存的几条麻石路面的老街之一。据说化龙池一带原本是老长沙善化县的县城，善化县从北宋开始就已存在，因此

化龙井

化龙池也是历史悠久的老街,在这里,有许多颇为独特的地方,比如化龙池、南倒脱靴、出入是门、一步两搭桥、白果园、文庙坪、洗药庵、吊马庄等,另外,这里还有着清朝著名书法家何绍基的故居。值得一提的是,在化龙池的名称背后,有着一个动人的传说故事。

相传在古时候,这条街上有家铁匠铺,铺主人是个自私恶毒的人,但他的学徒却十分善良。后来主人生了重病快要死了,弥留之际,他叮嘱他的学徒说,他死之后,请学徒把他的尸体丢到门口的井中去,每逢初一、十五,就丢一只公鸡到井里去祭拜他。他死后,学徒就照他的说法一五一十地做了。

没想到,过了一年以后,这口井每到深夜都会发出奇怪的响声,响声越来越大,到了后来,地面都开始震动起来。长沙城里的人们都很害怕,觉得是不是他们惹怒了什么妖怪,引起了灾难,一时之间人心惶惶,大家都吃不好睡不好,甚至想举家搬离这里。后来,学徒梦见井里的主人对他说,因为他经常用公鸡祭拜自己,因此自己得到了公鸡血的滋养,

已经化身成了一条龙,接着就要发动洪水,占据长沙。但是大家师徒一场,只要他这几天不把铁水倒进井里,就不会破坏自己的修为,他日洪灾来临时,自己也能遵守承诺,保他一命。

学徒醒来后,才知道这一切都是店主的阴谋诡计,他把这事跟妻子一说,妻子就跟他一同熔铁水,决定豁出一切去拯救全城的百姓。三大桶铁水终于熔好了,夫妻两个把三桶铁水扛到了井边,一桶一桶地往下倒,顷刻之间,井里发出了剧烈的震动,一瞬间天旋地转,这口井连同周边的地方全部塌陷了下去,和铁水、恶龙一同化为了灰烬。但是,这对英雄夫妇也掉进了地底下,为了拯救长沙人民献出了自己年轻的生命。后来,此处变成了一个小池塘,人们为纪念这对英雄夫妇,就把这个小池塘命名为"化龙池"。现在,"化龙池"已然不存,但这个名字却当成老街的地名流传了下来。

现在,化龙池已经变成了长沙市有名的酒吧一条街,人们可以来到这里,感受古典文化和现代文化的有趣碰撞。

长沙许多老街巷与"药王"孙思邈有着深刻渊源?

孙思邈(581—682年),京兆华原(今陕西耀县)人,他精于医道,一心为求造福于百姓,隋文帝曾聘请他为国子博士,唐太宗即位后也想要赐予他爵位,唐高宗聘请他为谏议大夫,他都不愿意接受。后来,他告老还乡,著下了《千金方》30卷,一直活到102岁高寿才离世,被后人尊称为"药王"。

在现在的长沙市天心区,有一条药王街,东起黄兴路,西止西牌楼。相传,这里是因为"药王"孙思邈曾经在此地隐居而得名。据清代同治年间《善化县志》记载,这里曾经建有一座药王宫,因为孙思邈被药业界称为"祖师",因此每年的4月28日,这里都会举办祭祀盛典。清同治七年(1881年),药王宫的住持德泉将药王宫出售,自此,药王宫变为了云贵会馆,而住持又在皇仓街上林寺侧另建一座药王殿。后来,药王街逐渐发展起了商业,此处店铺林立,变成了远近闻名的商业街。

在长沙最繁华的黄兴南路步行商业街附近，有两条幽深的古巷——大古道巷和小古道巷，它们是两处平行的巷弄，大古道巷东至县正街，小古道巷东至磨盘湾。走进大古道巷中，就能看到一块碑石，上面写着"洗药有仙留胜迹，题桥无地吊芜苔。幸邻泮壁存文献，时接宫县到讲台"的字样。相传，隋唐年间著名医学家孙思邈隐居长沙时，经常在此洗药，留下了洗药井与洗药庵。洗药庵毁于1938年的长沙"文夕大火"，遗址在今大古道巷小学，学校内原有"洗药井"，在1964年被废弃。

你知道哪条老街被称为老长沙的"金融一条街"吗？

长沙的坡子街，是一条千年老街，它拥有1200多年的历史，曾经是老长沙最繁华的街道之一。1938年的"文夕大火"后，坡子街被烧毁，逐渐就淡出了长沙人的视线。2005年10月1日，新建的坡子街建成，新的坡子街东起黄兴南路，西至湘江大道，全长640米，成为了长沙新的商业文化街，同时也是著名的民俗名食街。其实，在旧时，坡子街不但是一条著名的商业街，更是老长沙的"金融一条街"，可以算是长沙金融业的摇篮。

坡子街

自清末起，坡子街就成为了老长沙的金融中心，街上开满了以银行、金号（金号，不只是经营首饰，主要是从事黄金买卖）和钱庄为主的金融业机构（以钱庄为最多），比如中央银行，长沙最大的李文玉金号、余太华金号，在财政部注册的恒和钱庄都在这里。据记载，1934年时，坡子街上已经过登记注册的金融机构，光是钱庄就有14家。解放后，因为实行计划经济等原因，这些金融机构也都纷纷倒闭，在它们的旧址上，政府建立起了新的部门，比如中央银行变成了商业厅的职工医院，恒和钱庄变成了航务局的幼儿园等。

你知道老长沙著名的年货街是哪一条吗？

下河街是老长沙著名的一条年货街，它南起坡子街，北止五一大道，以回龙巷为界，北段称为上河街，南段称为下河街，但人们习惯性地把它们统称为下河街。

清代时，因为其地理位置靠近湘江，下河街逐渐成为老长沙的一条重要的商业街，可谓商铺林立，人头攒动。这里的店铺以土果行、杂货行和玉兰片行为主，比如著名的老字号土果行"保太和""惠然""公和""镇昌""恒泰"等，所谓土果行，指的是主要经营本地及外地的土果土产的店铺。除此之外，这里还有许多杂货行，和经营玉兰片、苎麻、毛茶、土纸四大类商品的玉兰片行。

长沙下河街大市场

近代以来，在20世纪八九十年代时，下河街可谓盛极一时。许多老长沙人置办年货时，都一定会来下河街走一走瞧一瞧，因为据说这里的货物既实惠，质量又好，可谓物美价廉，深受百姓们的喜爱。

你知道长沙的"南倒脱靴""西倒脱靴"巷吗？

在长沙，有着两条名字十分特殊的小巷弄，它们的名字分别叫"南倒脱靴"和"西倒脱靴"。那么，你知道为什么这两条巷弄的名字会这么奇怪吗？据说，它们的历史十分悠久，一直要追溯到三国时期哩！

相传，在三国时期，关公战长沙时，长沙太守韩玄命令其手下将领黄忠对战关羽，但黄忠却一直没有拿下关羽，甚至还故意放了关羽一马，以报答关羽之前对他的不杀之恩。韩玄认为黄忠已经背叛了自己，就下令要斩杀黄忠。黄忠的好友魏延得知了这个消息后,十分愤怒,他一怒之下,决定刺杀太守韩玄。当魏延追杀韩玄追到城楼上时,韩玄被逼无奈,只能跳下城楼,想要从城南往城北跑,但魏延穷追不舍。韩玄为了摆脱魏延,当他跑到小古道巷边上的一处小巷时,就故意脱下他的一只靴子,靴尖朝南放着,用来误导魏延,让他误以为自己是向南逃了。后来,人们就把这条巷子称作"南倒脱靴"巷。

据说,魏延来到"南倒脱靴"巷后,看到了地上的一只靴子,因为靴子摆得显得很可疑,因此他识

南倒脱靴巷

破了韩玄的诡计,反而向北面追去。韩玄在接下来的逃亡过程中,途经城西臬后街的一条小巷时,又脱掉另一只靴,故伎重演,将靴尖向着南方放着,人却往北方逃走。因为这条巷子位于老长沙的城西,因此,后人们把它称作"西倒脱靴"巷。

你知道长沙有哪些以清朝司署府衙命名的街道吗?

清朝是我国漫长的封建统治时期中的最后一个时代,当时,在全国的大小城市当中,有不少街道都驻扎着清政府的司署府衙等官方机构,因此这些街道也以这些官方机构的名字命名。后来,虽然清朝已经灭亡,但这些街道的名称却被流传了下来:

(1)藩正街:因位于藩司(湖南布政司)之前后而得名;

(2)府后街:因位于长沙府署后侧而得名;

(3)粮道街:是因粮道衙门设立在此而得名;

(4)盐道坪:是因盐道署设立在此而得名;

(5)仓后街:洪承畴在长沙所建的贮藏军粮之地被称为皇仓湾,而位于其之后的街道就被称作了仓后街;

（6）臬后街、都正街：因为此地有臬司、都司而得名；

（7）宝南街：因位于"宝南钱局"的南面而得名；

（8）修文街：因靠近长沙府学宫及学院衙门，因此这一带有着浓厚的学术气息，被人们尊称为"修文街"。

你知道长沙哪条老街上的石碑画像堪比《清明上河图》吗？

在长沙老城的北部，有一条名字独特的老街，名叫"便河边"。便河边的名称由来，是因为古代的城池都有护城河，护城河又被人们称为"便河"。"便河"一般都是人造的河道，用于保卫城池，古长沙城的"便河"是从西湖桥处引湘江水，经南向黄道门、东向浏阳门和小吴门、北向新开门和湘春门绕城一周，然后回到湘江。因为这条老街靠近古代长沙城的"便河"，便被百姓以"便河边"相称，虽然"便河"已不在，但老街的名字却被保留了下来。

"古便河边风情"石碑

在便河边的南入口，有着一块麻石镶嵌的青石碑，碑上书写着"长沙古护城河故址"，碑的正面刻着便河边的来历和清乾隆十四年绘制的"长沙府疆域图"，碑的背面则刻着"古便河边风情"的画，在这幅画里，人们可以对古代便河边一带的风貌有较为完整清晰的了解，画中有着坚固的古城墙，清兵把守开放的经武门，有一条绵长的护城河，在河的岸边，有着神态各异的老长沙居民，还能看到各行各业的店铺林立，好一派繁华、兴旺的盛世景象，简直堪比著名的《清明上河图》。

长沙的九如里中的公馆真的暗藏黄金吗？

九如里，位于开福区潮宗街历史文化街区梓园巷的西侧，在这条小小的巷弄之中，保留着一批民国时期的红砖清水墙老式公馆。九如里的巷宽1米多，两侧的古墙高4米以上，红色的古墙上攀附着翠绿的藤蔓，看起来别有一派典雅的风情。在巷弄门口，也就是九如里巷口的门坊，是长沙城仅存的一处街巷门坊。这块门坊建于民国时期，顶部镶嵌汉白玉石碑，刻有著名书法家黎泽泰所书写的"九如里"三个大字。

九如里这个名称的由来，相传是因为在此地的九座民国公馆，住着当时的九户大户人家而得名的。据历史学家考证，其实当时在九如里只有七座公馆，现在留存下来的只剩下三座了。因此，又有一种说法是，九如里的名字来源于《诗·小雅》中的"天保九如"，是吉祥话，象征着"九九如意"。

九如里巷口

在民国时期，九如里之中住的多是些名门望族、达官贵人，他们之中，有政要人士、商界巨擘、贵族之后等。相传，民国时中央银行长沙分行经理辛蘅若、原"国大代表"万衡、原黄维兵团副司令吴少洲等人就居住在此。

曾经居住在九如里之中的中央银行长沙分行经理辛蘅若，因为一起"乱世黄金案"而受到世人的关注。1948年8月，国民政府发行金元券，以高于黑市的价格收兑黄金、白银，仅两个月，中央银行长沙分行就兑入黄金数万两，银元数十万元。得知这一消息之后，当时的湖南省主席程潜决定用这批金银来稳定当时动荡的物价。但是，当时身为中央银行长沙分行经理的辛蘅若，却将黄金三万五千余两秘密运走了，后来还是逃不过法网恢恢，终被抓获。

虽然辛蘅若已经落网，但民间却传出了一种说法，说是辛蘅若在偷运黄金的时候,将一部分黄金藏匿在了自己位于九如里的公馆地下室中。后来,历史学家对这一传言进行了否认。

你知道长沙唯一的一座老戏楼位于哪条小巷吗?

在长沙市开福区的老街潮宗街畔,有一条古朴的巷弄,巷口的牌坊上,写着"梓园巷"三个大字。梓园之名,源于清乾嘉间礼部尚书刘权在此修建的后花园"梓园"。在梓园巷的6号,有着一座长沙保存最好的民国四合院,它由清末布政使衔道员张自牧所建,是他的私人住宅,称作"絮园",建筑面积达1311.37平方米,距今已有一百多年的历史了。

在郭嵩焘所著《絮园展禊图记》中曾有着这样的记载:"入园引回廊,两梧矗立""左右修竹飕飕",由此可见,当时的四合院风光甚好。到了民国时,张家逐渐衰落,后来,此地就变成了旅社。四合院内有一座木结构戏楼,是长沙城内唯一的一座老戏楼,被人们称为"民国旅社戏楼"。

戏楼西临梓园巷,对面为潮宗街小学,北、南、东侧均为居民住房。戏楼由4个木柱支撑而起,歇山屋顶,小青瓦,屋脊上有透雕砖

民国旅社旧址

雕装饰,飞檐翘脚,戏楼内部有木构藻井。这座老戏楼在2005年进行了大规模的维修,然而遗憾的是,在修整完之后的几年时间里,戏楼都处于上锁状态,游人无法进入参观。

2004年,这座四合院连同内部的"民国旅社戏楼",一同被公布为"长沙市重点保护历史旧宅"、长沙市第二批近现代保护建筑、一般不可移动文物。

你知道长沙的哪条小巷里隐藏着一座"名人公寓"吗？

妙高峰位于湖南第一师范校舍后，曾经是长沙城南的第一大名胜。在妙高峰旁，有一处"妙高峰巷"，门口写着一副流传甚广的对联："长与流芳，一片当年干净土；宛然浮玉，千秋此处妙高峰。"令人惊奇的是，在浙江温州的江心寺，有一副对联与此联仅一字之差："长与流芳，一片当年干净土；宛然浮玉，千秋此处妙高台。"

在妙高峰巷内，有一条更为幽深的小巷，它叫作"南村巷"，因许多名人曾在这里居住过而得名，在巷中，有着著名的南村名人公寓。

南村名人公寓是两栋青砖楼房组成的连体建筑，1926年由教育家方克刚与历史学家罗元鲲合建。罗元鲲是毛泽东在湖南第一师范读书时的历史老师，毛泽东、杨开慧等人都来到此地向老师请教学问，可谓当时文化界的一大名人了。而方克刚，则是妙高峰中学的校长。

南村名人公寓

此后公寓还居住过谢冰莹、向恺然、严怪愚、廖九如等文化名人。据说谢冰莹和严怪愚曾是邻居也是挚友，他们之间发生过了许许多多的趣事，两位文学大家曾在这里促膝长谈，畅谈对文学的感悟和热情，谢冰莹后来还成为了严怪愚孩子的干妈。

现在，这里成为了民居，但是依然吸引着广大游客慕名而来参观。天心区政府在历史街巷改造中对此楼进行外面修缮，在妙高峰巷口立了"南村名人公寓"的石碑，使得名人公寓变成了一个更加正式的历史景点。

你知道长沙还有哪些奇特的街巷地名吗？

除了以上提到的长沙独特的街巷地名，在长沙还有着许多曲曲折折、蜿蜿蜒蜒、历史悠久、环境清幽、别有一番风情的老街小巷。你知道在长沙，还有着哪些奇特的街巷地名吗？

◎ 平地一声雷

"平地一声雷"，竟然是长沙的一条老街的名称。这条老街位于长沙市芙蓉区，西起古家巷，东至建湘南路，1997年时，它被拆建为住宅区和解放中路立交桥。在清光绪年间的《善化县志》中曾有着这样的记载："高井，城东墙根，定王台左，井可见底，水注旁穴，投瓮入汲，瀚然有声，俗称平地一声雷。"相传在古时候，这条街上有一口大井，有一天突然间地动山摇，这口井的井壁突然变形，井水也随之枯竭，人们好奇地往井里扔下石头，只听见像雷声一般的巨响，后来，这口

"平地一声雷"旧址

井就被称作"平地一声雷"，又称"雷打井"，这口井的名声传播开去后，人们就以这口井的名字来代替这整个一条街了。

◎ 出入是门

"出入是门"是长沙芙蓉区与天心区的分界小巷，直通大古道巷。小巷名的由来，据说是因为在古时候，这条巷子是通往善化县学宫南门的唯一道路，因为人们出入学宫只能走这个地方，因此，这里被有些文化人戏称为"出入是门"，后来，这个名字就被流传了下来。

你知道长沙首座横跨湘江的大桥是哪一座吗？

1965年，中南局第一书记陶铸来长沙视察，他看到湘江上没有桥，人们需要排很长的队等待船只将他们摆渡过去，就向当时的长沙市长提出，当时武汉和南京都已经有了恢弘的长江大桥，长沙应该也修建一座湘江大桥，解决湘江两岸的交通问题。但是这个想法一直没有落到实际中去，直到1971年，长沙市"革委会"大桥建设指挥部派

人考察了武汉和南京的长江大桥，回来后，决定了在湘江上建大桥的方案——建一座"双曲拱桥"，就是在纵横两个方向均成弧形曲线的拱桥。

1971年9月6日，橘子洲大桥（原名"长沙湘江大桥"或"湘江一桥"，也是长沙市首座横跨湘江的大桥）正式开工了，其总投资达1800万元人民币。它位于长沙市城区五一大道（长沙）西端与溁湾镇之间，横跨了著名的橘子洲，因此被称为"橘子洲大桥"。

橘子洲大桥

直到现在，橘子洲大桥仍是全国规模最大的双曲拱桥。并且，它在我国双曲拱桥的建筑史上有着举足轻重的地位，因为它首次解决了过去建造双曲拱桥时容易产生开裂的这个严重问题，橘子洲大桥的设计者们用钢筋和硬板解决了这个难题。为了保证桥的安全性，设计者们在大桥的边上以10∶1的比例建造了一座微缩版的实验桥，在桥上施压，如果超过设计承压力4倍时实验桥还没问题，就正式动工，这座实验桥至今仍然保留着，见证着橘子洲大桥的诞生、过去和未来。

1972年10月1日，橘子洲大桥终于正式建成通车。建成后的橘子洲大桥为大型钢筋混凝土双曲拱公路桥，全长1250米，主桥21跨，其中正桥17跨双曲拱桥、最大宽径76米，桥面净宽20米，其中车行道14米，两边人行道各3米，桥上共有18个台墩。为了建筑的稳固性，大桥在橘子洲上设有支桥，支桥长282米，宽8米。大桥的墩身为混凝土浇筑，小桥的墩身用块片石嵌砌。

橘子洲大桥是长沙城内第一座横跨湘江两岸，联通两岸交通的大桥，极大地方便了两岸的运输和交往，是长沙历史上的一座重要里程碑，也是长沙极为重要的地标。

你知道湘江上有几座跨江大桥吗?

美丽而蜿蜒的湘江从长沙城中穿梭而过,是长沙城里一道美丽的风景线。截至2012年,长沙境内湘江段上共有8座跨江大桥,它们分别是:橘子洲大桥(原湘江一桥)、银盆岭大桥(原湘江北大桥)、月亮岛大桥、猴子石大桥、黑石铺大桥、三汊矶大桥、福元路大桥和长沙湘府路大桥。

在之前的文章中笔者已经介绍过橘子洲大桥,那么你知道其他几座跨江大桥的历史吗?

银盆岭大桥于1987年9月29日开始奠基,是现代化的斜拉索桥,原名"湘江二桥""北大桥",并于1991年1月30日建成通车,是长沙市第二座沟通湘江两岸的大型桥梁,距湘江一桥约3.5公里。银盆岭大桥的主桥结构为双塔单索面斜拉桥,全长3616米,桥面宽25米,其中机动车道宽15米,两侧非机动车道各3.5米,人行道各1.5米。

月亮岛大桥,又名"湘江六桥",位于开福区捞霞开发区龙王庙附近,因桥横跨月亮岛而得名,系公路铁路两用桥,是长沙市最北的一座湘江大桥。该桥主跨跨度为目前国内同类型铁路桥梁的最大跨度,也是国内首次采用大型造桥机进行大跨度铁路预应力箱梁预制节段悬臂拼装法施工的大桥。月亮岛大桥于1994年9月14日开始动工,1997年5月18日铁路桥建成,1998年11月26日公路桥主体建成通车。

猴子石大桥,又名"长沙湘江三大桥""长沙湘江南大桥",是长沙市二环线上横跨湘江的一座特大桥,因东头的湘江河岸上曾有一块奇石形似猴子而得名。它位于南郊公园南侧,东起南郊公园,西至岳麓区黄鹤村,是城市环线南段跨越湘江的特大型桥梁。它于2000年9月17日动工,2004年5月27日竣工。

黑石铺大桥,又名"湘江五桥",是长沙市绕城线南段跨越湘江的特大桥,位于黑石铺,全长3068米,主桥为三跨钢管拱和11连拱。它与当时已有的跨湘江大桥相比,创下了长、宽、时速之最,堪称"湘江第一桥",其规模在当时同类型桥梁中也属全国之最。它于2000年9月17日动工,2004年5月27日竣工。

三汊矶大桥,全长1577米,是我国最大的自锚式悬索大桥。它地处长沙市二环线的北环线,西起潇湘大道西侧,东止湘江大道东侧,全长1442米,主桥主孔跨径达328米,边跨132米,两边对称排列。它于2004年4月30日动工,2006年建成通车。

黑石铺大桥

福元路大桥是长沙市区第八条跨越湘江的通道,福元路大桥西起长望路与银杉路交会处,向东跨越观沙岭路、潇湘大道、滨江景观道、湘江、湘江大道,东至芙蓉北路。长沙湘府路大桥位于猴子石大桥之上、黑石铺大桥之下,距两桥各2.2公里,距橘子洲大桥约4.8公里。它西起湘江西岸洋湖路与兆新路交叉口附近,与潇湘路西线通过设置上、下桥匝道与地面辅道构成简易菱形立交;东跨湘江,越过湘江路南延线、京广铁路线、书院南路和豹山路,与湘府西路顺接,与湘江路采用两对定向匝道连接,与书院路通过一条环行线互接,全长2655米。上述两座大桥都于2010年动工,于2012年年底通车。

你知道长沙的哪一座步行桥被列入了"世界最性感建筑"排行榜吗?

在长沙,有一座步行桥曾经被美国CNN评选为十大"世界最性感建筑"之一,与北京望京SOHO、苹果新总部大楼、"梦露塔"等齐名。这座步行桥就是梅溪湖"中国结"步行桥,它于2014年6月开工,建成于2016年9月22日,又名为梅溪湖梅岭公园跨龙王港河步行桥,因为其造型就像一个蜿蜒交错的巨大中国结,因此又被称为"中国结"步行桥。步行桥上有三条相互交错的路,把梅岭公园、支路九、梅溪湖路、银杏公园相互联系了起来。该桥共设有3条步行道、5个节点，全长183.95米，由直线形"散步道"和拱形"登山道"交叉组成。

这座"中国结"步行桥是由荷兰的NEXT建筑事务所的约翰·范德沃特和中国的蒋晓飞共同设计的，设计灵感来自中国的传统工艺中国结，还有西方传统中的"无限循环"——莫比乌斯环的结构特征，寄托了希望梅溪湖地区不断发展的美好寓意。

"中国结"步行桥

长沙的宗教庙堂

长沙，作为湘江之畔的历史文化名城，自然也是湖南省乃至湘江流域重要的宗教圣地，千百年来，一直受到各种流派宗教的洗礼，也发生着不同文化的传播、碰撞和融合，并且在各种教派之中加入了长沙独有的地方特色。

长沙著名的宗教庙堂，主要有佛教、道教和外来的基督教、天主教等流派所建的各个佛寺、道观、教堂等。下面，就让我们一起走近这些崇高而神秘的殿堂吧！

长沙的开福寺是楚王马殷建造的吗？

开福寺位于长沙市城北新河，在湘江之畔，为佛教禅宗临济宗杨岐派的著名寺院。

开福寺始建于五代时期，后历经宋、元、明、清各朝，诞生了很多著名的高僧。寺院占地面积4.8万平方米，建筑面积1.6万平方米，有佛殿三进，即三圣殿（弥勒殿）、大佛殿（大雄宝殿）和毗卢殿。东厢有客堂、斋堂、库房、方丈居室，西厢为说法堂、禅堂等。寺内有清康熙、光绪年间石碑各一道。

开福寺始建于五代时期，历史悠久，距今已有一千多年。当时马殷割据湖南，建立楚国，也就是历史上的"马楚"，长沙城就是"马楚"的都城。当时马殷在长沙城的城北建了行宫，因为长沙夏季炎热，因此他还特意建了会春园用于避暑。后唐天成二年（927年），马殷之子马希范将会春园的一部分施舍给僧人保宁（一说真严），创建了开福寺。马希范继位后，又命人在开福寺一

古开福寺

带堆砌了紫微山，开辟了碧浪湖，使开福寺一带成为著名的风景胜地，有内外16景。寺庙开创者保宁（一说真严）在此说法传经，得到了马氏父子的鼎力相助，住僧达一千人。"马楚"政权灭亡之后，庙宇却一直留存了下来。

明代文人李冕曾题诗《开福寺》对开福寺的景色大加赞美："最爱招提景，天然入画屏。水光含镜碧，山色拥螺青。抱子猿归洞，冲云鹤下汀。从容坐来久，花落满闲庭。"

开福寺是中国佛教重点开放寺院之一，被列为湖南省级重点文物保护单位，湖南省佛教协会和长沙市佛教协会均设在寺内。

你知道开福寺特殊的"焰口"仪式吗？

"焰口"，是饿鬼道中鬼的名字，是放焰口这一法事的主要施食对象，后来逐渐等同于"放焰口"这一佛教仪式的名称。

"焰口"是在中国流传很广的一种佛教仪式。"焰口"仪式中所用的音乐结构庞大严整，是一种融"赞、偈、咒、器乐"等多种形式为一体的，具有一定情节性的佛乐套曲。

"焰口"法事能在尼众道场进行，可谓长沙开福寺开的先河。开福寺焰口仪式的不同之处在于突破了佛教中"出家女性不能参与放焰口"的惯例，除了金刚上师以外的角色，都允许比丘尼在仪式中担任。

你知道开福寺旁边新发现的龙王庙吗？

近年来，一个偶然的机会，人们在长沙开福寺旁发现了一座清代龙王庙。这座龙王庙位于现在的新河巷，临街的一面，一直都是商铺，而其余几面，都被新建筑包裹，所以一直没有被人发现。直到2016年，龙王庙周围的建筑因棚改工程被拆迁，其山墙才呈现在人们面前。

经过历史学家的考证，发现这座龙王庙因年久失修，曾在光绪十二年至十四年，即1886年至1888年进行过修缮，而其始建时间，还可上

溯至更早。

　　走进这座龙王庙，我们可以看到正殿顶梁上有着两处题记，一处为"大清光绪十二年丙戌岁季秋谷旦捐建"，另一处为"提督衔江南福山镇总镇陈海鹏等监修"。题记中提到的这位陈海鹏，是长沙的一位名人，晚清末年，他曾是湘军的著名将领。他喜欢结交朋友，尤其是文坛的朋友，他在开福寺前新河里养了许多鸭子专门用来宴请宾客，并请来郭嵩焘、王闿运等湖湘著名文人一边品尝美味一边吟诗作对，留下了"欲吃新河鸭，须交陈海鹏"的一段段佳话。

　　据附近的老人回忆，过去，这座龙王庙还有个戏台，现在的新河巷其实是从老庙的内部穿过，过去的戏台在现在的新河巷对面。每当龙王寿辰之时，人们就会在戏台上进行表演。戏台边有棵老樟树，因为它从树根处开始就分为两股，所以被当地人称为"夫妻树"，如今尚在。

　　其实，在以前的长沙，许多地方都可以看到龙王庙的踪迹。其中有历史资料可考的，是老龙潭的龙王庙。据史料记载，南宋时期，名臣真德秀曾祈雨于老龙潭，并在锡山（今东瓜山）建造了龙王庙。据考证，过去仅在现在的长沙开福区范围内，就曾有龙王庙或龙王宫6个，不过如今它们都已经踪迹难觅了。

　　在被发现的这座老龙王庙之中，还保存着许多清代的文物。在长沙，像这样有一百年以上历史的建筑，已经很少见了，可以说，它是目前长沙唯一保存至今的龙王庙实体建筑，因此十分珍贵。

你知道长沙密印寺是我国佛教南禅五大宗之一沩仰宗的起源地吗？

　　唐宪宗元和二年（807年），灵祐禅师来沩山开法，后公元847年，由当时担任潭州观察使、后任唐朝宰相的裴休主持，唐宣宗李忱御笔亲书"密印禅寺"门额，建立了长沙的密印寺。

　　密印寺，是我国佛教南禅五大宗之一沩仰宗的起源地。禅宗有"一花五叶"之说，沩仰宗为五叶之首。密印寺的名字，则来源于佛教中的

"密传心印"一说。密印寺的开山祖师,是唐朝的灵佑禅师,灵佑禅师继承禅宗门下南岳怀让一脉,他的弟子慧寂禅师则前往江西仰山传法,后人就将他们合称为"沩仰宗"。所以,寺门上的门联写着:"法雨来衡岳;宗风启仰山。"

唐宋时,密印寺可谓盛极一时,相传,寺僧最多时曾达3000余人,寺内铸有千僧锅。

密印寺建寺一千多年来,曾几次惨遭损坏,又几次经历修葺而如新。现在的密印寺占地面积9000多平方米,内有山门、大殿(万佛殿)、警策殿、选佛场、禅堂、祖堂等建筑。其中,山门为红色三开牌楼式砖石结构建筑,镶以黄色琉璃瓦,中为拱形大门。大殿,又叫"万佛殿",则是密印寺内最著名的建筑,高九丈,重檐歇山顶,内外三十八根柱,全为白色,花岗石,金色琉璃瓦顶。墙砖有一尺多高,每砖模制贴金佛像,共12988尊,镶嵌于四壁,十分精美,为我国寺庙中少见。

密印寺

密印寺诞生后的历代著名方丈,有宋空印法师、明彻当法师、清慧山大师、民国太虚大师、前任中国佛教协会会长传印法师、一诚大师,均为沩仰宗嫡系传人。著名的兴寺大德有唐丞相裴休,裴休之妻陈夫人、宋著名大思想家张栻、抗金名将张浚等。

你知道密印寺内有一块油盐取之不尽的"油盐石"吗?

在密印寺内,有一块著名的"油盐石"。关于它的来历,还有一个著名的传说呢!

相传，在密印寺建寺之初，寺庙的主建人裴休经常带着家人来寺中小住。有一天，裴休的妻子陈夫人来到寺中短住，偶遇了一位老尼姑，因为陈夫人也是一位虔诚的佛教徒，于是两人一见如故，相谈甚欢，陈夫人邀请老尼姑去自己的房里，她们促膝谈心，整整聊了一个晚上。

老尼姑见陈夫人面有愁容，唉声叹气，就问她有什么烦心事。陈夫人说，密印寺尚未彻底完工，她忧心物资不够，油盐不够众人生活所需，会影响寺庙的建设进度。没想到老尼姑让她不要忧心，说自己有办法解决这个问题。老尼姑带着她去了寺庙之中的一块大石旁，只见老尼姑站到石头上，在石头上画了两个圆圈，并且念了几句咒语，石头上突然就出现了碗大的两个洞，油盐从洞中满溢而出。老尼姑对陈夫人说，这两个洞中的油盐取之不尽用之不竭，专供密印寺僧众所用，请她勿再挂心。

密印寺内的油盐石

陈夫人正想向那位老尼姑道谢，转身却发现她竟然已经消失无踪，才醒悟过来原来她就是菩萨的化身，前来保佑他们寺庙。

这块油盐石也真的如同菩萨所说，油盐不断，但是后来寺中有位厨师偷偷盗取油盐为己用，油盐石的圆孔就闭合了，再也不生产油盐了。

这块神奇的"油盐石"至今仍存于寺内，清代高僧古梅曾为它题诗一首："住山风味自清严，橡栗孤标在昔瞻。木孔为羹铁作馅，石头谁信有油盐。"

你知道密印寺中"来木井"的传说吗？

在密印寺内，还有一口来木井，关于它，也有一个神奇的传说。

相传在密印寺建寺之时，由于寺庙规模宏大，需要大量木材，但是周围的树木都已被他们砍伐殆尽，再也难找合适的木材，因此，住持为此十分头痛，茶不思饭不想，日夜难寐。此时，来了个云游的和尚，自称能够解决此事。住持惊喜过望，就派遣自己的小徒弟做那和尚的助手，助他一臂之力。到了一天半夜里，云游和尚将小徒弟轻轻抱起，竟然飞上了天空。

第二天天还没亮，他们就飞到了四川嘉陵江畔的一座大庄园。他们得知这个庄园的财主的独生女儿患了重病，一直医治不好，眼看就要命丧黄泉，因此一家人都伤心欲绝，成日哭哭啼啼。云游和尚称自己能够救好这位小姐的病，并且真的妙手回春，小姐的病一下子就有了起色。这位财主十分感谢和尚的救命之恩，就问他有没有什么想要的，和尚就提出想要他庄园里的树木。财主虽然小气心痛，但是看在他救了自己女儿一命的份上，也就答应了。一夜之间，这位法力高深的和尚就把所需的木材全部砍下了。

但此时，令人惊讶的是，这位和尚竟然把所有的木材往河水里丢。小徒弟连忙上去阻止，和尚只是笑着让他等着瞧。到了第七天清晨，云游和尚将小徒弟送回了密印寺就告辞而去。寺中众人正纳闷时，却听得有人发现寺中的一口井中冒出了木材。而且神奇的是，这口井中的木材源源不断，直到寺庙建完都没有用完。此时，住持发话说："木材够了，不用了。"然后井中就再也没有冒出过木材，最后升起的一根木头来不及取出就卡在中间，甚是尴尬。千百年来，它就一直卡在那个位置，拔也拔不出来。

因为这个神奇的传说，后来，人们就把这口井称作"来木井"。这口井位于今沩山乡沩江村，遗迹仍存。清学者陶汝鼐听说"来木井"的传说后，也曾感慨万千并特此作诗一首："分明古木倚蛟宫，谁信沩山与蜀通。亲到龙潭方广澈，长留一柱砥虚空。"

你知道沩山上"回心桥"的传说和它与密印寺的联系吗？

相传沩山密印寺开山始祖灵佑禅师听从师命，来到沩山开发佛地，弘扬佛法。经过深入考察，他认为毗卢峰之阳是一块难得的风水宝地，

适合建立佛寺。但是不巧的是，此处正好是一个泥潭深渊，因此建庙工程浩大，十分不易。他独自一人前来，单凭一己之力很难达成，于是他有所退缩，想到江西仰山禀告师父说自己无能为力，希望师傅另觅贤能。于是他收拾行囊，决定离开沩山。他刚走出百叶坡，进入祖塔地界时，突然看到沩溪上有一座石桥，桥下有一位老婆婆，正拿着一根铁棒在石板上细细地摩擦。他感到十分好奇，就上前询问老婆婆在干嘛，老婆婆说自己正在磨针。灵祐禅师感到十分吃惊，对她说这样磨下去要磨到猴年马月才能成功，老婆婆却这样回答他："世上无难事，只怕有心人。只要功夫深，铁杵磨成针。"灵祐禅师想到连一介农妇都有这样的毅力和恒心，自己却轻言放弃，感到万分惭愧，立马打消了回江西的念头，折返而回。而当他回过头去，却发现那位老婆婆竟然不见了，才领悟过来是菩萨点化，因此更加坚定了决心。当他回到毗卢峰下，突然无数蜜蜂口衔泥土，来帮助他填坑，没有多久，竟然就把深渊给填平了。他才知道是菩萨好心助他一臂之力。

　　密印寺就这样建成了。后来，因为灵祐禅师曾经在这座石板桥下回心转意，因此，人们不但把它改建成了石拱桥，更将它取名为"回心桥"，以纪念密印寺的开山始祖。

　　关于回心桥，还有另一个传说。相传灵祐禅师在沩山苦修数年都无所建树，垂头丧气想要离开沩山回江西，他刚入祖塔地界，就被一群猛兽团团围住，猛兽们对他龇牙咧嘴，目露凶光，似乎要把他拆穿入腹，灵祐禅师见自己敌不过这些豺狼虎豹，只能哀叹道："吾命休矣！"但他转念一想，难道自己就这样轻易离去，连百兽都不容？然后他便双手合十对众野兽说道："汝等为何阻我去路？若为我有开辟沩山之缘，愿作汝口中之物。"结果这些猛兽居然都自行离开了。灵祐禅师大惊，明白这是上天在提醒他勿忘己任，不轻言放弃，便速速返回继续修炼。清高僧翼翔曾为此传说题诗一首："虎蛇交加日，清心满袖归。至今桥上月，还照昔衣人。"

　　此桥位于今祖塔乡上回村，原为用青石块修建的古式拱形桥，高两丈，长三丈。1995年时修祖沩公路，它已被改建成公路桥，原貌不再。

你知道密印寺的"千人锅万人床"吗？

相传，在密印寺建寺之初，参与建寺的僧众达千人之多，他们吃住都在寺内，十分辛苦。在一个夏天的晚上，有一位老僧来此化缘，他来到寺内的厨房，只见厨房的伙夫摆开整整十口大锅做饭，由于人手不够，伙夫来回奔波，添柴加薪，加上天气炎热，满身大汗。老僧见此，动了恻隐之心，就对他们说："你们这样劳作太过辛苦，以后就用这口锅做饭，无论多少人吃，都够用。"

到了晚上，老僧和众人一起歇息。由于人数众多，寺内环境有限，大家只能挤在闷热的房间里睡觉，而且蚊虫甚多，吵得大家都睡不好觉。于是，这位老僧面向南方站了起来，用手中的烂蒲扇左右拍打，嘴里念念有词："左扇三十里，右扇三十里，蚊儿远远飞，陀二好好睡。"然后，他用食指画了框，突然房间里就多了一张巨大的床铺。他对大伙儿说："无论多少人，这张床都能睡得下。"然后，他就消失不见了。大家这才知道这是天上的神仙下凡来帮助他们，连忙下跪磕头，感谢老僧的善心。

这就是密印寺"千人锅万人床"的神奇传说，千百年来，这段佳话一直流传在寺内。

你知道密印寺"龙王井"背后的传说故事吗？

在密印寺北侧一里左右的地方，有着一口水井名曰"龙王井"，至今尚存，关于这口水井的来历，也有一个传说典故。

相传密印寺建寺之初，寺僧众多，大家用水都取自门口的一条小溪，由于古代卫生条件有限，常有人把污水倒入溪水之中，后来就产生了疫病，许多人都被传染了，一时之间，僧众纷纷病倒。但密印寺一直有贵人相助，玉皇

密印寺中的龙王井

大帝不知从何处听说了此事，就派遣龙王前去相助。龙王来到沩山后，化身为一个又老又丑的糟老头，他来到密印寺，向灵祐禅师讨一杯茶水喝。但灵祐禅师把茶水端上时，老人却把茶水泼了。灵祐禅师再端上一杯，还是被老人泼去了。灵祐禅师觉得很奇怪，就问老人为何作此举动，老人对他说，这水有毒，不能饮用，而他正是为了此事前来。老人带着灵祐禅师来到寺边上的一处地方，用拐杖在地上写下一个"井"字，又将拐杖重重地插入地面，此时，地面竟然塌陷出一口井来，井水汩汩而出。当井造好后，老人就跳入井中不见了。后来，寺中的人们喝了这井中的水，百病全消，这口井也自此变成了寺中众人用水的来源。

这就是密印寺"龙王井"的传说故事了。清代高僧浩澈曾为龙王井题诗一首："绿流深处喷青莲，一脉香流透碧天。短策笑看崖壑冷，白云飞处引龙涎。"

你知道密印寺内还有什么著名景点吗？

◎ **来旨坳**

在沩山乡清溪村（现沩山社区）茶亭组有一个小山头名叫"来旨坳"，相传这个地方跟密印寺的建立有着密不可分的联系。

传说当年建造密印寺时，唐宣宗李忱亲自赐予了匾额，并让大臣送来寺中，当时，寺内众人就是在这座山头收下的皇室恩典，并集体跪谢。为了感谢皇上对密印寺的青睐与照顾，寺中的僧人们就在此处立下一块石碑，上书"密印禅寺"四个大字，并且将此处命名为"来旨坳"。

清代高僧古梅，曾为此地作诗一首："几度王香下凤楼，山光直透九重幽。彤云彩雾呈朝夕，长有皇恩在上头。"以纪念唐宣宗的恩情。

◎ **白果含檀**

在今天密印寺内的警策殿后，有一棵千年银杏树。它树大七围，高十丈多，长得十分高大茂盛。相传，这是密印寺的开山祖师灵祐禅师亲手种下的，富有灵性，因此，人们也把它称作"灵树"。

明神宗万历四十年，密印寺惨遭大火，寺内众多建筑设施均被毁坏，银杏树也难逃一劫，枝叶全部被烧毁，只留下光秃秃的树身。后人不忍心砍伐它，就仍然为它施肥打理，令人惊叹的是，二十多年后，也就是在明崇祯年间，这棵银杏树"死而复生"，又长出了新的枝叶来。更令人称奇的是，在这棵老银杏树的树干中间，竟然又长出了一棵黄檀树。因为银杏树又被人称作"白果树"，所以后来人们又称这株双生树为"白果含檀"。清代文人陶之采曾作《寄古檀》一诗赞美此树："亭亭古木影森森，中有桶檀更十寻。此日向荣花烂漫，天教欣惕祖师心。"

◎ 千手观音

在密印寺后，有着一座高达99.19米的千手观音，可谓相当惊人和壮观了。

另外，在密印寺外，还有裴休墓、仙人朝贡、芦花瀑布、镜子岩、狮子岩、大沩凌云、美女梳等"沩山三十六景"，蔚为壮观。

密印寺中的千手观音

你知道密印寺与毛主席的渊源吗？

1917年，毛泽东正在长沙读书，放暑假时，他和好朋友萧子升相约一同游遍长沙，他们去了宁乡、安化、益阳、沅江，也曾到访过密印寺。到了密印寺门口的时候，毛泽东他们两人对门口看门的小和尚说自己是来乞讨的，小和尚回答称："乞讨与佛门本来就是一回事。"然后就放行了。两人对小和尚说他们想要见一见方丈，但是小和尚看他们两人是前来乞讨的，就没有答应。后来，他们递了名帖，麻烦小和尚转交，方丈看到"毛"笔画少但占了三个格子，"萧"字虽笔划多但只占一个格子，就认

为毛泽东并非凡俗之人，破例接见并留下他们共进晚餐。据说，他们在寺内待了整整两天，深刻地谈论了佛法和做人的智慧。青年的毛泽东这样陈述自己此行的感悟："救国救民在于找到大本大源，而大本大源在于工农大众。"

建国后，虽然日理万机，但毛主席仍对密印寺有所牵挂，1956年，他特意亲自叮嘱宁乡县的县委书记张鹤亭："沩山是个好地方，有个密印寺，要好好保护起来。"

关于密印寺和毛主席的渊源，还有一段传言。密印寺的万佛殿十分恢弘，四壁镶嵌着12988尊佛像，堪称古今中外的一大奇观。据说在这么多佛像里，只有一座佛像是由纯金打造的（还有一种说法是十座），只有得天独厚、福泽深厚的人才能辨认出来。相传，当时毛主席在密印寺留宿之时，就曾独具慧眼，把这座佛像给认了出来。

你知道著名的法海禅师曾在密印寺修行吗？

说到法海禅师，大家一定不会感到陌生，因为在著名的民间传说中，他是那个不讲人情而拆散许仙与白娘子的金山寺老僧。但事实上，历史上真有法海禅师这个人，当然了，白娘子的故事是神话故事，历史上的法海禅师并没有拆散过别人的家庭。法海禅师，是唐代名相裴休之子，俗名裴文德。而裴休，正是密印寺的创建者。

据历史资料记载，唐宣宗大中三年（849年），时任宰相的裴休捐建密印寺。当时有一位皇子得了重病，经过许多名医医治都未能好转，因此，裴休让自己的儿子裴文德代替皇子出家，以求皇子身体康复。当时密印寺的住持灵佑禅师赐予裴文德法号"法海"，并收为门下弟子。法海禅师出家之初，并没有因为自己是王公贵胄之子而心高气傲、挑三拣四，而是苦苦修行，做一些粗活累活。据说在密印寺中，他曾整整担任了三年的劈柴工作，后来又负责了整整三年的挑水工作。不过他毕竟年少，偶尔工作太辛苦他也会有所怨言，相传有一次他挑水的时候实在太累，就发了几句牢骚："和尚吃水翰林挑，纵然吃了也难消。"神奇的是，当他说完这句话后，寺里的人们吃了饭喝了水以后都觉得肠胃不适，难以消化。后来，他的师傅灵祐禅师得知了这件事后，语重心长地对他说："老僧打一坐，能消万担粮。"法师说完这句话后，人们消化不良的症状就逐渐好转了。法海禅师感到十分惭愧，日后就更加兢兢业业地工作，不再有所抱怨。

相传，法海禅师的姐姐十分记挂他，特意来到密印寺看望他，当她看到法海禅师天天都要从遥远的地方挑水回来，很是心疼，她就向住持求情，自己掏腰包捐钱修建了饮水硐，因为法海禅师的姐姐人善心美，所捐建的引水工程更是造福了一方百姓，所以这一工程后来又被人们称作"美女硐"。直到今天，这条饮水的硐石仍然存在。

后来，法海禅师被允许开始进行为期三年的闭关修行。三年期满之时，他的师父灵祐禅师亲自在关门外喊他的名字，法海禅师应声而出，而房内四壁、屋顶完好如初，因此可见法海禅师的修行已满，法力高强。后来，他又谨遵师命，一路游历，经过江西庐山等地，最后来到江苏镇江氏俘山中修炼。后来，他听说自己修炼之地在东晋时曾经是一座泽心寺，又因种种机缘巧合找到了当年遗留下的佛像残骸，于是，他决心在此重建一座庙宇，弘扬佛法，普度众生。

在修建寺庙的过程中，意外掘出一批黄金镒（镒：音"议"，古代重量单位，20两为一镒），法海禅师将其如数上交给了镇江太守。后来当朝天子知道了这件事，被法海禅师的精神所感动，就下令把黄金都赠予法海禅师供其建寺之用，并且将寺命名为"金山寺"。这就是镇江著名的金山寺的由来，并且，法海禅师就此成为了金山寺的开门祖师，千百年来，一直受到后人的瞻仰。

你知道现在的长沙松柏寺是由热心台胞捐建的吗？

长沙松柏寺，位于距长沙市区十几公里的星沙文化公园旁，占地20余亩，山门前有京珠高速公路和107国道与中南汽车城隔路相望。由于寺庙周边遍种松柏，松柏寺因此得名。

相传松柏寺始建于宋神宗（1048—1085年）年间，距今已有近千年的历史。宋神宗，是北宋的第六代皇帝，他一向勤政爱民，在民间口碑很好，而且他重佛教，当时许多佛寺都香火鼎盛。由宋神宗亲自下诏颁赐"藏经""袈裟"的一代名僧圆鉴大师，曾经来到松柏寺弘扬佛法，也使松柏寺的名字被天下众人所知晓。

后来，经历朝历代的风风雨雨，松柏寺逐渐衰败，最后只留下一些断壁残垣，实在可惜。1992年，台胞陈之迈居士购地二亩，筹资恢复古寺，取名"松柏精舍"，作为个人清修之地。2001年，陈之迈居士自愿无偿将松柏精舍捐赠长沙县民宗局。2002年8月4日，松柏寺举行开放庆典暨佛像开光法会。

长沙松柏寺

2003年，政府对松柏寺进行了两次土地的无偿划拨，寺院由过去的场地狭窄到现在拥有宽广开阔的二十几亩土地，以前松柏寺所举办的法会只能容纳几百人，而现在的法会已经能容纳千人有余了。

2003年，安徽省释照观法师来到长沙，接管松柏寺住持之职。释照观法师重新规划了重建天王殿、大雄宝殿、法堂、藏经楼、罗汉堂等寺内建筑的方案，得到了长沙县委、县政府的大力支持。如今，松柏寺占地面积约20000平方米，建筑面积4000平方米，寺内各项设施完备，每日更是香客不断，游人如织。

2005年3月29日，陈之迈居士与松柏寺签订"关于提前捐赠第二期房地产协议"，陈之迈居士同意将原定松柏山庄首期未赠的房产提前于2005年6月底交付松柏寺，同时松柏寺付给陈之迈居士安居费20万元。

你知道长沙著名的麓山寺碑吗？

麓山寺位于岳麓山腰，左临清风峡，右近白鹤泉，有"汉魏最初名胜，湖湘第一道场"之美誉。麓山寺主要由山门、弥勒殿、大雄宝殿、观音阁、斋堂等建筑组成。其中，麓山寺的山门是牌楼式的，上书"古麓山寺"。藏经阁又名"观音阁"，阁前有两棵古罗汉松，又名"六朝松"。

不得不提的是，麓山寺最著名的景点，可谓麓山寺碑了，但遗憾的是，麓山寺碑已不在麓山寺内，而是被移往附近的岳麓书院，今属湖南大学的一部分。麓山寺碑是唐开元十八年（730年）所刻，明代时，知府特意建亭护碑，清咸丰年间，它被移嵌于岳麓书院楼壁间，后移至岳麓书院右侧。

麓山寺碑高2.72米，宽1.33米，是唐代大书法家李邕撰写并亲笔所书，碑文为行楷书，内容主要是麓山寺的历史和历代著名僧人弘扬佛法的过程，还有岳麓山的迷人风光，共1413字。因为麓山寺碑的文采、书法、雕刻都堪称一绝，而李邕又曾任北海太守，所以麓山寺碑又被后人称为"北海三绝碑"，它更是长沙市尚存最早、价值最高的碑刻。

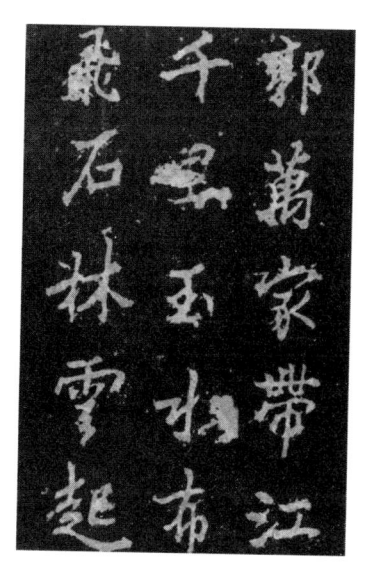

麓山寺碑碑文

你知道从长沙洗心禅寺中走出的著名的一诚法师吗？

长沙的洗心禅寺，位于长沙市望城区黄金街道西北8公里处之高顶山麓，南毗岳麓山，北临洞庭湖，风景十分优美。据记载，洗心禅寺原名"洗心庵"，是身为临济正宗三十一世汉月法藏禅师在1620年创建，至今已有386年历史。到了民国年间，洗心禅寺之中的殿堂屋宇已有三进107间，内驻僧众70余人，还有水田200亩，山林菜地200余亩，规模十分宏大，是长沙河西的一座大型寺庙。

虽然洗心禅寺的历史算不上十分长久，但在洗心禅寺之中，曾经走出了许多佛教界的大师级人物，如清末中兴长沙开福寺的方丈体辉大和尚，还有曾经担任中国佛教协会会长一职的一诚长老，都曾在洗心禅寺修行。其中，一诚法师可谓从洗心禅寺起步，走向中国、走向世界的一位传奇佛教大师。

一诚法师，出生于湖南省长沙市望城县（今望城区）的一个农村家庭。他自幼家境贫困，因此不到十岁就随父学习石工与建筑技术。等到他十五六岁的时候，他就常常去附近的乌山寺礼佛。有一天他礼佛的时候，突然被庄严的佛像所感动，突然开口吟诵道："今来无三字，皈依故佛前……乌山寺烟渺，灯光用大千。"因为一诚法师自幼就随父亲做苦力活，并没有读过很多的书，他却能在佛前出口成章，因此在场的人都感到很惊讶，认为他独具慧根，与佛有缘。而事实上，一诚法师对于佛学，确实自幼就有着深厚的热情与喜爱，

洗心禅寺

后来，他决定皈依佛门。1949年，他告别父母，来到望城县黄金园乡的洗心禅寺剃度出家，承临济宗派，法号一诚，字悟圆。此后，他跟随明心法师潜心修行，尤其对《金刚经》有着很深的研究。

"文革"期间，一诚法师不幸被赶出寺门，去农村劳动改造，但他仍在劳动之余学习佛经。1978年，他搭盖茅棚，恢复了出家人生活，并举行了佛事活动。不久，他被推举为真如禅寺寺务管理委员会委员，他不仅做好了自己的本分工作，还常抽空去北京、广州、香港、台湾、新加坡、马来西亚等地的寺庙讲课。

虽然法师早已成为了德高望重的、远近闻名的佛教大师，但他饮水思源，知恩图报，一直记挂着当年他出家所在、生活了八年的长沙洗心

禅寺，但因为事务缠身，一直未能亲自前去。1986年，一诚法师的徒弟奉师命前往长沙洗心禅寺旧址，才知道寺庙早已于1958年被毁，现已经变成番薯地。一诚法师得知这一消息后，深感惋惜，后来，他于2002年9月委派法脉弟子悟圣为监院，前往洗心禅寺原址着手重建工作。从2003年10月到现在，长沙洗心禅寺已完成第一期工程，并于2006年12月28日举行了盛大的落成开光法会。该期工程占地108亩、总建筑面积30000余平方米。

一诚法师知识渊博、德高望重，在中国的佛教界有着很高的地位，2002年9月，他当选中国佛教协会新一任会长。

2010年，一诚长老卸任，担任中国佛教协会名誉会长。

2013年，一诚法师获得了"孔子和平奖"这一殊荣。

你知道洗心禅寺中的泰国四面佛吗？

当你来到洗心禅寺游览时，你能在这里惊讶地发现一尊原本属于泰国的四面佛佛像。这尊"四面佛"的材质是纯铜贴金箔。佛像端坐在莲蓬座上，手拿法器，浑身贴满金箔，工艺精美。佛像被安放在洗心禅寺大雄宝殿前坪正中央，供四方信众膜拜。

没错，这就是由泰国泰皇慈善基金会向洗心禅寺恭送的一座"四面佛"。当时，全国政协常委、中国佛教协会会长一诚法师还特地亲自主持了四面佛佛像的开光祈福仪式。

泰国是佛教国家，享有"千佛之国"的美誉，四面佛是泰国上座部的佛像。2014年2月，泰国泰皇慈善基金会信徒连俊荣先生来到长沙参观洗心禅寺，被这座庄严、精致的佛教殿堂所打动，回国后，他决定恭送洗心禅寺一尊四面佛。

2014年2月22日，泰国僧众代表、泰国泰皇慈善基金会工作人员及随行信徒一行69人护送了这尊四面佛抵达长沙望城洗心禅寺。

"四面佛"有四尊佛面，分别代表爱情、事业、健康与财运，是泰国最有名的佛像之一，广受东南亚人民的喜爱和尊崇。

长沙的云麓宫属于道教二十三洞真虚福地吗？

云麓宫，在长沙市湘江西岸的岳麓山右顶峰上，是著名的道教圣地，为明成化十四年（1478年）吉简王就藩长沙时所建。千百年来，云麓宫的命运可谓坎坷多舛。嘉靖年间（1522—1566年），太守孙复与道士李可对其进行了扩建，使其初具规模。后来又遭到毁坏。隆庆年间（1567—1572年），在山修道的金守分请殿元张阳和在其原址处募建三大殿堂，前为关帝殿，中为玄武祖师殿，后为三清殿，名云麓宫，并在宫后建了一处望湘亭。明末及清咸丰初，云麓宫曾经

长沙云麓宫

两次毁于战乱。清同治二年（1863年），又以原貌修复，并在殿前后左右建五岳殿、天妃殿，增建宫门。

抗日战争期间，云麓宫遭到严重破坏。1946年，邬云开、吴明海等道士集资修复，他们在望湘亭增设了纯阳真人，也就是人们俗称的吕洞宾的浮雕石像，并刻真人所书写的《百字铭》，亭壁则增设清人黄道让所著的"西南云气来衡岳，日夜江声下洞庭"木刻楹联。

"文革"期间，云麓宫再度遭到严重破坏。现存道宫房屋600平方米，设有长沙市道教协会。

道家提倡"无为而治"，并且总是选择环境清幽之处建立宫观，在此修身养性，希望能够修炼成仙。道教将许多地方视作神仙的居所，因此就诞生了道教著名的十大洞天、三十六小洞天和七十二福地。而位于幽静秀美的岳麓山峰顶，如同存在于世外仙境一般的长沙云麓宫就是道教七十二福地之中的第二十三福地——"洞真虚福地"。将其称为"福地"，也算是实至名归了。

你知道云麓宫中有哪些著名的名人题记吗?

云麓宫作为长沙著名的道教圣地,曾吸引过许多名人,尤其是文人墨客到此一游,并且留下了题记或者诗篇。

云麓宫内有着不少的楹联,都出自名家手笔。其中清人黄道让所题"西南云气来衡岳,日夜江声下洞庭"写得甚妙,传神地刻画了云麓宫的优美景色和磅礴大气,对仗工整,字迹有力,为最著名的一联了。进士吴獬来此游玩时,也为宫门题写"对云绝顶犹为麓,求道安心即是宫"一联,联内巧妙地隐藏下了"云麓道宫"四字,被传为佳作。

另外,古人还留下了不少咏颂云麓宫的诗词歌赋,如今流传于世的如明末清初长沙人廖元度的《宿云麓宫》:"林深宵空重,一榻对灯青。月色如秋瘦,虫声触梦醒"。表达了他夜宿云麓宫仍心系国家、忧国忧民的情怀。还有一首清代岳麓书院肄业生严正基写的《夜登云麓宫》:"云麓峰巅跂足眠,征衫扰带五溪烟。当头华月三千里,弹指东风念四年。螺色暗投游屐外,松涛请到杵钟边。故园计买青山宅,便与人间作散仙。"诗中描绘了云麓峰的动人景色,将其比作人间仙境,表达了自己想要在此长居的心愿。

你知道"东岳宫"名称中的"东岳"指的是什么吗?

东岳宫始建于唐开元十三年,距今有着近1300年的历史。相传在古代,东岳宫南至熙宁街,北至湘雅路,西临湘江,还毗邻着一个古码头。清同治年间(1862—1874年),东岳宫住持侯理年募资重修了宫殿,宫分三进,前为灵官殿,中为祖师殿,后为三清殿,占地600余平方米。

说到"东岳",大家第一个想到的多半是著名的"五岳",也就是中国的五大名山——东岳泰山、南岳衡山、西岳华山、北岳恒山、中岳嵩山。五岳诸峰各有特色,历史悠久,向来皆是旅游胜地。其实,五岳的由来,与中国的道教也有着一定的联系,民间素来有着"五岳三山"的说法,其中的"三山",有一种说法是指黄山、庐山、雁荡山三座以景色优美著称的山。还有一种说法，它指的是传说中的蓬莱（蓬壶）、方丈山（方壶）、瀛洲（瀛壶）三座仙山，据说，那是神仙居住的地方，《史记·秦始皇本纪》中曾有这样的记载："齐人徐芾等上书，言海中有三神山，名曰蓬莱、方丈、瀛洲。"我国道教的主旨，就是追求长生不死、得道成仙、济世救人，而道教修行讲究天人合一，所以很多道士都隐居世外桃源，比如说"五岳三山"，就是修炼的绝佳地方。

言归正传，长沙的东岳宫中的"东岳"二字，指的是东岳圣帝，东岳宫也是为了祭祀东岳圣帝而建的。东岳圣帝，又称"泰山神"，关于他的身世，有着很多种说法，比如金虹氏说、太昊说等。在中国民间传说中，东岳大帝掌管着人世间一切生物（植物、动物和人）的出生大权，还有着固国安民、延年益寿、长命成仙、福禄官职、贵贱高下、统治鬼魂等职能。

长沙东岳宫

中国历代帝王都十分尊敬东岳圣帝，唐代时，统治者将其封为"天齐王"，宋代晋为"仁圣天齐王""天齐仁圣帝"，元代加封为"天齐大生仁圣帝"，明代又恢复为东岳泰山神。每年的农历三月廿八是东岳泰山神的生日，每到这一天，四面八方的善男信女们都会来到宫殿之中为圣帝庆贺。

值得一提的是，东岳大帝还曾出现在我国著名的神话著作《封神榜》中，里面的黄飞虎，就是东岳大帝的化身。

另外，由于东岳大帝属于华夏人民的集体信仰，除了长沙的东岳宫，全国各地都有东岳宫。除了泰山之神东岳大帝，"五岳"之中其他四座山脉的主神，也在全国各地有它们的专属宫殿。

你知道北正街教堂与黄兴的渊源吗？

长沙市基督教北正街教堂，原名为"中华圣公会三一堂"。教堂的建筑面积为703.09平方米，平面布局为拉丁字型，建筑风格为典型的哥特式建筑，由孟良佐博士（主教）设计，是长沙仅存的唯一一座麻石教堂。它始建于1905年，1910年因长沙著名的抢米风潮而被愤怒的饥民所毁，又于1911年开始重建，到1915年全部竣工。解放后，它一度被政府收走作他用，2004年12月20日，北正街教堂重新复堂。

有趣的是，在这座教堂的大门内墙上，保存着1912年著名革命党人，也是孙中山的至交好友黄兴所题写的"耶稣圣名、敬拜宜诚、辞尊居卑、为救世人"的碑文。那么，这座教堂，又与黄兴此人有着怎样密切的渊源呢？下面就让笔者为您慢慢讲述。

北正街教堂

这个故事要从黄兴参加革命时说起。1904年，黄兴、陈天华、刘揆一等人在长沙创办了华兴会和同仇会，为辛亥革命奠定了一定的基础。

后来，以黄兴为重要代表人物的革命党人，决定推翻清政府的腐朽统治，建立民主共和的新政权，于是他们计划在当年农历十月初十，也就是当朝皇太后慈禧太后70岁生日那天在长沙用炸弹炸死参加庆典的省城文武官员，趁机起义，占领长沙。然而，不幸的是，叛徒刘佐楫偷偷将此事通知了清政府，华兴会准备起义的事情败露了，于是，清政府下令搜捕黄兴和其余革命党人，长沙城内风声鹤唳，笼罩在一片恐怖的氛围之下。10月24日，湖南巡抚下令包围了黄宅，幸运的是此时黄兴不在家中，家中只有他年幼的儿子，他的儿子想尽办法偷偷向他报信，才使得他逃过一劫，但他无法回家，只好躲到了华兴会成员之一龙璋的家中。但因为龙璋也是革命党人，政府的人迟早会搜上门来，因此此地也不是

久留之地,后来经过曹亚伯和长沙圣公会教堂,也就是今天的北正街教堂的黄吉亭牧师讨论,认为这时由于清政府惧怕列强势力,因此躲入外国教会比较安全。于是,黄吉亭牧师乘轿来到龙璋家里,然后换了黄兴乘轿出来,通过小路和后门来到教堂的楼上,成功地躲避开了政府的围追堵截。

因为时局动荡,外头风声鹤唳,黄兴在圣公会教堂中避难将近一个月,等政府的人将抓捕革命党人一事慢慢淡忘后,才打算离开长沙。黄吉亭牧师和另一位胡牧师一同护送黄兴出城,胡牧师先将黄兴标志性的大胡子剃掉,然后把他打扮成海关办事人员,登上日本轮船"沅江丸",在凌晨4点左右离开长沙,次日晚9点左右安全抵达汉口,当时正逢招商局的"江亨"轮船也停泊在汉口,要出发去往上海,黄兴就决定登船去上海。黄牧师送走黄兴后,连夜乘船回到了长沙。

1912年,辛亥革命成功后,黄兴特意回到长沙,来到北正街教堂看望黄吉亭牧师,并且书写对联"耶稣圣名、敬拜宜诚、辞尊居卑、为救世人"赠与教堂,表达了他对黄牧师雪中送炭的基督精神和高尚品格的赞美之情,也表达了对基督教的一片热爱。后来,黄兴自己也在上海入教。

长沙的自然风光

长沙位于湘江下游和湘浏盆地西缘，是一座依山傍水、风景秀丽的南方城市，它有着独特的自然风光特征。无论是树木葱茏、幽深娴静又富有书香气的岳麓山，还是如同点缀在湘江之中的一颗明珠的橘子洲，又或许是千龙湖、月亮岛、兴马洲等这些数不胜数的自然景观，都已陪伴这座城市走过千年风雨，见证过沧桑变幻却仍风采如初，成为它最迷人的印记之一……来到长沙，你可千万不能错过。

你知道岳麓山的名字是怎样得来的吗？

岳麓山风景区位于长沙市岳麓区的湘江西岸，依江面市，海拔300.8米，占地面积35.20平方公里，是南岳衡山72峰的最后一峰。它位于橘子洲旅游景区内，为城市山岳型风景名胜区，是中国四大赏枫胜地之一。现在岳麓山风景区，包括了麓山景区、天马山景区、橘子洲景区、桃花岭景区、石佳岭景区、寨子岭景区、后湖景区、咸嘉湖景区共八大景区，规划在风景名胜区范围以外的外围保护区面积也达22.68平方公里，为世界罕见的集"山、水、洲、城"于一体的国家5A级旅游景区、国家重点风景名胜区、湖湘文化传播基地和爱国主义教育的示范基地。

岳麓山，又被称为"灵麓峰"，南距衡山山脉主峰祝融峰直线距离102公里。南北朝刘宋时，曾有一部著作《南岳记》中这样描写过岳麓山："南岳周围八百里，回雁为首，岳麓为足。"普遍认为，岳麓山的名字，就是从此而来的。据地质学考证，岳麓山的历史相当之悠久，它奠基于古生代，形成于中生代，发展于新生代，距今三亿余年。

在岳麓山风景区内，不仅有着绮丽的自然景观，更有着佛寺道观、名胜古迹、革命遗址等著名景点，吸引着各方游客前来一睹风采。值得一提的是，岳麓山可谓一座"植物园"，现有植物174科，559属，977种，其中晋朝的罗汉松、唐代银杏、宋时香樟、明清枫栗都是千百年的古树了。每到秋季，岳麓山上的枫叶就会悉数盛开，远远望去，层林尽染，甚是好看。

你知道岳麓山上穿石坡湖背后的传说吗？

穿石坡景区位于岳麓山半山腰之上，跟云麓峰差不多有着二三十米高，七八百米的距离，是岳麓山东南幽谷中的自然景观，一种说法是，这里巨石林立，山上的小溪终年顺着云麓峰顺势而下，流经穿石坡，再到山脚的枫林村，穿石坡因此而得名。

但关于穿石坡名字的由来，还有另一种说法。相传，在西晋时期，后来的东晋名将陶侃在山中射杀了蟒妖，救下了白鹤姑娘，他们相约在50年后再相见。50年后，陶侃已经成为了一方名士，位高权重，官至侍中、太尉、荆江二州刺史、都督八州诸军事，封长沙郡公。他政务繁忙，就耽误了相约之期，后来，他十分自责和后悔，就来到他们相约的地点，苦苦等了九九八十一天，终于感动了上苍，白鹤姑娘出现了。但因为白鹤姑娘是仙人，不应该动了凡心，菩萨便赶来叫陶侃从石门离去。一转眼的工夫，陶侃就被菩萨用法力穿过了石墙，他一回头，只见一道石壁矗立在他眼前，而白鹤姑娘，早已不知所踪……所以，他们相约的地方，又被称作了"穿石坡"。

穿石坡湖景区是在原有景点基础上修建而成的，以前这里只有一个很小的水塘，后来相关部门决定对此地进行开发，就在这里新造了人工湖名曰"穿石坡湖"，在湖边修筑了大坝，后来又在坝上修建了休息长廊和亭子。湖的西岸边，则修建了一座两层楼阁，一楼为茶室，二楼为观景平台。

你知道岳麓山上的"爱晚亭"名称的由来吗？

爱晚亭，位于湖南省长沙市岳麓山下清风峡中，亭坐西向东，三面环山，建筑结构八柱重檐，顶部覆盖绿色琉璃瓦，攒尖宝顶，内柱为红色木柱，外柱为花岗石方柱，天花彩绘藻井。它始建于清乾隆五十七年（1792年），为岳麓书院院长罗典创建。它与陶然亭、湖心亭、醉翁亭并称中国四大名亭，也是革命活动胜地，为湖南省文物保护单位。

爱晚亭初建成之时，并不叫作"爱晚亭"，而是叫作"红叶亭"，又名"爱枫亭"。那它后来，又是怎么被改名为"爱晚亭"的呢？关于这件事，民间一直有着争议，有人说，这是诗人袁枚改的名字，又有人说，这是毕沅改的。

岳麓山上的爱晚亭

前一种说法认为，有一天，江南著名才子、诗人袁枚来到岳麓书院拜访当时的岳麓书院山长罗典，山长，就是书院的主讲人。罗典是位经学家，恪守传统。而且他每年都会自己掏腰包装饰书院，岳麓山的柳塘烟晓、桃坞烘霞、桐荫别径、风荷晚香、曲涧鸣泉、碧沼观鱼、花墩坐月、竹林冬翠八景，都是因他而建的，"红叶亭"也不例外。他一直都很看不惯袁枚的放荡不羁，就在书院的牌楼上贴了副对联："不为子路何由见，非是文公请退之。"上联的意思是说："我不是和您一条路上的人，有什么理由见面呢？"下联的意思则是："你袁枚不是韩文公一样有真才实学的人，请打回转吧！"这副对联，意在逐客。袁枚来的那天，他看到了对联，但他并没有生气，还是要求登门拜访，但自然遭到婉拒。袁枚走后，山长罗典还叫人冲洗袁枚走过的台阶，说是要清洗异端邪气。

袁枚离开长沙前，曾作了许多关于长沙山水名胜的诗，但在《红叶亭》这个题目下，他只抄录了唐代诗人杜牧的一首绝句："远上寒山石径斜，白云生处有人家，停车坐爱枫林晚，霜叶红于二月花。"而且第三句他还抄错了，抄成了"停车坐枫林"。罗典听说了此事，感到十分惭愧，还把"红叶亭"的名字改成了"爱晚亭"。据说，这不但是因为罗典认为以袁枚故意漏抄的"爱晚"两字作为亭名更雅致，更是因为他认为自己应该更加"爱晚",即关爱晚辈之故。后来,罗典对前来拜访的文人,尤其是晚辈,都不会下逐客令了。这种说法,大约是从刊于1987年2月2日《华声报》上赵海洲的《爱晚亭与袁枚的诗》一文中流传出来的。

但事实上,前一种说法可信度不高,更像是一种民间戏说,还是后一种说法更可信。因为,罗典所著的《次石琢堂学使留题书院诗韵二首即以送别》诗后有一条自注:"山中红叶甚盛,山麓有亭,毕秋帆制军名曰'爱晚'纪以诗。"意思是,亭子建成后,毕秋帆,也就是毕沅,给它取了"爱晚"的名字。

根据现有资料,袁枚访问岳麓山是在乾隆四十九年,也就是1784年的11月27号,而红叶亭的修建是在乾隆五十七年,也就是1792年。所以,"爱晚亭"的名字应该不是袁枚所改的。而亭子修建完毕之后那段时间,毕沅正好在长沙担任湖广总督,他喜欢游山玩水,经常会到岳麓山一带游览,而且他与岳麓书院的山长罗典是至交好友。他曾经写诗赞美罗典:"旧鱼重逢要夙愿""精神强胜廿年前"。所以,"爱晚亭"一称是毕沅所取的说法,比起是袁枚所取的说法,更加具有说服力。

你知道岳麓山上白鹤泉的传说吗?

在岳麓山上的麓山寺之后,有一股清泉自石间流出,据说这口泉水四季不断,若是用手捧着尝上一口,滋味甘甜清冽,这就是白鹤泉。白鹤泉是岳麓山的名泉,有着"麓山第一芳润"之称。

相传,在远古时代,曾经有一对仙鹤经常飞到此地来饮水,久而久之,人们就把这里称作"白鹤泉"。古书之中,也有不少对白鹤泉的描写。明代《岳麓书院志》有这样的描写:"泉出石中,甘洁不枯""常有白鹤飞止石巅"。清代《新修岳麓书院志》也这样描绘白鹤泉:"泉出石中,甘冽绝伦,尝有白鹤守之,刻石记其上。"曾经有麓山寺的僧人用石头造了一口形似白鹤的井,并且镌刻了"白鹤泉"三个字在崖上,还建了一块石碑。清光绪三年(1877年),粮道夏献云在泉上建亭,抗战时不幸被毁,解放后,人们又在原址上重建了一座亭子。据说,用白鹤泉的水煮出来的茶,云雾缭绕,那雾气竟然就像一只白鹤一样。现在白鹤泉边也建有茶室,游客们来到这里,可以品尝由泉水煮出的茶饮,十分富有特色。

在白鹤泉的南侧,是悬崖峭壁。这里有一块断裂的巨石,被称作"笑啼岩"。因为这一带每当大风刮来时都会发出一阵阵似笑似啼的声音,就好像是人发出来的一样,因此就有了"笑啼岩"的名字。

你知道岳麓山上蟒蛇洞的传说吗?

在岳麓山上禹王碑北面的一个山谷里,有着一个名为蟒蛇洞的洞穴。蟒蛇洞以前并不叫作"蟒蛇洞",它还有一个别名,叫作"抱黄洞"。那么,蟒蛇洞的名称,又是怎样由来的呢?

据说,古时候这个洞穴处常有蟒蛇出没,甚是骇人,因此被人称作"蟒蛇洞"。关于蟒蛇洞,还有着一个脍炙人口的传说哩!相传,蟒蛇洞里的蟒蛇精经过了千年修炼,已经有着很强的法力,每年到了7月15日这一天,它就出动,下山作乱,给山下的人们带来了巨大的危害。它的舌头可以伸得很长,一直伸到湘江的那一边,一直要伸到对岸的白鹤观才停下。湘江之畔的人们看到天下架起了一座美丽的桥,还以为是哪位神仙下凡,纷纷驻足仰望,有人还说,这是通往仙境的"仙桥"。据说,有一位道士曾经使用他的法力踏上过这座"桥",但最终不敌蛇妖,最后葬身蛇腹。最后,还是时任荆江二州刺史的陶侃智勇双全,他看见"仙桥"所通往的天门外的天灯寒光逼人,其实这就是蟒蛇精的眼睛。陶侃怀疑是妖精作怪,就拉起弓箭向那边射去,顿时,"仙桥"就消失无影了。后来,人们在洞内发现了蟒蛇精的尸体,才知道那座"仙桥"就是蟒蛇精变的。为了表达对陶侃的谢意,人们就把他射杀蟒蛇精的地点,称作"射蟒台"。

至于"抱黄洞"的名字,是因为据史书记载,在宋祥符年间(1008—1016年),有个叫张抱黄的道士在此地修炼,后来他得道升天而去,人们为了纪念他,就把这里叫作"抱黄洞"。

你知道岳麓山上那些石碑背后的故事吗？

在岳麓山云麓峰左侧峰峦上，有着一块著名的"禹王碑"，据说，它是宋代所建的。在这块石碑上刻有一篇古篆字，字分9行，共77字。那么，这块石碑的来历是什么，石碑上篆刻着的著作又是什么呢？

相传，在远古时期，大约4000多年前，中华大地洪水频发，民不聊生，著名的大禹为了治水，跑遍了华夏大地，"七年闻乐不听，三过家门不入"，其高尚的精神传诵千古。据说这块石碑，就是大禹四处治水的时候，在南岳衡山的岣嵝峰立下的。东汉赵晔所著的《吴越春秋》中就记载了这一传说："禹登衡山，梦苍水使者，投金简玉字之书，得治水之要，刻石山之高处。"意思是大禹来到衡山的时候，梦见了苍水使者，苍水使者给了他一本用金子做纸张、用玉做字的书，上面写的是治水的要领，然后大禹醒来就把其中的重要部分镌刻在了衡山一处石头的高处。

许多文人墨客，都曾来此一睹石碑的风采。唐代韩愈在登山寻访这座石碑的时候，虽然遗憾而归，但也留下了"蝌蚪拳身薤叶拨，鸾飘风伯怒蛟螭"的诗句。宋嘉定五年（1212年），何致在衡山游玩时，临摹了这块石碑的碑文，后又请人翻刻于岳麓山巅。后来，天长日久，石碑逐渐被沙土所埋。到了明朝时，长沙太守潘镒将此碑文传拓至各地，据说，全国各地有10余处禹碑都是由岳麓山禹碑复刻的，因此岳麓山的禹王碑也得以声名远播。

在岳麓山上，还有一块著名的碑刻——麓山寺碑。这块石碑规模很大，碑高近3米，宽1米多，碑额上篆书"麓山寺碑"4个大字，碑文则共达1400余字，骈散文体兼用，叙述了麓山寺自晋泰始年间（265—274年）建立至唐开元（713—741年）立碑，这五百年来石碑的兴衰修葺、历代禅师宣扬佛法的经过，以及岳麓山的秀美风光。这块碑是由唐代著名文学家、书法家李邕撰文并书写，黄仙鹤刻石的，石碑上文字的文采、书法、刻工都堪称一绝，所以人们又称它为"三绝碑"，在中国古代碑刻艺术中声誉很高。

自古以来，麓山寺碑就名传千里，许多风流才子都特意来此观摩，并且留下诗句，其中著名的有宋代的张栻、明代的李东阳等。

你知道胡寅在岳麓山上怒斥奸臣的故事吗？

胡寅（1098—1156年），字明仲，宋建州崇安（今福建武夷山市）人，后迁居湖南衡阳，为湖湘学派创始人之一，学者称致堂先生。著作有《论语详说》《读史管见》《注叙古千文》《斐然集》等。

南宋初年，金兵不断南下，侵略宋朝疆土，而南宋的掌权者十分懦弱，偏安江左，朝中重臣奸臣秦桧等人也只会一味地惧怕和退让，甚至向金人投降。当时作为朝臣的胡寅对此感到十分痛心和愤怒。一次，胡寅正在长沙岳麓山上游山玩水，等走到岳麓山寺的时候，他突然听说秦桧手下的刘旦要来湖南做官。由于胡寅对秦桧党人不满已久，闻此消息他气愤不已，立即就让人准备笔墨，直接在岳麓山寺的墙壁上写下"是何南海之鳄鱼，来作长沙之鸟"两句诗，用来批判和讽刺秦桧党人。他其中所写的"南海鳄鱼"，出自唐代韩愈所著《祭鳄鱼文》。相传，韩愈曾经担任潮州刺史，而潮州，正好在南海之畔。潮州有一条恶溪，溪中有不少鳄鱼，它们时常上岸为害，给人民百姓的生活造成了极大的困扰。于是，韩愈便写了一篇《祭鳄鱼文》，放进了恶溪之中，文章的意思是勒令鳄鱼尽快离开潮州去往南海之中生存，不然就要派人捕杀它们了，后来鳄鱼们纷纷逃走，人们就再也不用担心鳄鱼上岸害人了。当然，这只是个传说，但是体现了韩愈心系百姓、一心为民除害的精神。而秦桧手下的这位刘旦，恰巧就是那潮州人。胡寅在诗中将他比喻成潮州到处作乱的鳄鱼，讽刺他又来长沙危害一方了。

刘旦听说了这件事，就向秦桧告状，秦桧便在皇上面前进献谗言，使得胡寅整整20年都不再为官，直到秦桧死后才被复职。这个故事，足以体现出以胡寅为首的湖湘学派人的正直品格和高风亮节。

你知道橘子洲的来历吗？

橘子洲位于长沙市区中湘江江心，是湘江中最大的名洲，又名"水陆洲"，它全长5公里，为一个长形岛屿，其中狭窄的地方约40米宽，最宽的地方达140米。橘子洲由南至北横贯江心，它西望岳麓山，东临长沙城，是长沙的重要名胜之一。古潇湘八景之一的"江天暮雪"，就在橘子洲上，宋肖大经的《肖夏诗》中也曾称赞橘子洲为"小蓬莱"。

相传，远古时代，湘江之中并无橘子洲，只在江畔有着许多村落，其中住着许多捕鱼为生的百姓。在江边的一个村子里，有一位叫"胡子爹"的老人，是村里德高望重的长者。有一次，村民们挑选了七位巧手姑娘，她们用自己勤劳的双手编织出了一根白色的长腰带，还在上面绣上了一座美丽的江中岛屿，然后把这份礼物送给了胡子爹。后来有一次，胡子爹和其他渔民们正在湘江中捕鱼，突然天空骤变，狂风暴雨大作，眼看他们的小船就要被风浪吞没，这时候，胡子爹却突然变得力大无穷，划着船一下子就靠到了岸上。胡子爹感到十分奇怪，突然发现是腰间的腰带给了他力量，于是他解下腰带向江中扔去，腰带就变成了一座岛屿，渔民们也因此都上岸得救了。这座岛，就是今天的橘子洲。

橘子洲

当然，这只是一个传说，现实中，根据史书记载，橘子洲生成于晋惠帝永兴二年（305年），是由江里的沙土堆积而成的。古时候原有桔洲、织洲、誓洲、泉洲四岛，到清朝时，只剩有上洲、中洲、下洲三岛。现在的橘子洲已经演变成一串长岛，上为牛头洲，中为水陆洲，下为傅家洲。而橘子洲的名字，则是因为远在唐代，这里就盛产南橘，远销江汉等地。唐末李殉曾这样描绘橘子洲的景色："荻花秋，潇湘夜，橘洲佳景如屏画。碧烟中，明月下，小艇垂纶初罢。水为乡，篷作合，鱼羹稻饭常餐。酒盈杯，书盈架，名利不将心挂。"杜甫也曾为橘子洲留下了"桃源人家易制度，橘洲田土仍膏腴"的诗句。橘子洲自古以来就有着优美的生态环境，现在的橘子洲上仍然生长着数千种花草藤蔓植物，其中名

贵植物就有143种，还栖息着鹤、鹭、鸥、狐、獾等珍稀动物。除了橘子园，岛上现在还有李子园、板栗园、茶园和枇杷、桃、梨、杏等人为栽种的水果，还有着山楂、猕猴桃、金樱子、野葡萄、山海棠等野果，可谓"江中果园"。

1904年后，长沙被辟为对外开放商埠，橘子洲上建有英国领事馆、长沙新关。

1925年（民国14年），毛泽东同志从广州回到湖南领导农民运动，他在橘子洲游览之时，写下了著名的《沁园春·长沙》，相信不少人也是从这首脍炙人口的诗中开始了解到长沙橘子洲的吧！

1961年，橘子洲一带被政府改建为橘洲公园；1962年，其对外开放；1998年，又被更名为岳麓山风景名胜区橘子洲景区。原景区总面积约17公顷，开放区面积约6公顷，主要景点有洲头颂橘亭、汉白玉诗词碑、铜像广场、藤架广场、毛主席畅游湘江纪念点、揽岳亭、枕江亭、盆景园、大门广场等。

2001年，橘子洲景区被更名为长沙岳麓山风景名胜区橘子洲景区，为湖南省著名名胜区。2004年其又被改建，历经四年修葺，橘子洲已经以它全新的面貌呈现在世人眼前，吸引着各方游客登岛一观。

你知道毛主席著名的《沁园春·长沙》是在橘子洲写下的吗？

相信许多人都读过毛主席的《沁园春·长沙》，甚至可以说，这是他所著诗词当中流传最广的几首之一，几乎是传遍街头巷尾，妇孺皆知，有不少人都可以将它背诵下来。这首词的原文如下：

沁园春·长沙

独立寒秋，湘江北去，橘子洲头。看万山红遍，层林尽染；漫江碧透，百舸争流。鹰击长空，鱼翔浅底，万类霜天竞自由。怅寥廓，问苍茫大地，谁主沉浮？

携来百侣曾游，忆往昔峥嵘岁月稠。恰同学少年，风华正茂；书生意气，挥斥方遒。指点江山，激扬文字，粪土当年万户侯。曾记否，到中流击水，浪遏飞舟！

这首词，主要描写的是深秋季节湘江一带的美景和毛主席对自己在长沙所度过的美好青春的回忆，当中还隐隐包含着他对未来的展望。1925年的深秋时节，32岁的毛泽东离开故乡韶山，准备去往广州主持农民运动讲习所，此行途经长沙，这座城市，可以说承载着他整个青年时期的记忆了！当他再一次登上熟悉的橘子洲头时，面对着滔滔北去的湘江和湘江两岸秀美却也不失壮丽的景色，他心中顿时充满了各种各样的情感，于是立刻作词一首，直抒胸臆，记下这一刻他的所思所感。这首词，就是著名的《沁园春·长沙》。

词中提到的橘子洲头位于橘子洲的南端，而橘子洲则位于长沙市区对面的湘江江心，是湘江下游众多冲积沙洲之一，也是世界上最大的内陆洲。站在橘子洲头，人们就能将湘江两岸的风景一览而尽，据说，毛主席也是站在这里写下这首杰作的。

因为在1925年秋，湖南省长赵恒惕再次通缉毛泽东，于是他离开长沙去了广州，所以可以推断，这首词，大概是他正要离开长沙时所作的。

另外，毛主席对长沙，尤其是橘子洲一带的景色，可以说有着特殊的感情。建国后，他回湖南视察时，曾经七次特意到橘子洲附近的湘江水域游泳。1959年6月24日，他从武汉来湖南视察，刚到长沙就直奔猴子石，跳下水足足游了一个多小时的泳以后才从今日的揽岳亭处登上橘子洲。在橘子洲上，他也四处视察民情，对橘子洲上居民的生活十分关心。1974年，81岁高龄的毛泽东最后一次回湖南，在10月15日的清晨，他特意坐车来到橘子洲头。当年的12月，他又提出要去湘江游泳，但因为水温太低，最后便只好作罢了。

你知道湘江之畔著名的"朱张渡"吗？

朱张渡，位于湖南省长沙市，为湘江边的古渡口之一，位于原六铺街江畔、白沙路路口。渡口在湘江两岸各有一牌坊，东岸为"文津"，西岸为"道岸"。朱张渡名称的由来是为了纪念宋代两位理学大师朱熹、张栻，他们在"朱张会讲"时经常在此渡口乘船，因此这里也被称作"朱张渡"。湘江长沙段的码头，前前后后有近百个之多，但最著名的，估计就要数朱张渡了。

朱熹其人，是南宋著名的理学家、思想家、哲学家、教育家、诗人、闽学派的代表人物，世称朱子，是孔子、孟子以来最杰出的弘扬儒学的大师。而张栻，则是南宋中兴名相张浚之子，同样也是著名理学家和教育家，是湖湘学派集大成者。他与朱熹、吕祖谦三人被人并称为"东南三贤"，官至右文殿修撰，著有《南轩集》。

南宋乾道三年（1167年），这两位大家聚头了，朱熹从福建崇安专程来潭州造访张栻，著名的"朱张会讲"由此展开，持续了差不多两个月。他们二人对理学中的一系列问题，比如"中和""太极"等进行讨论，除了张栻，朱熹还和湖湘学派的著名学者彪居正、刘芮、吴翌、陈明促、吴猎，继承胡氏家学者胡实、胡大原、胡大本、胡大时，受湖湘学派影响者王师愈、张孝祥等讨论了许多问题。而他们讨论的地点，不是在岳麓书院，就是在城南书院。这两个书院之间正好隔着湘江，因此，他们二人常常乘船来往于湘江的两岸，在如今的"朱张渡"渡口上岸，渡口也因此而得名。朱熹后来这样描写这次重要的思想碰撞："偶泛长沙者，振衣湘山岑。烟云渺变化，宇宙穷高深。怀古壮士志，忧时君子心。寄言尘中客，莽苍谁能寻。"

相传，朱、张二人曾将东岸取名为"文津"，将西岸取名为"道岸"，由于当时十分重儒学，政府对这些儒学大家十分敬重，长沙太守刘玑得知朱熹要来长沙，还特意在岸边建了船斋供他们休息，后来他们二人还以船斋为题作诗打趣。1194年，此时张栻已经去世，朱熹来到湖南，任湖南安抚史，他依然在此渡口往来于岳麓书院与办公地点，结束了一天的公务后，他就乘船来到岳麓书院传道授业，他的学生最多的时候达千人，因此渡口也变得十分繁华。在长沙，一般渡口的渡船上尽管有舵工，但必须由乘船人自己划桨，而朱张渡的渡船则给予了岳麓书院的学子特殊待遇，渡船的船工会负责把乘客送到目的地，体现出当时人们对读书人的敬重和优待。

朱张渡，千百年来一直是岳麓书院学子往返于湘江的主要渡口。清嘉庆十七年，学政汤甫捐建朱张渡亭于水陆洲，由岳麓书院山长袁名曜作记。咸丰十一年，学政胡瑞澜重修渡口。

古人曾作诗描写湘江之畔的这个渡口："二贤讲学当年事，古渡犹教胜迹传。两水平分帆影外，一亭孤峙渚花天。洲中细雨闻芳若，山里云深掩杜鹃。漫说文津和道岸，迄今遗绪几人肩。"伟大的毛主席曾经

朱张渡

也为朱张渡作过一首《五律·朱张渡》："共泛朱张渡，层冰涨橘汀。鸟啼枫径寂，木落翠微冥。攀险呼俦侣，盘空识健翎。赫曦联韵在，千载德犹馨。"朱张渡的美名，可谓流传千古，盛久不衰了。

你知道长沙千龙湖的神奇传说吗？

长沙千龙湖生态旅游度假区，位于长沙市望城区格塘乡，距市区约30公里。景区西北是绵延起伏的低矮丘岗，周围是一望无际的农田。景区内设有星座岛、薰衣草园、婚纱摄影基地、千龙八景等景点，是长沙著名的风景区。关于千龙湖的来历，还有着一个颇为神奇的传说呢！

相传在宁乡沩山建密印寺时，总是找不到合适的木材，密印寺的主持静圆法师一日夜里梦见文殊菩萨让他去后山挖井取木，遂带着弟子去后山一探究竟，果然，他们在后山发现一块发光的石头，在石头处挖出了一口井，井中还有许多合适的木材。他们拿这些木材建成了密印寺，而最后一块木头则被静圆法师做成了禅杖，而这口井，也被称作了"神木井"。

老长沙记忆 带着文化游名城

长沙千龙湖

　　这口井被发掘后，本来沉睡在井中的沩水龙君就醒了过来，它到处乱晃，给沿途百姓带来了洪灾，最后他被湘水龙君制服，每年春、夏、秋三季为两岸耕种提供水源，冬季则深居在菟子潭底的龙宫内。

　　此时，静圆法师来到民间化斋，有一天他碰到一个女子坐在家门前哭泣，便上前关心，从女子口中他得知，女子的娘家格塘一带常年闹旱灾，民不聊生，因此她心系家人，终日伤心。静圆法师便启程去往格塘，到了格塘附近，他的禅杖却插在土地里怎么也拔不出来了。他用尽九牛二虎之力也没能把禅杖拔出来，只能不甘地离去，口中哀叹道："此间流水碧，彼处土山红，落地生根者，贫僧力不从。"

　　沩水龙君听到了静圆法师的叹息，就变成一位老者上岸与之交谈。沩水龙君听了法师的经历后，也决定去格塘一带一探究竟，他来到格塘，看到有一处闪烁着佛光，心想那必定是法师禅杖遗落之地，正想前去，没想到突然跌了一跤，倒地不起。

　　此时，附近的放牛娃谭三牛发现了地上的老者，他赶紧把老者带回了家，一家人都尽心尽力地照顾老者，替他治病。

　　沩水龙君伤好之后，决定报答格塘这一方村民，他冒着被湘水龙君惩罚的危险，偷偷挖了一条水道至格塘，并且引水过去。

　　这时，谭三牛和他的几个玩伴正在玩游戏，在游戏间他的一位小伙伴正巧把静圆法师埋在土里的那截禅杖拔了出来，顿时，禅杖碎成了两截，而且，从地底下冒出了一股又一股甘甜的水来。谭三牛和小伙伴们喝了这水，顿感全身舒畅，更令人难以置信的是，他那些瘸腿的、哑巴的、智力有问题的玩伴喝了水后竟然病全都好了。

沩水龙君的太子此时正在上空盘旋，他恰好碰见了在天上巡行的一群龙，为首的洞庭龙王听沩水龙太子讲完事情的来龙去脉，认为这是一处风水宝地，便率群龙在此休憩。"千龙湖"的名称也因此而来。而水中有几条八须鲶鱼，本来是沩水龙太子的手下，但被如此大的阵仗给吓晕了，就没赶得及回去，后来暗道封闭了，它们也被永远地困在了这里，成为了格塘的特产。

后来，格塘一带自然是风调雨顺，百姓生活无忧了。而那两截禅杖，一截被谭三牛拿走，随手丢在自家屋后，后来竟然长成一棵大樟树，樟树的两边生出两根大枝，一枝呈龙头状，一枝呈佛头状。有一天谭三牛梦见盖天古佛和沩水龙君都对他说："居你家屋后的樟树多年矣！"他到屋后一看果真如此，于是便发动乡亲在千龙湖岸边建起了格塘寺用来供奉盖天古佛，还建了龙舟庙用来供奉沩水龙君。静圆法师圆寂的时候，那半截禅杖也随他入了土，后来，此地竟然也长出一棵大樟树来，可谓十分神奇了。

你知道长沙"月亮岛"名称的由来吗？

月亮岛位于长沙市西北部14公里处的湘江西岸，该岛南北长约4230米，东西宽约400米，总面积2500亩，地势平坦，略呈北高南低趋向，平均标高为海拔29.8～32.9米之间，环岛建有简易防洪大堤。东部是霞凝港、长沙北站，西部是月亮岛街道。月亮岛上有着美丽的自然风光，而且地广人稀，富有野趣，游客们来到月亮岛上，可以进行露营、烧烤等活动，甚至可以策马奔驰，更可以将湘江的美景一览无余。值得一提的是，G0401长沙绕城高速公路跨湘江大桥、石长铁路跨湘江大桥老桥和新桥，3座大桥从月亮岛中部打墩架梁约600米长而过，变成了月亮岛上

一处独特的风景线。

那么，月亮岛的美丽名称，又是从何而来的呢？

其实，在古代，这个岛原名遥埠洲，因为明代有许姓人家在此耕作，它又被叫作"许家洲"。后来，因为这座岛的形状就像一枚弯弯的月亮，因此逐渐地，就被人们称为"月亮岛"了，这美丽的名字，也和湘江一带的秀美风景十分相衬。岛上有村民1300多人，80年代以来开始筹建度假村，已初具规模，培育了铁树、罗汉松等园林观赏花木120多亩。著名的国家领导人王首道、薄一波曾分别为月亮岛题词："开发月亮岛，建成度假村""月亮岛乐园"。在月亮岛内，设有森林公园、游乐园、水上活动中心、高尔夫球场、商业中心、度假中心等景区。

月亮岛的独特风光还吸引了剧组前来取景。2013年，一部表现共产党正面抗日的电视连续剧《长沙保卫战》来到月亮岛取景，曾在岛上建立了一座"长沙古城"的布景，现已不存。

你知道兴马洲曾是楚王的御马之地吗？

兴马洲位于长沙市天心区暮云镇西南部，处于湘江中心，是江心岛，与湘潭昭山隔湘江相望，方圆3公里，长约4000米，洲最宽处约600米，最窄处约200米，古时又称作"南津洲""橘洲"，总面积280公顷，早在唐代，这里就已经被开发。岛上有着成片的绿荫，柔软的沙滩，清澈的溪流，环境十分优美。全长4519米的沪昆高铁湘江特大桥从兴马洲中部打12个大桥墩架梁约450米穿过，这不但提高了桥的稳定性和质量，更为兴马洲增添了一道亮丽的现代化风景线。

现在充满现代化气息的兴马洲，在古时候也是一块风水宝地，是传说中的楚王御马之地。相传，五代十国时期，楚王马殷曾在此放养御马，兴马洲因此得名。关于这兴马洲，还有一个神奇的传说哩！传说楚王马殷手下的一个宰相听信了别人的传言，认为自己的妻子趁自己不在家的时候和别人偷情，于是上朝的时候总是心不在焉，工作也不踏实，每天下了朝以后他就立刻快马加鞭地赶回去抓奸，但他回到家时妻子都好好地待在那里等着他回来。这个宰相疑心病很重,尽管如此他还是不相信,每天都要赶回去抓人,后来这件事情被楚王知道了,他就命令宰相把他每天骑的那匹马的尾巴砍去,扔到了湘江之中,这样这匹马就跑不动了。经过这件事,这个宰相就再也不敢急急忙忙赶着回家了。而那匹不幸被砍去了尾巴的马儿,则被养在了湘江之畔,它丢失了尾巴,甚是心痛,于是每天都在江边寻找着自己的尾巴,但直到死去都没有找到。最后它坠入湘江,就变成了今天的兴马洲。

值得一提的是,兴马洲上还有两座古庙,洲头为关圣殿,洲尾为狮王庙,据说建筑年代十分久远,体现了古代兴马洲居民的美好信仰。

你知道长沙的哪个湖被称为"飞来湖"吗?

桃子湖位于湖南省长沙市天马山景区的凤凰山与湘江之间,因为湖边有桃林而得名,自古以来,就是岳麓山风景区的一大名胜,早在宋代,就有关于桃子湖的诗篇记载,当时的洪觉范禅师曾为此湖题写了一首名为《湘西飞来湖》的诗:"精庐开横塘,清可照眉须。""飞来湖",是桃子湖的别称,在杭州的灵隐寺,有着一大名胜被称为"飞来峰",古人将长沙的桃子湖与之相比,称其为"飞来湖"。

桃子湖西倚凤凰山,东临湘江,南临天马山,因此,形成了"一湖连两山"的独特景观。

沿着湖边的石板路向凤凰山上走去,可依次到达"静思园""陌上花开""凤凰台"和"望麓台"几个景点。值得一提的是,凤凰山半山腰的凤凰台正对着桃子湖,在这里,人们可以居高临下,将桃子湖的美景尽收眼底。

在桃子湖沿岸,种植着垂柳、水杉、广玉兰、桂花树等

长沙桃子湖

数十种树木，植被丰富，环境优美。环湖修建了1000多米游道，由木栈道和亲水广场构成，而且，游客可从东、西、南、北四个方向进入绕行，从多个角度欣赏桃子湖的美景。

在桃子湖中央，还筑有椭圆形的小岛，桃子湖西南侧另有一水阁，它半搭建在湖面上，和湖山美景相映成趣。

另外，桃子湖一带不但风光优美，更加有着浓厚的文化氛围，这里高校林立，湖南大学与湖南师范大学两所国家重点大学就坐落在湖边。桃子湖，更是成为高校学子们学生生涯中难忘的回忆。

长沙的楚家湖是因为明朝的官员而得名的吗？

楚家湖位于长沙市开福区北部金霞经济技术开发区，长沙南北主干道芙蓉北路附近，离秀峰山和捞刀河很近，可谓依山傍水的好环境。据说，在明朝时，有一个姓楚的官员住在此地，楚家湖因此而得名。

楚家湖占地约600亩，为捞刀河流入湘江泄洪所用的内湖，湖内盛产鲢鱼、青鱼、黄花鱼等各类鱼类，自古以来，楚家湖畔就生活着捕鱼为生的当地渔民。

后来，随着长沙经济的不断发展，楚家湖一带变成了企业聚集之地，这一带的著名企业有捞刀河刀剪厂、长沙燃气实业公司、高岭建筑集团公司、顺天建筑公司等，楚家湖一带的经济可谓高速发展，人们更是在此建立起了楚家湖公园，不少游人都会选择来此逛逛，在青山绿水之间度过美好的时光。值得一提的是，因为这里盛产各种各样的鱼，因此许多钓鱼爱好者都会前来楚家湖公园垂钓。

另外，楚家湖周边还修建了堤亚纳湾高档别墅生活区，这里不但生态环境优美，交通也较为便利，成为了长沙人民成功生活的时尚新标准。

你知道长沙的哪个湖被誉为"湖南九寨、人间瑶池"吗？

石燕湖位于湖南省长沙市雨花区跳马镇，地处长沙、株洲、湘潭三市交会处，占地面积约10平方公里，为4A级旅游景区。

石燕湖的历史十分悠久，这里有着地质学上著名的三亿年前泥盆纪跳马涧系标准组石，还有跳马涧、关帝古泉、明吉简王墓、少奇先祖墓等历史人文景观。

石燕湖一带现已被建成了公园景区，景区除水面以外森林覆盖率达98%以上，经测定，空气中负氧离子含量每立方厘米达八万个以上，石燕湖的水面达近千亩，水深30余米，经测定，水中富含人体所需的铁、锌、钙等十多种微量元素，

长沙石燕湖

并达到国家一级水质标准，可直接作为饮用水源，因此，石燕湖得到了"人间瑶池，湖南九寨"的美誉，更被称为"都市人绿蓝色的梦幻""长株潭三市绿色中心公园"。

石燕湖是湖南省首家野生动物园、湖南百景、湖南省十大水体旅游景区、国内专业的拓展训练基地、群众赛龙舟基地——赛龙舟，是这里的一大特色。这里更是长沙市民最受欢迎的十佳旅游景区之一，是游客们来到长沙值得一去的特色景点。

你知道石燕湖景区有哪些著名的传说故事吗？

石燕湖景区风景秀丽、历史底蕴深厚，在青山绿水之间，蕴藏着一个又一个传说故事……

◎ 朱砂岛

相传，明朝的开国皇帝朱元璋征战来到长沙的石燕湖附近，突然得了重病，无法前行。正在这紧要关头，他遇到了隐居山中的一位仙人，仙人给了他一些朱砂让他服下，后来病竟然很快就痊愈了。后来，为了

纪念这个传说故事，人们就把这座岛屿命名为"朱砂岛"。

◎ 通天响鼓梯

"通天响鼓梯"指的是湖边山上的石阶，它自下而上共有三百多级。它之所以被称为"通天响鼓梯"，是因为当人们把脚踩到台阶上的时候，台阶就会发出咚咚的响声，就像战鼓的声音一样。相传，关羽征战长沙时，感动了山神，山神特意为他击鼓助威，因此，石阶上留下了战鼓的余音。从现代科学的角度上讲，因为这座山是石山，石缝之间多空隙，因此容易产生空气振荡，进而产生共鸣，形成了类似于战鼓声的声音。

◎ 五子登科树

据说在此地有一对夫妻，他们感情很好，十分恩爱，但只有一大遗憾：他们一直没有孩子。他们信奉佛教，于是常常去观音庙虔诚参拜，最终打动了观音菩萨，竟一下子赐予了一胞五子给他们。这五个孩子长大之后都十分优秀，金榜题名，事业有成，更让人惊奇的是，在当初夫妻俩参拜菩萨的地方，竟然长出一棵有五个枝桠的树，似乎象征着这五个出人头地的孩子。人们把这棵树奉为"神树"，并且取名为"五子登科树"。

后来人们经过这棵树的时候，都不免要参拜一番，许下自己的心愿，希望自己也能有像那对夫妻一样的福气，儿女能够成才。到了现代，人们又赋予"五子"新的寓意：车子、房子、票子、位子、儿子，代表了现代人的新追求。据说，在这里许愿是很灵验的。

◎ 跳马涧

据《长沙县地名志》记载，关羽战长沙时，与长沙太守麾下名将黄忠大战了两天两夜也没有分出胜负，忽然间，黄忠转身一箭射在关羽的盔缨上，关羽的马受了惊吓，开始狂奔起来，关羽一下子坐不稳，他的青龙偃月刀也在路上掉进了河里。他的战马驮着他跑了许久，来到石燕湖，但是这一带都是山路，后面又有追兵，关羽和他的马儿可谓跑得十分惊险。不巧的是，突然眼前出现了一条危险的深涧，正在这千钧一发的时机，赤兔马突然疾驰了起来，只见它双脚离地，飞跃了起来，一直飞过了那条深涧，化险为夷。后来，人们为了纪念关羽和救了他一命的赤兔马，就将此地命名为"跳马涧"。

你知道长沙也有一个"西湖"吗？

说到西湖，人们第一个想到的大多是美名远扬中外的杭州西湖，但其实在长沙，也有着一个风景秀丽的西湖。长沙西湖原名"咸嘉湖"，是湘江水系在长沙面积较大的湖泊之一，面积约2700余亩，后来慢慢地变成了岳麓渔场。其实它最早的时候叫作"韩家湖"，是因为明初洪武年间有一户韩姓人家在此置业而得名。民国初年，教育家胡文典在此创办咸嘉小学，韩家湖遂改称为"咸嘉湖"。

后来，咸嘉湖又被改名为"西湖"，这一带建立起了西湖公园，又名"西湖文化园"，属岳麓山风景名胜区的三级景区，规划总面积约130公顷，附近还有龙王港、王陵公园、石佳岭公园等景区，风景十分优美。

景区内的主要景点有龙王港风光带、龙王塔、竹影蝉鸣、艺术广场、热情沙滩、创意秀场、西湖渔港、七彩花田、生态湿地、牛形山森林氧吧等，在湖面中还生活着美丽可爱的野生白鹭，常常引得游人驻足观赏。

另外，这里既然被称作"西湖文化园"，自然有着它充满人文精神的一面。这里有着一条颇具特色的创意文化街。创意文化街位于西湖文化园西北侧的龙王港附近，创意街内的建筑，多为一层到两层，采用坡屋顶形式，清新淡雅。创业街的靠湖一侧设有游艇码头、水中栈道，街内有7万平方米的创意厅和上万平方米的秀广场，内设休闲、餐饮、购物、酒吧、电影院、书吧、剧院、创意办公室等场所，可谓集美景与休闲娱乐于一体的综合景点。

你知道长沙最大的湿地公园是哪一个吗？

长沙东湖湿地公园位于湘江西岸，毗邻雷锋北大道和湘江长沙综合枢纽坝址，是长沙最大的湿地公园。2013年初，东湖湿地公园的建设工程正式启动，2014年，公园开园。

在东湖湿地公园内，有着400多亩面积的湿地水域和500多亩的绿地，总面积达1000亩，全部按原生态理念进行打造。设计师在对公园进行地形塑造和总体设计时，采用了与自然和谐共处和非改造自然的方法，保留了原有的低山丘壑和洼地水面，保留了原汁原味的湿地水乡风貌。

值得一提的是，在东湖湿地公园内的水系，还是专家特意构建的活水体系，即院内的整个水系与湘江贯通，并且配套有两个换水设备，每两个月换一次水以保证水质及水体生态平衡。除此之外，园内还建有水秀、景观桥、2.4公里环湖游道、亲水平台等配套设施，因此，游客们来到这里，可以放松心情，跟大自然来一场亲密无间的"零距离约会"。

长沙的闻人掌故

  长沙，这片湘江之畔的富饶土地，千百年来，养育着一方儿女。不得不提的是，长沙城自古就人杰地灵，在这座城市中，曾走出了一代又一代的传奇人物，他们有的是流传千古的人民领袖，有的是称霸一方的枭雄，有的是满腹经纶的才子、才女……下面，就让我们穿越历史的长河，去了解长沙名人们背后的故事……

你知道为什么刘邦所封的七个异姓王中只有长沙王没被剪除吗？

秦朝末年，因皇帝昏庸残暴，苛捐杂税，使得民不聊生，因此，陈胜、吴广在绝境之下发动了中国历史上第一次农民大起义，当时的秦吏番阳令吴芮第一个响应，之后则成为项羽的部下。他在洞庭湖一带巡视时，结识了好友张良，在其劝导下，改拥刘邦。他率子侄及部将梅鋗进夺关中，为西汉王朝的建立立下了汗马功劳。项羽失败后，吴芮以吴王之后的身份，与韩信等人拥刘邦为帝，刘邦也下诏封吴芮为长沙王。

前202年，刘邦颁布诏书云："故衡山王吴芮，从百粤之兵，佐诸侯，诛暴秦，有大功；诸侯立以为王，项羽侵夺之地，谓之番君。其以芮为长沙王。"就这样，吴芮成为长沙王，以秦长沙郡立长沙国，将湘县改名为"临湘县"作为国都。至此，湖南历史上出现了第一个诸侯王国，长沙第一次成为王国都城，昔日"秦代郡治"发展为汉藩王都，长沙开始以"楚汉名城"显扬于世。

但遗憾的是，吴芮在长沙王这个位置上仅仅任职了五个月就去世了。不过好在这个王位属于世袭王位，吴芮去世后，他的儿子便继承了长沙王的宝座。吴氏长沙国一共传了五代，共46年，长沙王依次为文王芮、成王臣、哀王回、共王若、靖王著。因为靖王无后，吴氏长沙国最终被自然裁撤。

除了长沙王以外,西汉王朝建立后,刘邦在全国还封了其他六个异姓王,加起来一共是七个异姓王。出于种种政治目的,从前202年到前195年,刘邦通过各种手段各种借口铲除异姓王,先后剪除了韩信、英布等六个异姓王,但唯独长沙王是一个特例。刘邦不仅没有剪除长沙王,还说"长沙王忠,其定著令",对其大肆褒奖。

那么,你知道这其中的原因何在吗?究其原因,可以说主要有两点。第一,长沙的地理位置很特殊,是西汉王朝与南越的接壤之地,有着举足轻重的军事地位,因此刘邦不敢随便激怒长沙王。第二,长沙王对西汉王朝向来十分效忠,别无二心。前154年,吴王刘濞发动"七国之乱"反汉,各诸侯王纷纷响应,但长沙王并没有举兵。因此,刘邦对长沙王可谓相当重用,也给予了特殊的待遇,使其能够善始善终。

你知道著名的"医圣"张仲景的本职竟然是长沙太守吗?

相信许多人都听过张仲景的大名,甚至现在也有药店以他为名,他是东汉末年著名的医学家,是中医学史上主要著作《伤寒杂病论》的作者,确立了中医学上的辨症论治原则,因此被后人尊称为"医圣"。人们都知道他是著名的医学家,但有一个也许不为人知的事实却是,他的本职工作,竟然是长沙的太守。

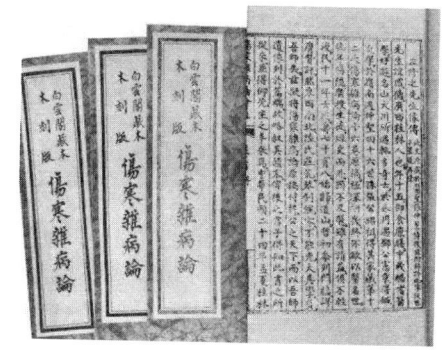

《伤寒杂病论》刻本

张仲景出生在一个官宦人家,他的父亲张宗汉在朝廷为官。从汉武帝时,朝廷开始实行举"孝廉""良才"的选官制度,"举孝廉",这是汉代发现和培养官吏预备人选的一种方法,因为这种制度旨在选拔注重孝道、廉洁且博学多才之人,所以选拔出来的人才也被称为"孝廉"。当时朝廷规定每二十万户中每年

要推举孝廉一人，赴朝为官。灵帝在位时（约168—188年），张仲景被州郡举为孝廉，进入官场。建安年间（196—219年），他被朝廷指派为长沙太守，掌管长沙郡的大小事务。长沙郡地域辽阔，包括了今天湖南省的大部分地区，因此，张仲景所做的这个长沙太守，差不多就相当于今天的湖南省省长一职，可以说是位高权重，扬名一时了。

但张仲景并不是一个贪慕权力的人，虽然他的本职工作可以说是长沙太守，但他仍然花费了许多时间在钻研医术和治病救人上。但是当时的社会等级森严，当官的并不能够太亲近百姓，更别说随时随地去为百姓看病了。张仲景就将每月的初一和十五这两天定为行医日，他就坐在衙门内为上门的百姓看病。这一惊人的决定很快得到了百姓的支持和拥戴，人们甚至不远万里地来到长沙特意找张仲景这位"不务正业"的太守看病。因为身份的关系，张仲景都是坐在大堂里为人治病，而不是像当时大部分医生一样在外行医，因此人们就把他称作"坐堂医生"。这个名字传开以后，人们为了纪念张仲景，就把所有坐在药铺里给人看病的医生，都统称为"坐堂医生"了。

张仲景十分醉心于学习中医，平日里四处求学，不断提高自己的医学水平，有一次，他听说襄阳城里同济堂有个绰号"王神仙"的名医，对治疗扭背疮很有经验，他就马不停蹄地远赴襄阳，想拜"王神仙"为师。

也正是因为张仲景有着如此认真、刻苦、执着的精神，对我国古代中医学的发展作出了巨大的贡献，而且他丝毫没有身处高位的架子，而是体察民情，仁心济世，因此，才成为了当之无愧的"医圣"。

你知道三国群雄之一的孙权本是长沙太守之子吗？

读过三国历史的人们一定都知道，三国时期，魏、蜀、吴三国鼎立，分为曹魏、蜀汉、东吴三个政权。220年，曹丕篡汉称帝，国号"魏"，史称曹魏，三国历史正式开始。次年刘备在成都延续汉朝，史称蜀汉。222年刘备在夷陵之战失败，孙权获得荆州大部。223年刘备去世，诸葛亮辅佐刘备之子刘禅与孙权重新联盟。229年孙权称帝，国号"吴"，史称东吴，至此三国正式成立。

而著名的"孙吴"国的首领孙权，本就身出名门，他的父亲孙坚，曾在东汉末年担任长沙太守一职。孙坚（155—191年），字文台，汉族，吴郡富春（今浙江杭州富阳）人，是春秋时期军事家孙武的后裔，是东汉末年将领、军阀，三国中吴国的奠基人。他曾参与讨伐黄巾军的战役以及讨伐董卓的战役，最后，不幸在与刘表作战时阵亡。因其官至破虏将军，故他又被人们称作"孙破虏"。孙权称帝后，追谥其父亲孙坚为武烈皇帝。

孙权的父亲孙坚和他的哥哥孙策，在东汉末年群雄割据的混乱局势之中，打下了江东基业。建安五年（200年），孙策遇刺身亡，孙权继承了他的地位，成为一方诸侯。建安十三年（208年），孙权与刘备建立孙刘联盟，并于赤壁之战中击败曹操，奠定了三国鼎立的基础。

黄武元年（222年），孙权被魏文帝曹丕封为吴王，建立吴国。黄龙元年（229年），孙权正式称帝。孙权称帝后，设置农官，实行屯田，设置郡县，并继续剿抚山越，促进了江南经济的发展。

太元元年（252年），孙权病逝，享年七十一岁。他在位二十四年，谥号大皇帝，庙号太祖，葬于蒋陵。是三国时代统治者中最长寿的。

你知道楷书四大家之一的欧阳询竟是叛贼之子吗？

欧阳询（557—641年），字信本，汉族，唐朝潭州临湘（今湖南长沙）人，唐朝著名书法家，官员，楷书四大家之一。欧阳询与同代的虞世南、褚遂良、薛稷并称初唐四大家，他又被称作"大欧"，与虞世南并称为"欧虞"。他所创造的书法字体，被称为"欧体"，代表作有《九成宫醴泉铭》《皇甫诞碑》《化度寺碑》《仲尼梦奠帖》《行书千字文》等。

欧阳询出生于名门望族，为南梁征南大将军欧阳頠之孙，南陈左卫将军欧阳纥之子。他的祖父欧阳頠曾经担任使持节、都督衡州诸军事、安南将军、征南大将军等要职。他的父亲欧阳纥20岁就随父从军，后子承父业，担任过都督交、广等十九州诸军事，以及广州刺史等职。

陈宣帝太建元年（569年），宣帝怀疑欧阳纥对朝廷不忠，怀有二心，因此，将其贬官为左卫将军。

欧阳纥被贬之后，心中愤恨不平，干脆就直接在广州起兵反叛，但是第二年春天他就兵败了，欧阳家被满门抄斩，只有欧阳询一人幸运地逃了出来，此时他年仅十三岁。两个月之后，皇太后驾崩，皇帝下令大赦天下，因此，欧阳询便结束了到处藏匿的日子，被父亲生前好友江总收养，来到了建康（今江苏南京）生活。

欧阳询其人，除了是著名的书法家之外，更是隋唐时期朝廷的重要官员。隋炀帝大业元年（605年），欧阳询任太常博士。唐高祖武德二年（619年），宇文化及自称天子，欧阳询作为朝臣被他掳持。唐高祖武德三年（620年），窦建德攻破聊城，欧阳询成为夏国的太常卿。唐高祖武德五年（622年），秦王李世民大破窦建德于虎牢，平定河北，因为欧阳询在隋朝时与高祖李渊有着深厚的交情，因此被李世民授予侍中一职。

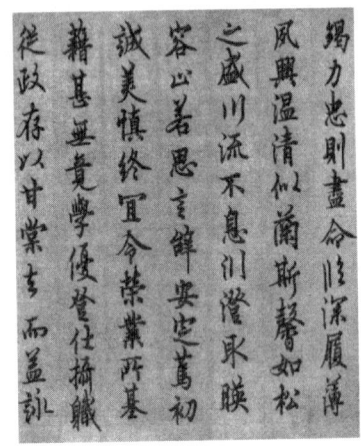

欧阳询行书《千字文》

由于他还曾担任过太子率更令一职，所以，人们也称他为"欧阳率更"。

你知道怀素芭蕉练字的故事吗？

怀素（737—799年，一说725—785年），字藏真，俗姓钱，长沙人（另一说零陵人），唐代书法家，以"狂草"名世，史称"草圣"，与张旭齐名，合称"颠张狂素"。同时，他也是唐代明僧，为玄奘三藏法师之门人。

怀素自幼喜爱佛学，不顾父母阻挠，10岁便出家为僧。进入佛门后，他改字藏真，史称"零陵僧"或"释长沙"。

怀素出家后，在诵经坐禅等佛事之余，还爱上了书法。但是他家中非常贫穷，身在佛门吃穿用度也都应该十分省俭，于是，他就找来一块木板和一个圆盘，在上面涂上白色的漆，就当作白纸用来练习写字。但是，这些东西都比较光滑，墨水不容易着色，写起字来十分费力，于是怀素又开动脑筋，在寺庙附近种植了一万多株芭蕉树。等到芭蕉树成熟后，他就摘下芭蕉树的叶子，当作练字的纸张，这可比木板和圆盘好用多了。怀素对于书法的热情可谓异于常人，甚至到了废寝忘食的地步，有时候他甚至会带上笔墨来到芭蕉林中，直接在新摘下的叶子上练字，不管是夏日的骄阳似火，还是冬日的寒风刺骨，都无法阻挡他去芭蕉林练字的脚步。这，就是著名的怀素芭蕉练字的故事。

而且，怀素因为长期练字，用坏的毛笔已经可以堆成一座小山了，他就把秃笔埋于山下，人称"笔冢"。

正因为怀素对书法的这一份狂热，才使得他的书法水平日益精进，后来自成一派，他的笔法被称作"狂草"，人们评价其作品"运笔迅速，如骤雨旋风，飞动圆转，随手万变，而法度具备"。他的作品对后世影响也很大，后来的许多书法大家都借鉴和发扬了他的笔法。怀素的传世作品，主要有《自叙》《苦笋》《论书帖》《东陵圣母帖》《千字文》《藏真》《律公》等。

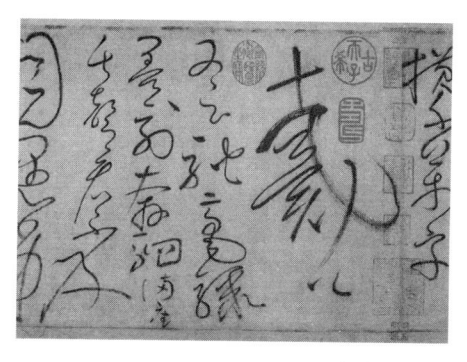

怀素草书作品

你知道长沙的传奇名妓谭意哥吗？

谭意哥，小字英奴，宋代人。据史料记载，谭意哥自幼丧父，八岁又丧母，孤苦无依的她被小工张文收养。一天，官妓丁婉卿路过她家，看到谭意哥样貌出众，就跟她的养父商量，希望能把她培养成为自己手下的官妓。不料，这件事被谭意哥知道了，她十分生气，宁可嫁与贫穷

人家也不愿堕入风尘之中。后来，在丁婉卿不懈努力下，谭意哥最后还是成为了一名官妓。

谭意哥是长沙的一代名妓，也是一位奇女子，虽然出身烟花柳巷却品格清高，且才貌双全，情深义重，虽然她不如"秦淮八艳"在历史上的名气大，但却称得上是可以和柳如是、李师师等人相提并论的一代佳人。她虽然出身青楼，但是非常自尊自爱，从来没有让人牵过她的手，除了一些年纪很大的长者以外。有许多年长的上流人士都爱慕谭意哥的才华和美貌，尤其是她那过人的文学水平，因此把她当作孙女一样敬重和疼爱。

谭意哥并不像普通的官妓那样只会一些弹琴唱歌之流的功夫，她有着过人的文学才华，这在提倡"女子无才便是德"的古代是非常难得的。相传一次长沙太守蒋田大宴宾客，也请来了谭意哥作陪，蒋田听说谭意哥很有才华，就特意给她出了道上联"冬瓜霜后频添粉"让她对出下联，谭意哥马上就牵着蒋田的红色官服以"木枣秋来也着绯"回敬，赢得在场人士的一致赞叹。

后来，刘相来长沙为官时，也听闻了谭意哥的事迹，他读了谭意哥写的诗词后大为赞赏，特允许她从良，自此摆脱了官妓身份。后来，她与张正字相恋，后来张正字到别的地方去做官了，谭意哥也怀上了他的孩子，但张正字的父母却不同意他们结婚，要让张正字娶孙氏为妻，张正字迫于压力只能答应。后来张正字的妻子孙氏死了，他就跨大岭至长沙，接谭回京。

谭意哥流传于世的诗词作品，主要有《极相思令》《长相思令》《寄张正字》等，大多都表达了对心上人的爱慕和相思之情，但也有着一股女性作家中难得的豪迈之情。

你知道长沙的抗元名将李芾吗？

南宋末年，政治腐败，民不聊生，而此时北方的蒙古部落却被统一了起来，成吉思汗和他的子孙们先后征服和攻灭畏兀儿、吐蕃、西夏和金国，最后就将目标朝向了南宋王朝。1258年，蒙古军正式发动了对南宋的全面进攻。他们一路南征，所到之处，激起了一场场悲壮的血战，虽然宋室的势力实际上已经难以抵抗蒙古势力，但各处的宋朝军民还是拼死相搏，为了保家卫国不惜抛头颅、洒热血，在史册上留下了诸多壮烈的英雄事迹。

当来到长江中游一带时，蒙古可汗亲自率兵攻打四川，并且派遣自己的弟弟忽必烈攻打鄂州，命元帅兀良哈台攻打广西、湖南，并相约在第二年的正月在潭州，也就是现在的长沙会军。

1259年，兀良哈台带领三千骑兵和西南蛮族军一万人从大理出发，最终来到湖南，连续攻占了辰、沅二州，一直来到潭州城下。湖南制置副使向士璧亲自率领潭州军民迎战，击退了蒙军的前锋。兀良哈台率领的蒙古军队一路所向披靡，可以说是战无不胜攻无不克，"转斗千里，未尝败北"，但在潭州他们却遇到了阻碍，两方对战了一个多月都没有分出胜负。但当时蒙古可汗蒙哥在打仗时受了重伤突然身亡，此时的忽必烈已经来到鄂州，他听说了可汗的死讯，想要谋取王位，就派遣兀良哈台暂时放弃潭州而北归。

后来，以忽必烈为首的势力果然夺取了王位，于1271年（元至元八年）正式定国号为元。1273年，元军攻下襄阳、樊城，势如破竹，次年鄂州投降，元大军直逼湖南。1275年3月，元军攻打岳州，岳州也归降了。4月，常德、鼎州、澧州相继被攻下，下一个目标就是潭州。在知潭州兼湖南安抚使李芾的带领下，潭州军民再次与蒙军势力展开了可歌可泣的斗争。

李芾曾在湖南多处做官，为人刚正不阿，勤政爱民，因此深得百姓爱戴，政绩斐然。但后来他得罪了权贵贾似道，被罢免。元军攻陷鄂州后，南宋掌权者重新起用李芾为荆湖提刑使，贾似道在芜湖战败后，李芾担任潭州知州兼荆湖南路安抚使。当时湖南战乱四起，时局十分动荡，宋朝军队节节溃败，有人劝李芾不要赴任，他却慷慨激昂地说："吾世受国恩，虽废弃中，犹思所以报者，今幸用我，我以家许国矣！"1275年7月，李芾携全家赴任，当时由于战况紧急，潭州守军早已调赴前线，潭州城里守卫力量十分薄弱。李芾紧急召集了城内军民约3000人，又找来了湘西的苗人外援，一面准备粮草器械，一面准备迎敌。

9月，元军到达潭州，围城数日，城中箭已射完，李芾就命人将废箭磨光，配上羽毛再用。存盐用完了，他就焚烧军库中的盐席，取灰熬制用来给军民食用。粮食吃完了，就拿麻雀、老鼠等充饥。他还亲自给将士送药，探望百姓，鼓舞军心。元军曾派人前来招降，李芾将其直接诛杀。

三个月后，援兵仍不至，眼看潭州城就要被元军攻占，李芾的参谋尹谷十分悲愤，竟携全家人自焚。李芾得知后被他的气节所折服，洒酒祭奠："务实真男子也，先我就义矣！"下定决心也要与潭州城共存亡。就在潭州将被元军占领之时，李芾命部下沈忠将他的全家老少一一杀死焚烧后，也与沈忠一家一起自杀。城中许多百姓不愿意落入元军之手，也纷纷效仿自杀，岳麓书院的几百位学生也大多自杀殉国。一时之间，潭州城内"多举家自尽，城无虚井，缆林木者，累累相比"。

李芾带领潭州军民奋勇抗元的事迹，成为流传后世令人钦佩不已的英雄典范。明成化年间，人们为了纪念李芾，在他以身殉国的熊湘阁修建了李忠节公祠。大学士李东阳还特此作诗称颂李芾的气节："马殷宫前江水流，定王台下暮云收。有井犹名贾太傅，无人不祭李潭洲。"

李忠节公祠

你知道为什么国民政府的重要官员黄兴会突然辞职吗？

黄兴（1874年10月25日至1916年10月31日），汉族，原名轸，改名兴，字克强，一字廑午，号庆午、竞武，曾用名李有庆、张守正、冈本、今村长藏,为湖南省长沙府善化县高塘乡(今长沙县黄兴镇凉塘)人。他是近代民主革命家,中华民国的创建者之一,孙中山先生的第一知交,与孙中山并称"孙黄"。

1915年12月,袁世凯于北京宣布接受帝制,为取得日本政府对复辟的支持,早在当年5月,袁世凯就与其签订了卖国的"二十一条"。得知这一消息后,国民党军内部掀起了巨大的波澜,南方将领唐继尧、蔡锷、李烈钧等在云南宣布独立,并且出兵讨袁。黄兴与蔡锷一起,推动了反对袁世凯的护国运动。

但是当时,以孙中山、黄兴为领导的国民党集团内部财政状况非常糟糕,孙中山之前承诺过能得到的许多国际援助事实上都没有落实到位,因此,反袁行动困难重重,黄兴也一直没有办法正面与袁世凯集团决裂。他麾下的国民党军外忧内困,情势可谓一片混乱,当时黄兴这样对革命党人耿毅说:"我何尝不想北伐扫荡虏廷,直捣黄龙。但附和革命者,不是盘踞地方,就是拥兵自卫,只求目前名利,不计将来祸患,有的甚至还与袁世凯暗通声气。黎元洪本非革命者,我若过于强制,他即与袁世凯单独媾和。大势如此,我何能独持异议。孙大总统初回国,尚不知其中内容,责我过于软弱,我只好忍受。"

此时,袁世凯任命黄兴为"南京留守",让他负责维持和整理南方的革命军队,但却没有给予相应的财政补助,因此,袁世凯的目的就是要把裁军这一棘手的难题丢给黄兴解决。但由于缺少应有的财政补助,黄兴甚至只能拖欠军饷,还要大规模裁员,军队中许多人都产生了不满情绪,赣军之中甚至还发生了兵变。尽管只是小规模的兵变且很快受到了镇压,但黄兴已经对这一"里外不是人"的职务感到十分疲倦,于是,在1912年5月13日,黄兴致电袁世凯请求撤销南京留守府,申请辞职。5月31日,江苏都督程德全答应接手南京留守府后,袁世凯才批准了黄兴的辞职。半个月后,黄兴发表解职通电、告将士书及解职布告,离开了南京,回到了家乡湖南。

1916年10月31日,黄兴病故于上海,1917年移柩长沙,同年4月15日,受民国元老尊以国葬于湖南长沙岳麓山。

你知道伟大领袖毛泽东与长沙的渊源吗？

建国以后，伟大领袖毛泽东曾40多次巡视湖南，几乎每次巡视时，他都要来到长沙走一走、看一看，因为，他曾在这里度过了自己的年少时光，也是从这里开始了他投身革命、波澜壮阔的一生，因此他对长沙有着深厚而特殊的感情。

在老师贺岚岗的推荐下，1911年，18岁的毛泽东第一次离开家乡韶山冲来到长沙，进入湘乡驻省城中学，也就是今天的湘乡一中就读。一个偶然的机会，青年毛泽东读到同盟会办的《民立报》，受其影响，撰文表示拥护孙中山及同盟会的纲领。10月，毛泽东响应辛亥革命，投笔从戎，在湖南新军当列兵，半年后退出。

1913年春季，毛泽东进入湖南省立第四师范学校预科读书。

1914年秋季，他被编入湖南省立第一师范学校本科第八班。在校期间，他受杨昌济等进步教师的影响，经常阅读《新青年》，对胡适、陈独秀等人感到十分崇敬。

1918年4月14日，他和进步人士萧子升、何叔衡、蔡和森等一起，发起成立新民学会。6月，他在湖南省立第一师范学校毕业。8月，他为组织湖南赴法勤工俭学运动第一次到北京。在北京期间，他担任北京大学图书馆管理员，得到李大钊等人帮助，开始接受俄国十月革命的思想影响。

1919年4月6日，他从上海回到长沙。5月，他响应五四运动，发起成立湖南学生联合会，领导湖南学生反帝爱国运动。7月14日，他主编的湖南学生联合会会刊《湘江评论》在长沙创刊。7月至8月，他连续撰写并发表《民众的大联合》长文。

1920年8月初，他和易礼容等在长沙发起成立文化书社，传播马克思主义和新文化思想。11月，他和何叔衡等组织长沙共产主义小组。

12月1日，他在长沙筹建社会主义青年团，并和恩师之女杨开慧结婚。

1921年1月1日至3日，他和何叔衡、彭璜、周世钊、熊瑾玎等十余人在长沙潮宗街文化书社召开新民学会会员新年大会。在会上，他提出新民学会应以"改造中国与世界"为共同目的，赞成用"俄式"方法改造中国。7月23日至8月初，他和何叔衡作为长沙共产主义小组的代表，出席在上海召开的中国共产党第一次全国代表大会。8月，回长沙，任中国劳动组合书记部湖南分部主任。与何叔衡创办湖南自修大学。10月10日，中共湖南支部建立，毛泽东担任书记一职。

1922年5月，中共湘区执行委员会成立，毛泽东任书记。9月至12月，他组织领导粤汉铁路工人、安源路矿工人、长沙泥木工人等一系列罢工运动，推动湖南工人运动迅速走向高潮。

1923年4月，他离开长沙到达上海，在中共中央工作。9月16日，遵照中共中央的决定并受国民党本部总务部副部长林伯渠的委托，他回到长沙，筹建湖南国民党组织。

1926年12月，他在长沙出席湖南全省第一次工人代表大会和第一次农民代表大会。

1927年1月4日至2月5日，他在湖南考察湘潭、湘乡、衡山、醴陵、长沙五县农民运动。3月，发表《湖南农民运动考察报告》。

1927年9月，他和卢德铭等人一同领导了秋收起义，之后离开湖南，从建立井冈山根据地开始，开启了他作为中国共产党杰出领导人伟大的一生，最终领导共产党人成功建立了新中国，成为一代传奇领袖。

你知道杨开慧同志和毛泽东主席之间有哪些轶事典故吗？

杨开慧同志，1901年出生于湖南长沙板仓（现长沙县开慧镇），她是著名的学者杨昌济之女，还是伟大领袖毛泽东的妻子。1920年冬，杨开慧和毛泽东结婚，1922年初加入中国共产党，成为毛泽东的助手。她跟毛泽东主席之间，流传下了许多动人的生活轶事和爱情故事……

◎ *"不做俗人之举"*

1920年冬天，杨开慧与毛泽东结婚之时，他们的婚礼十分独特，一不置办嫁妆，二不坐花轿，三不布置新房，四不开办酒席，也没有邀请亲朋好友，这在今天的中国也是十分难以见到的。他们的"结婚仪式"，就是杨开慧独自一人提着一个装着衣服的小箱子来到毛泽东当时所居住的第一师范教员宿舍，这就算是结婚了，体现了革命党人朴素、进步的思想。这独特的结婚仪式，用他们的话来讲，叫作"不做俗人之举"。

等到杨开慧搬来过了一段时间，他们才邀请为数不多的几位挚友前来，在外吃了一次饭，向朋友们宣布他们已经结为连理的好消息。这顿饭，仅仅花了6个大洋。

◎ 宁死不屈

1930年时，为了报复两次攻打长沙的共产党人，湖南军阀何健重金悬赏捉拿杨开慧同志。10月24日，杨开慧潜回板仓看望母亲和孩子，不幸行踪泄露被捕入狱，连同她的长子和保姆也一同被捕。伟大的革命家杨开慧同志面对国民党"铲共队"的种种威逼利诱、严刑拷打，她宁死不屈："你们要打就打，要杀就杀，要想从我的口里得到你们满意的东西，妄想！""砍头只像风吹过！死，只能吓胆小鬼，吓不住共产党人！"

杨开慧和两个儿子

得知杨开慧被捕的消息，中共地下党和杨开慧的亲属们四下奔走，与杨家交好的许多社会知名人士出面保释，何健迫于压力，只得退一步：只要杨开慧同意登报声明与毛泽东脱离夫妻关系，就可保释出狱。面对这样的机会，杨开慧毫不犹豫地拒绝了："我死不足惜，愿润之的事业早日成功！""要我与毛泽东脱离关系，除非海枯石烂！"

1930年11月14日，年仅29岁的杨开慧烈士带着满腔的革命热血和对丈夫深深的爱，在长沙的浏阳门外识字岭英勇就义。

毛泽东主席对于爱妻之死，感到十分痛心，直到解放后，他仍常常怀念她。1957年时，毛主席特意为杨开慧写了《蝶恋花·答李淑一》词一首，在词中，他称赞她为"骄杨"，并且表达了对爱妻的尊敬和怀念之情。

你知道徐特立同志节俭、朴素的美德吗？

徐特立，出生于1877年2月1日，湖南善化（今长沙县江背镇）人，又名徐立华，原名懋恂，字师陶，是中国近代著名的革命家和教育家。他1911年参加辛亥革命，1927年加入中国共产党，同年8月参加南昌起义。1931年11月，他当选为中华苏维埃共和国中央执行委员会委员；1934年，他以57岁高龄参加长征，被誉为"坚强的老战士"。新中国成立后，他曾任中央人民政府委员会委员。1968年11月28日在北京逝世，享年91岁。

徐特立同志在我国的教育事业上作出了巨大贡献，他曾担任过长沙周南女校的老师、长沙师范学校的校长，还兴办了长沙女子师范学校和湖南孤儿院，在革命期间创办了列宁小学、列宁师范等。伟大领袖毛泽东和田汉等名人，都曾是他的学生。

徐特立在长沙师范学校担任校长时，将自己的月薪与校内主任、庶务等同样定为20元，还经常省下钱来接济贫困学生。为了节省开支，他把自己的家人安置在乡下，回家需要步行往返足足80公里。

中华人民共和国国歌《义勇军进行曲》的词作者田汉也曾经是徐特立门下的学生，因为家境贫困，他买不起蚊帐，徐特立就亲自买了一顶蚊帐送给他。一次查夜时，他发现有学生因为烂脚而痛苦得睡不着，他身为校长，竟然亲自为学生洗脚上药，因此，他深得学生们的爱戴。

徐特立到法国留学后，积极支持学生组织反对中法反动派的活动。国内军阀政府为了笼络他，对他说可以给他一个"赴法考察"的身份，每年可以领取1000块大洋的薪水。但他丝毫没有被动摇，宁可在钢铁厂勤工俭学，并且主动给身体不好的同学做饭。

1937年抗战爆发后，徐特立以八路军驻湘代表身份从延安回到长沙，因为其在长沙十分有名，因此前来拜访他的人可谓络绎不绝。徐特立热情地向他们宣传党的政策，但出于简朴之风，他从不请人吃饭，他最"大手笔"的一次是会见法国记者，他请对方吃了一顿便饭，一共花了5块钱。

有一次，省主席张治中约谈徐特立，徐特立刚走到省政府门口就被当作是闲杂人等给拦住了。徐特立向门卫表示自己的身份，但由于他穿得十分朴素，无论如何门卫都难以置信，他吃了闭门羹，只好返回。后来张治中等不到他，才知道了这件事，他亲自前去请回了他，并且对他艰苦朴素的作风深表钦佩。

为了履行节俭之风，也为了培养好的生活习惯，徐特立终生不沾烟酒，每天也都只泡一杯茶，不换茶叶，衣服也只有一双皮鞋、一套呢制服，平时舍不得穿，只有重要场合才会穿上它们。

你知道最年轻的"十大大将"许光达将军吗？

许光达，湖南省长沙县东乡萝卜冲人，是我国著名的无产阶级革命家、军事家。1925年9月，他加入中国共产党。1926年，他进入黄埔军校第5期学习，在革命生涯之中，他曾担任过参谋长、师政委、师长，抗日军政大学训练部长、教育长、分校校长，中共中央革命军事委员会参谋部部长兼延安交通司令、防空司令和卫戍司令，八路军第120师独立第2旅旅长兼晋绥军区2军分区司令，晋绥军区第3纵队司令，西北野战军军长、第2兵

许光达将军

团司令员等职，参加了南征作战、马良坪战斗、绥远战役、高家堡战役、榆林战役、沙家店战役、延清战役、宜川战役、澄郃战役、荔北战役、扶郿战役、兰州战役等，为新中国的建立立下了汗马功劳。

新中国成立后,许光达历任装甲兵司令员、国防部副部长等军事要职。1955年,中国人民解放军首次实行军衔制,此次军衔等级设置是在中国传统军衔等级体系的基础上,参照了前苏联、朝鲜等国的军衔制而设定的,其中将官设置为四级,即大将、上将、中将、少将。1955年9月27日,中央军委授予粟裕、徐海东、黄克诚、陈赓、谭政、萧劲光、张云逸、罗瑞卿、王树声、许光达10人大将军衔,后被人们称之为"十大大将"。

在这"十大大将"里面,1908年出生的许光达同志是最为年轻的一个,尚不满47周岁,因此,他成了新中国最年轻的大将。

但是,在得知自己将要被授予这一殊荣之后,许光达不但没有欣喜万分,反而觉得很惭愧,他觉得自己是"十大大将"里最小的一个,资历最浅、功劳最小,并不够资格被评为大将,和前辈们平起平坐,于是,他多次向毛主席等人提出降衔。

但是毛主席、中央军委并没有批准许光达的申请,而是依据他的贡献,仍然授予了他大将军衔。而且,在1965年我国取消军衔制后,国家规定元帅是行政三级,大将是行政四级,上将是行政五级,许光达再次提出将自己降为行政五级的要求,这一次,他的恳求得到了同意。于是,许光达成为了新中国唯一一个行政五级的大将。

你知道著名的长沙人章士钊和他富有传奇色彩的后代们吗?

章士钊,湖南长沙人,1881年3月20日生,字行严,笔名黄中黄、烂柯山人、孤桐、青桐、秋桐等,为著名的高级民主人士、学者、作家、教育家和政治活动家。他的一生波澜壮阔,是清末上海《苏报》的主笔,曾经担任过北京大学教授、北京农业学校校长,以及北洋军阀政府的司法总长、教育总长、广东军政府秘书长、南北议和南方代表,建国后更曾担任中央文史研究馆副馆长、第二任馆长,第二、三届全国政协常委,以及第三届全国人大常委。

章士钊不但是一位著名的政治活动家,更是一位学贯中西、通古博今的大才子。他曾去过日、法、英、德等国家，对西方的哲学、政治学、法学及逻辑学均有很深的研究，翻译过康德、弗洛伊德和马克思的作品，还是唯一一个跟弗洛伊德通过信的中国人。而且，不仅章士钊本人在国内外声名显赫，且在他逐渐淡出历史之后，他的几位后代，也都经历了富有传奇色彩的人生。

章士钊一生曾有过三个妻子，他的第二个妻子奚翠珍，婚后收养一女，这个养女就是章含之女士。章含之可谓一位奇女子，她曾担任毛泽东的英文教师，也是中国著名外交家，更是著名外交家乔冠华的妻子。

1950年，章含之进入北京五一女中读书，毕业后考入北京外国语学院学习外语，毕业后留校任教。1962年12月26日，毛泽东70寿辰那天，章含之随父亲到中南海参加毛主席的家宴。席间，毛主席对几位小辈格外关心，当听说章含之是外国语学院外语专业的老师后，毛主席主动邀请她担任自己的英文老师。本来章含之还以为毛主席只是开个玩笑，没想到后来她真的被邀请到了主席家中，负责教授他的英文，持续了半年。

在与新中国的著名外交家乔冠华结婚之前，章含之曾经有过一段失败的婚姻。她15岁的时候邂逅了北京大学的高材生洪君彦，相恋8年后结婚，生下了女儿洪晃，后因种种原因离婚。后来，她和比她年长足足22岁的乔冠华相恋，最终走入了婚姻的殿堂。

而章含之的女儿洪晃，章士钊的外孙女，则成为了当代作家，现任《iLook》出版人，她曾为《三联生活周刊》杂志撰写专栏，同时也是中国互动媒体集团的首席执行官。她曾出版自传《我的非正常生活》和杂文集《无目的美好生活》《廉价哲学》，是一位响当当的名人。她本来名叫"洪冕"，这个名字是外公章士钊亲自给她取的，但由于上户口时不小心打错了字，当时又很难改，就将错就错变成了"洪晃"。她是新中国成立后外交部派出的第一批赴美小留学生，年仅12岁就出国留学，大学时又在美国著名的华瑟学院攻读国际政治专业。1980年，她和著名的电影导演陈凯歌相恋，后来又因种种原因与之离婚。在与陈凯歌结婚之前，洪晃也曾有过一次婚姻,她的第一任丈夫是美国的一位律师。后来,她又第三次结婚,与在法国驻上海领事馆任职的一位法国人走到了一起,但最后这段感情也结束了。她的人生,也如同她的母亲和外祖父一样,充满了传奇的色彩。

你知道田汉的《义勇军进行曲》是怎样写成的吗?

田汉(1898年3月12日至1968年12月10日),湖南省长沙人。他是我国近代著名剧作家、戏曲作家、电影编剧、小说家、词作家、诗人、文艺批评家、文艺活动家,中国现代戏剧三大奠基人之一。他作词的歌曲《万里长城》的第一段,后来成为中华人民共和国国歌《义勇军进行曲》的歌词。"文革"期间,田汉遭到迫害,1968年不幸死于狱中。

田汉的身世悲惨,1898年3月12日,他出生于湖南省长沙县东乡茅坪田家塅一户贫农家庭,6岁时,他的父亲就不幸去世了,他的母亲只好独自抚养3个孩子。但田汉又是幸运的,他的一生中一直都有贵人相助,他的舅父易梅臣早年追随孙中山先生,是一位民主革命家,他能完成学业,靠的就是舅父的资助。1912年2月,田汉考入长沙师范学校,校长徐特立十分器重他,亲自为他买了蚊帐,还帮他买了许多书。1916年,田汉考入日本东京高等师范学校,1919年,他在东京加入李大钊等组织的少年中国学会,开始发表诗歌和评论。

1922年,田汉回国,他曾在多地任教,教书之余先后创办了《南国》半月刊、南国电影剧社、南国艺术学院、南国社,推进新戏剧运动,多次到南京、杭州、广州等地演出。

1932年4月,田汉在中共上海中央局文委的批准下,正式加入中国共产党。

1934年底,田汉开始创作电影——《风云儿女》,因为剧中有引用辛白华创作的长诗《万里长城》,田汉决定创作一首以长城为背景的电影主题歌。但天有不测风云,田汉写完《风云儿女》梗概后,便因文委遭到破坏而入狱。

此时，田汉的好朋友，也是工作上的好搭档聂耳听说了田汉入狱的消息，心急如焚。同时，也听说了他所创作的电影主题曲尚未谱曲一事，于是马上找到电影的相关负责人说："听说田先生写的《风云儿女》有一首主题歌《义勇军进行曲》，请交给我作曲吧。"自从1931年，田汉与聂耳在"明月歌舞剧社"相识后，他俩就成为了一对绝佳的拍档，他们共同创作了许多优秀的音乐作品，而且，后来经人们整理发现，田汉是为聂耳所作歌曲填词最多的一位词人。后来，《义勇军进行曲》就这样问世了。

1935年7月，田汉终于出狱，电影《风云儿女》也上映了。但此时，一个晴天霹雳却击中了他——1935年7月17日，年仅23岁的聂耳在日本藤泽市游泳时不幸溺水身亡。因此，《义勇军进行曲》也变成了两人最后的合作。

1949年9月27日，中国人民政治协商会议第一届全体会议就国歌一致通过了决议案，以《义勇军进行曲》为中华人民共和国的代国歌。

2004年3月14日，第十届全国人民代表大会第二次会议通过宪法修正案，规定"中华人民共和国国歌为《义勇军进行曲》"。

你知道金岳霖"与鸡同食"的趣事吗？

金岳霖（1895年7月14日至1984年10月19日），男，字龙荪，祖籍浙江省绍兴市诸暨县，出生于湖南长沙。1955年后，他任中国科学院哲学研究所一级研究员、副所长、哲学社会科学部学部委员，从事哲学和逻辑学的教学、研究和组织领导工作。他是我国哲学研究史上极为重要的人物，他把西方哲学与中国哲学相结合，建立了独特的哲学体系，著有《论道》《逻辑》和《知识论》三本著作，其中《知识论》更在中国哲学史上首次构建了完整的知识论体系。

但这位哲学大师，在生活上，可谓一个"怪人"，他有着特殊的兴趣爱好，其中之一就是养鸡。金岳霖酷爱养鸡。他对鸡，有一种近乎疯狂的痴迷。他第一次养的鸡是从北京庙会上买来的一对黑狼山鸡，公母各一只。在他的精心照料下，这两只鸡都长得又肥又壮，足足有九斤多。后来，寒冬将至，金岳霖十分担心两只鸡的安危，生怕它们会冻死，他在书上看到一种偏方说是喂鸡吃鱼肝油就能增强鸡的御寒能力，所以他便照做，结果没想到却把鸡给喂死了。

这两只鸡死后，他又养了一只云南斗鸡。令旁人哭笑不得的是，这只鸡会把脖子伸到桌子上，跟金岳霖一起吃饭。但金岳霖丝毫不在乎，就把鸡当成自己的朋友一般，与它同桌对食。而且，他还经常会去"遛鸡"，也就是牵着鸡在大马路上散步，常常引起众人的好奇围观。

金岳霖虽然一大把年纪了，但他却有着一颗童心。他养了鸡后，常常把鸡带去和附近孩子们家的鸡比赛斗鸡，他买了很多水果，如果自己的鸡输了，他就把水果送给那家的孩子，因此，他也成了"孩子王"。

为了给他的宝贝鸡改善伙食，金岳霖还专门养了很多蛐蛐，用来给鸡加餐。他对鸡，就像对待自己的孩子一样关心和热心。这就是著名哲学家金岳霖和鸡结下不解之缘的趣事了。

你知道雷锋"螺丝钉精神"的出处吗？

雷锋（1940—1962年），是一名伟大的共产主义战士。他是湖南省长沙县（今望城县）人，原名雷正兴。他1954年加入中国少年先锋队，1960年参加中国人民解放军，同年11月加入中国共产党。1961年5月，雷锋作为全团候选人，被选为辽宁省抚顺市第四届人民代表大会代表。1962年2月19日，雷锋以特邀代表身份，出席沈阳军区首届共产主义青年团代表会议，并被选为主席团成员在大会上发言。1962年8月15日，雷锋因公殉职，年仅22岁。

他于1940年12月18日出生在长沙县望岳乡一个贫苦农民家庭。他的身世非常悲惨，在7岁那年就成了孤儿，因此，他不得不一个人出外谋生。在一次帮地主干活的过程中，他被凶恶的地主婆砍伤，在手上留下了伤痕，因此，他也十分憎恨旧社会的黑暗。1949年8月长

沙解放,共产党为年幼的雷锋带来了曙光,1950年夏,他得到了免费上学的机会,先后在东山庙小学、清水塘完小、荷叶坝完小读完高小。为了报答党的恩情,他希望能够早日参加工作,因此放弃了去县城读中学的机会,被安排到乡政府当通讯员。下班之后,他还去扫盲夜校担任教员。后来,他被推荐到县委当通讯员和公务员。1957年4月,雷锋加入了共青团。

1957年冬,望城县开展水利建设运动,雷锋被调到治沩工程指挥部当通讯员。他积极工作在一线,并且省吃俭用把自己的钱捐献给工程部门,还在工地板报上宣传"一滴水、一线阳光、一颗粮食、一颗螺丝钉"的工作精神。

而雷锋所提倡的著名的"螺丝钉精神"的出处又是哪里呢?相传,在雷锋年轻的时候,有一次他和望城县的张书记一起走在当地的山路上,突然,他们发现地上有一颗螺丝钉,也不知道是谁掉在那里的。雷锋当时就把螺丝钉踢到了一边,但张书记却走过去捡起了螺丝钉,擦干净后交给雷锋,并且对他说:"留着,会有用处的。"

这件事,给雷锋留下了深刻的印象,他反复咀嚼着张书记的这段话,从中提炼出了"螺丝钉精神",并且在日记中一再记录他对"螺丝钉精神"的理解。1960年1月12日,雷锋在日记中写道:"虽然是细小的螺丝钉,是个细微的小齿轮,然而如果缺了它,那整个的机器就无法运转了,慢说是缺了它,即使是一枚小螺丝钉没拧紧,一个小齿轮略有破损,也要使机器的运转发生故障的。""尽管如此,但是再好的螺丝钉,再精密的齿轮,它若离开了机器这个整体,也不免要当作废料,扔到废铁料仓库里去的。"1962年4月7日,雷锋再次在日记中表达了关于"螺丝钉"的感悟:"一个人的作用对于革命事业来说,就如一架机器上的一颗螺丝钉。机器由于有许许多多螺丝钉的连结和固定,才成了一个坚实的整体,才能运转自如,发挥它巨大的工作能力,螺丝钉虽小,其作用是不可估量的,我愿永远做一个螺丝钉。螺丝钉要经常保养和清洗才不会生锈。人的思想也是这样,要经常检查才不会出毛病。"

你知道建国后，长沙出过哪些政治名人吗？

长沙自古出英杰，整个湖南省也都是人杰地灵，在近代中国的历史之中，以毛主席为首的湖南人，在政治的舞台上表现出了卓越的才华，作出了非凡的贡献。那么，你知道建国以后，以下这些政治名人，都是长沙人吗？

刘少奇（1898—1969年），长沙宁乡人，中国共产党和中华人民共和国主要领导人之一，杰出的无产阶级革命家、政治家和理论家。他1918年毕业于长沙育才中学。1920年在长沙加入中国社会主义青年团。1921年在苏联莫斯科东方大学学习时转入中国共产党。1925年，他当选为中华全国总工会副委员长。中华人民共和国成立后，他曾任中华人民共和国主席等职，可谓位高权重。

胡耀邦（1915—1989年），长沙浏阳人，无产阶级革命家，中国共产党主要领导人之一。他于秋收起义时参加革命，1933年加入中国共产党。参加长征后，任中央军委政治部组织部部长等职。中华人民共和国成立后任共青团中央第一书记等职。1975年后任中央党校副校长、中央组织部部长、中央秘书长兼宣传部长等职，组织与推动关于真理标准问题的讨论，大力平反冤假错案，落实干部政策，推动改革开放。为十二届中央政治局委员、常委、总书记。

朱镕基（1928至今），长沙人，初中就读于长沙广益中学，高中就读于省立长沙一中。1951年大学毕业后，长期在国家计委工作。1983年，他被任命为国家经委副主任兼国家经委党组成员。1987年后，历任上海市委副书记、上海市市长、市委书记、国务院副总理、国务院总理等职，也是中共十四、十五届政治局委员、常委。

徐特立（1877—1968年），长沙人，无产阶级革命家、教育家。他于1912年创立长沙师范学校，是毛泽东的老师。1927年，他加入中国共产党，同年参加八一南昌起义，随后在中央革命根据地任教育部长。1934年参加长征，后在延安从事教育宣传工作。中华人民共和国成立后，他被任命为中央人民政府委员，当选为全国人民代表大会常务委员会委员，

为中国共产党第七届、八届中央委员。

另外,长沙还诞生了李富春、谢觉哉、王首道、王震、彭珮云、李铁映、李维汉、萧劲光、许光达、甘泗淇、宋任穷等政治名人,他们都是中国共产党内的重要领导人,为革命事业和新中国各方面的发展立下了汗马功劳。

长沙的民俗特色

人们常说,旅行不但是为了能够饱览美景、增长知识,更是为了去了解和欣赏不同的生活习惯、生活方式,开阔自己的眼界,增添对这个世界的理解。一方水土养育着一方人民,更在漫长的岁月里造就了独具一格的风土人情、民俗特色。民俗特色可谓一个城市文化符号之中的精髓,下面,就让我们一起来了解长沙这座千年古城的民俗特色,和其中包含的传统文化吧!

你知道长沙有哪"八大怪"吗?

长沙的"八大怪",指的是由于地理环境、历史人文等因素,在长沙流传下来的八种独特的民俗习惯,因为它们是潇湘一带特有的文化传统,与别的地方不一样,因此被称为"怪",人们还将这八大怪编成了顺口溜。那么,这"八大怪",究竟是哪些呢?

"三个辣椒一盘菜"。湖南人喜欢吃辣椒是全国甚至全世界闻名的,他们甚至可以直接把辣椒当成一盘菜来吃,他们把辣椒油煎、火烧,或者用香油拌着吃,造就了"爆辣椒""油淋辣椒"等著名的菜肴。

"一桌麻将众人转"。麻将是中国人喜欢的娱乐活动,在不同的地方有着不同的麻将打法,如四川麻将、杭州麻将、台湾麻将等等,而在长沙,又有着一种独特的麻将打法:转转麻将。这"转转麻将"是怎么个打法呢?就是一桌麻将不止四个人打,而是有超过四个人打,一般是七八个人,多的时候会有十多个人一起打。哪一个人和了牌,下一轮他(她)的位置就让场下的一个人顶上。这种打法十分热闹、有趣,因此在长沙广为流传,甚至吸引了很多外地来的朋友加入其中。

"面条过水就能卖"。长沙有着一种特色面条,为了追求面条的劲道口感,厨师只会在水里将面条稍稍氽烫一下,再马上放入凉水之中,最后再把它们捞出来,浇上浇头,味道十分不错。

"槟榔满街当菜卖"。长沙地区，乃至整个湖南地区都有吃槟榔的习惯，槟榔是人们茶余饭后最喜爱的零嘴之一。据说槟榔原来是中药材，后来有人无意中把它放到嘴里嚼，才发现它的味道美味至极，后来就流传开来，变成了家喻户晓的食物。

"长沙米粉人人爱"。长沙米粉以切粉为主，正宗的长沙米粉的汤是大骨熬制而成的，清淡可口，富有营养。

"豆腐越臭越好卖"。长沙臭干子，也就是我们俗称的臭豆腐，是长沙传统的小吃。长沙的臭干子是黑的，外焦里嫩，再加上辣椒等佐料，鲜香扑鼻。

长沙臭豆腐

"说起话来像老外"。这句话的意思是长沙方言里俚语、歇后语、俗语、特有的典故比较多，极富地方特色，外地人难以听懂。

"电视节目火，明星来得快"。大家都知道，在中国，人气最旺的地方电视频道之一就是位于长沙市的湖南电视台了。湖南台曾诞生了《超级女声》《超级男声》《快乐大本营》《天天向上》等一系列红遍大江南北的电视节目，也正是因为湖南台声名远播，因此，许多当红艺人都会经常来到长沙录制节目。

在长沙的饭店里，第六个菜不能上鱼是真的吗？

曾经有一则新闻报道讲述了这样一起发生在长沙饭店的纠纷：一桌客人因为酒店给他们上的第六个菜是鱼而发了很大的火，拒绝买单，最后闹到了派出所去。那么，在长沙的饭店里，第六个菜真的不能上鱼吗？

原来，在老长沙的餐桌礼仪上，第一道、第六道和最后一道菜是不

能上鱼的，否则是犯了长沙人的忌讳。因为在以前，人们的经济条件都不太好，宴请宾客的时候，能拿出的也就五、六碗菜，主人在第六碗上鱼，有着"鱼到酒止"的说法，提醒大家不要继续吃下去了。

宴席的上菜顺序也颇有讲究，上菜应该先上主菜、大菜，再上小菜和糕点。

至于其他的餐桌礼仪，也有蛮多讲究。比如说，在上整鸡、整鸭之类的菜的时候，头部不能对着客人。还有，第一个菜和最后一个菜不可以上蛋，连蛋汤都不可以，因为在老长沙的传统里，蛋有完蛋、滚蛋的意思，有一种逐客的感觉。还有一条是，如果只有两个人用餐的时候，不能点五个菜。在长沙的旧传说里，有个财主曾经请乞丐吃饭，一共吃了五个菜。所以，点五个菜在老长沙有招待乞丐的意思，不宜这样做。

长沙农家的猪栏墙上都要写上"姜太公在此"，还要印上石灰五爪印吗？

在长沙的农村里，养猪是农户们的一大收入来源，猪肉也可以自家吃，为平淡的家常菜肴添上一点油水。自东汉起，长沙人养猪由放养改为圈养，即在偏屋（或称杂屋）内建造猪栏、猪楼供猪居住。猪栏、猪楼有"上楼子""下楼子"之分，外装栅栏，下安石槽。猪食叫作潲，使用青饲料加碎米细糠煮熟后制作而成的，而母猪、仔猪、架子猪的潲内通常还要加上米饭、豆渣、麸子、酒糟等精饲料，增加营养。有一句农业谚语是这样说的："喂猪没巧，栏干潲饱"。

神奇的是，在长沙农家猪栏墙上，常常能看到"姜太公在此"的字眼，旁边还印有石灰五爪掌。这又是什么独特的民间风俗呢？据说，这一民俗来自民间传说。相传姜子牙在岐山筑台封神时，他的妻子马氏整天无理取闹，缠着他给自己也封一个神，气得姜太公直跳脚，骂她瘟神，结果马氏求封心切，居然把骂人的话信以为神，一溜烟就跑了，后来真的变成了祸害牲畜，将瘟疫带给这些牲口的瘟神。但是，据说马氏最害怕的,就是姜子牙的五雷掌。因此,民间为了驱赶瘟神,保佑牲口平平安安健健康康长大,就会在猪栏墙上写上"姜太公在此"的话语,还附上形似姜太公五雷掌掌印的痕迹,以此吓退瘟神马氏。

你知道长沙人为什么把吃饭叫作"吃茶饭"吗?

在老长沙,人们说吃饭,常常会说成"吃茶饭",尤其是做客的时候,主人家常常会问"有几个人吃茶饭"?这是因为,长沙人的饮食习惯,离不开一个"茶"字,在长沙,有着独特的"茶"文化。

每逢年节吉日,家家户户串门走亲访友,长沙的主妇都会做上一种叫"旱茶"的食物,虽然这名为"茶",但其实指的是由多种副食品加上炒花生、豆子、瓜子等摆好一盘招待客人,其实指的是配茶吃的食物,有的地方也叫作"换茶"。当然,招待客人,自然也少不了一壶

长沙特色的芝麻豆子茶

好茶,泡茶的茶叶多为农户自产自制的,也有用黄荆叶、十大功劳叶等代茶的。在长沙内部不同的区域,饮茶的习惯和文化也有所不同。别看长沙只是一个小小的地级市,这里茶的种类可多着呢!在长沙中西部的河西、宁乡等地,还有着吃芝麻豆子茶的习俗,就是在泡茶时加入炒熟的黄豆芝麻及姜末等。在长沙西部沩山一带则有吃擂茶的习惯。长沙东部浏阳北乡的特色是茴香茶,即在茶叶中加入川芎和小茴香,有着祛寒止痛、健胃祛风的功效。

到了夏天,长沙人民喜欢喝凉茶,老长沙的凉茶,多是用金银花、淡竹叶、夏枯草、车前草、薄荷之类加上石膏煎水制成的,味道芳香,滋味清甜,又富有清热解暑、利尿解毒的功效。

你知道老长沙有哪些过年习俗吗?

◎ 节前理发

在中国的许多地方,人们为了能以一个新的精神面貌来迎接新的一年,会在新年的第一天穿上新衣、新鞋等,将自己打扮得焕然一新。一个新的形象,自然不能少了发型,但是在一些地方,年后剃头是不吉利的,所以人们都要赶在年前把头给剃了,老长沙的年节习俗也是如此。因此,在过年前的一段日子里,老长沙街头的理发店便挤满了前来剃头的民众,很是热闹。但是到了年后就没有人愿意去剃头了,所以一般理发店都会关门好长一段时间。

◎ 除夕夜贴红纸

在老长沙人的过年习俗当中,有一条是"关财门",意思就是一家人在吃年夜饭之前必须得把大门给关上,以示把"财气"关在屋里不流出去,关了"财门"之后,屋里的人就不能出去,屋外的人也不能进来,以免开门坏了规矩,直到大年初一才能开门。而且,人们还要在正对大门的墙壁贴上写着"祝人发财"等含义的吉祥话语的红纸。但是,这些红纸,是得在"关财门"之后贴的,所以这样问题就来了,家里的人没有办法出门张贴。那这些红纸是怎么被贴到墙上去的呢?答案是,这些红纸一般都是由对门的人家互相张贴的。至于最后的那户人家的红纸,就由街上的更夫负责张贴。这在老长沙,是不成文的过年规矩了。

◎ 把小孩睡觉说成"挖窖"

在除夕夜,老长沙的人们都会守岁,也就是大晚上通宵不睡觉迎接新年。但有些小孩子抵挡不住困意,难免会忍不住打瞌睡,但是,在老长沙有一个规矩是,除夕夜小孩要睡觉的时候不能说睡觉,要说"挖窖",预示着来年能"挖"到金银财宝。

◎ 除夕夜澡堂躲债

除夕夜里,老长沙绝大部分的百姓们都在家里吃着年夜饭,一家人团团圆圆地等着新一年的到来。街上的店铺们也都早就打烊了,人们早早结束了生意,回到家里张罗、享受着美味的年夜饭。但是夜里街上有一个地方却灯火通明，这个地方，居然是澡堂。你一定会感到奇怪，为什么大过年的澡堂还营业，而且如果走进去一看，还能看到不少人不回家过年反而在这里待着。这其中的原因，就是除夕夜那天是老长沙人一年当中收债的最后一天，那些欠别人债的人，必须在这一天结清这一年的债务。为了避免债主追到家中来，一些还不起债务的人，只好选择在这一天躲进澡堂"避难"，连家也不敢回，令人哭笑不得，但这也变成了老长沙的一种另类传统。

◎ 大年初一不讨债

结合上面一条的内容，过了除夕夜，到了大年初一这一天，那些欠钱躲债的人就可以光明正大地出来走动了，因为即便他们不小心碰上了债主，也不必担心，老长沙有一条规矩是"大年初一不讨债"，因此，债主是不能向其讨债的，只能说一些恭喜的话，不然就被街坊邻居议论、指责。

◎ 初一出天行赶庙会

在老长沙，每逢正月初一，家家户户都要拖家带口地按照老皇历上所记载的喜神方位出行，赶庙会，这被称为出天行，在长沙，著名的庙会有坡子街火宫殿春节庙会等。

◎ 初一崽初二郎初三初四拜街坊

"初一崽初二郎初三初四拜街坊"，这是老长沙的一句俗语，讲的就是长沙新年里的习俗，大致意思，也就是在新年里按照一定的顺序去拜访亲戚和朋友。

◎ 童言无忌

在老长沙，有许多人相信孩童的话语是很灵验的，因此在过年前，家长们都会教孩子们说些吉利话，并且告诉他们哪些话不能说。但是因为小孩不懂事，总有些孩子会不小心说出一些不恰当的话，因此，人们会把写着"小儿之言，百无禁忌"的纸条贴在墙角，用来祛除灾难。

除了说话，在除夕夜，小孩子打碎碗、酒杯之类的事也是犯了禁忌的，但人们会用"岁岁（碎碎）平安""打发打发，越打越发""灯泼酒红"的吉利话来化解。

◎ 除夕生火炉

在老长沙流传着这样一句俗语："三十晚上的火，元宵夜里的灯。"这句话的意思就是，在除夕夜，长沙百姓的家里得生一炉火，有些人还会把每间房间都点亮，据说，这是为了"照耗神"，更是祈求来年有个光明、火红的日子。

你知道老长沙有哪些元宵习俗吗？

正月十五，是元宵节。正月在古代被称作"宵"，十五那天又正好是月圆之日，所以这一天就被称作"元宵节"，又称为"小正月、元夕或灯节"。那么，你知道在老长沙有哪些元宵习俗吗？

◎ 舞龙舞狮

长沙狮舞又被称为"拱讨米狮子"，一组元宵舞狮班子至少需要六人以上，二人舞狮，一个赞唱，另外三四个人则负责敲锣打鼓。

讨米狮子有"梧桐叶落，一根光棍打秋风"的意思，也就是向大户人家、财主讨点吉利钱的意思。

在元宵节，我国各地都有舞龙的习俗，在老长沙的元宵夜里，闹市里灯火通明，彩灯齐放，到处可见舞龙的队伍，而且这种娱乐活动是通宵的，直到天明方休。

◎ 渔翁戏蚌

渔翁戏蚌是长沙一种古老的传统民间舞蹈形式，它是由一男一女共同表演的双人舞蹈，讲述了渔翁智取蚌精的故事，在衡南泉溪、车江等地较为流行。在老长沙的闹市区里，元宵节那天会出现一队队"蚌壳队"，除了表演传统的"渔翁戏蚌"舞蹈之外，还有彩龙船（即旱龙船）、大肚婆娘观灯、老汉推车等节目，吸引着男女老少驻足欣赏。

◎ 赏花灯

元宵赏花灯是各地都有的习俗，在各地大小的集市里，都会有热热闹闹、红红火火的元宵灯会，灯会上彩灯齐放，各式各样的花灯琳琅满目，灯下还会挂着灯谜等着有学识、有缘的人去解开，解开后常常还会有小礼品。

在老长沙，也有着各类元宵灯会，比如湖南孤儿院所举办的鸟兽花灯灯会、长沙下江商帮在坡子街举行的十美图灯会、湖北帮在鱼塘街举办的彩龙船灯会等，各有千秋。

◎ 呷元宵坨

汤圆是各地元宵节时都少不了的特色美食，在老长沙，汤圆又被称作"元宵坨"，正宗的"元宵坨"的内馅，是由切碎的香元条或乔饼、捣碎芝麻、白糖、玫瑰糖一同制作的，十分香甜可口。因为长沙人又把"吃"叫作"呷"，所以吃汤圆，就又被称作"呷元宵坨"，是元宵佳节老长沙人必不可少的一道过节程序。

你知道在炎炎夏日里，老长沙人有什么消暑习俗吗？

长沙城三面环山，且地处我国南方，因此不但夏季很长，而且气温也很高，可谓酷暑难当。那么，你知道在这炎炎夏日里，老长沙人有哪些消暑的习俗吗？

在一年当中最热的"三伏天"里，老长沙有着头伏、二伏之时食鸡食狗的习俗，被称为"伏鸡、伏狗"，后来还进化成了"头伏鸡、二伏狗、三伏脚鱼红枣肚"的升级版伏天习俗。说的是老长沙人在头伏、二伏、三伏的日子里吃鸡、狗、脚鱼或猪肚等阳气足、具有滋补作用的食物。长沙有句俗话这样讲述伏天吃鸡的好处："起伏呷只鸡，一年好身体"。

入夏后，长沙的夜市也繁闹了起来。夏天的长沙夜市里，不仅有着孩童喜爱的萤火虫灯笼（就是小贩们去田间抓来萤火虫再把它们放到挖空的鸭蛋壳中，蛋壳上画着双鱼等图案，当作一种有趣的小玩意来贩卖）更有着数不清的夏日美食。长沙特色的夏日小吃，主要有索粉、鳝丝半汤大面和白糖藕等。长沙旧时流行的一首"好呷"童谣曾这样描述长沙火宫殿的夜市："火宫殿样样有，有饭有菜有甜酒，还有白糖盐醋藕"。

索粉，就是今天人们所称的"刮凉粉"。民间流传着一种说法，说是刮凉粉刮子中的孔，与起伏数字相关，但是现在已经没有这种讲究了。当年，火宫殿、定湘王庙等地方的夜市上，刮凉粉所用的调料竟有十余种之多，如"猫乳"（腐乳）水、大蒜籽水、香麻油等。兜里有些钱的长沙人，在夏天还时兴吃鳝丝半汤大面。但是到了立秋后，人们就不吃鳝鱼了，因为立秋后的鳝鱼体内，即会出现一种铁线虫。到了立秋前后，虽然天气还是很热，但是市面上却多了一种消暑的菜蔬，那就是鲜藕。在长沙的夜市上，人们能吃到一种白糖盐醋藕，爽口开胃。

刮凉粉

俗话说："冬吃萝卜夏吃姜，不劳医生开药方。"在炎炎夏日里，老长沙还有着晒伏姜的习俗。除了伏姜，勤劳的长沙人还会在伏天里晒白辣椒、干辣椒、干豆角等各类干菜，因为此时这些蔬菜长得正好，而且阳光十分充足，因此，人们充分地利用自然条件，制造出最地道的长沙美食。另外，在夏天，长沙的各个酱园也十分忙碌，忙着做伏酱和晒制豆豉。豆豉也算是长沙的特色美食，早在西汉时，长沙人就已经懂得如何享用豆豉，西汉的马王堆墓遗址里，就发现了豆豉姜。

在乡间，人们也趁着这热辣的日头播种，有着"头伏萝卜二伏菜三伏种荞麦"的农业口诀。人们还会翻松土地，所谓"晒伏土"，为的是消除土地里的病虫害。经营纸伞的店铺，在夏天会用桐油油伞并放在太阳底下晒，这样晒出来的油纸伞才会结实耐用。

你知道中元节这天，长沙有哪些习俗吗？

农历七月十五，是中国民间习俗的"中元节"，俗称"鬼节"，它既是道教中的节日，也是佛教的"盂兰盆节"。在这一天，全国许多地方都要举行特殊的仪式等。那么，在老长沙，又有着哪些中元节习俗呢？

早在七月初时，在长沙各处就能看到各种各样的祭品，冥钱、冥衣、灵屋、线香和鞭炮等祭祀先祖所用的物品。此时，要把自己的祖先从另外一个世界里接回来住上几天，吃上几天饭，这种习俗，被称为"接老客"。接老客时，家里将神龛上的祖宗牌位请下，每日奉上三餐。农家煮新米饭，做时新瓜菜，让祖先尝鲜，叫作"荐新"。到了十三号，则开始焚烧冥衣、冥钱、灵屋；十四晚或十五是送祖之日，要烧包"送老客"，也就是请走祖先。"烧包"的意思，就是指燃点香烛、供奉祭品、焚烧冥衣、冥钱、灵屋的祭祀仪式，也叫"荐包"。有的宗族还设有烧衣会，即从七月初起，家人们纷纷折叠金银纸锭和衣包，由长房长孙恭写"列祖列宗某某冥中受用"，下书"某某子孙敬具"，到了时间就全家人一起去祖坟祭祀烧包，或在月亮初升时抬至水边行礼焚烧。

中元节的整个过程，一般是七天，又有新亡人和老亡人之分。三年内死的称新亡人，三年前死的称老亡人，据说新老亡人回家探望的时间并不相同，新亡人先回，老亡人后回，因此要分别祭奠。烧纸钱的时间，多选在夜深人静（现在多选择在傍晚）之时，此时，亡者家属先用石灰在院子里洒几个圈，然后把纸钱烧在圈里，据说这样，孤魂野鬼就不会来抢，烧钱的时候，嘴里还要念着"某某来领钱"。烧完圈里的纸钱后，人们还要在圈外烧一堆给孤魂野鬼，象征着传统文化中对鬼神的敬意。

你知道老长沙有哪些中秋习俗吗？

农历八月十五日是中国传统的中秋佳节，人们都会选择在这一天合家团聚，过一个团团圆圆、和和美美的节日。那么，在老长沙，又有着哪些中秋习俗呢？

◎ 回娘家

俗话说："八月桂花香，家家接姑娘"。在老长沙，已出嫁的女子会选择在中午带上自己的丈夫、儿女一起带上礼物回娘家过节，到了晚上再回到婆家。这样，也算是一家人都团聚过了。

◎ 吃月饼

吃月饼可谓中秋节的普遍传统了，在老长沙，一些大户人家吃月饼的时候有一种特殊的吃法叫作"卜状元"，就是把月饼切成大、中、小三块叠在一起，最大的是"状元"，中等的是"榜眼"，最小的是"探花"，然后全家人掷骰子比大小，按照数字的大小来分月饼，十分有趣。

◎ "剥鬼皮"

在老长沙，中秋节流行剥芋头、吃芋头，因为芋头皮又被称为"鬼皮"，剥芋头皮就是"剥鬼皮"，象征着消灾辟邪。

◎ 偷瓜送子

在老长沙，还有一种特别独特的中秋风俗，在中秋之夜，人们竟然会去地里偷南瓜或者冬瓜，然后把偷来的南瓜放在想要孩子却没能怀孕的夫妻床上，因为瓜中多瓜子，因此人们认为这样有助于送子，还有一种说法是，偷来的南瓜能治疗腰痛。

◎ 插花拜月

在中秋佳节到来之时，老长沙的妇女会簪桂花或在房中插桂花，还会在中秋之夜将瓜果放在庭院中以拜月，据说未出阁的女子可以对月亮祈求天赐良缘，十分灵验。

你知道长沙有哪些特殊的婚礼习俗吗？

在我国的传统文化当中，婚丧嫁娶可谓人生最重要的事，尤其是结婚，各地都有着许多复杂又有趣的婚礼习俗，长沙也不例外。

在新婚当天，长沙的新郎官会来到新娘家迎娶新娘，但新娘家会故意制造"难题"，会把门关上，只留一条门缝。这时，新郎就要往门缝中塞"挡亲礼"——十张用红色纸信封做的聘书，还有装着1元、5元、10元、50元等面额不等的红包，一直要塞到新娘家人满意，才会放新郎进去。新娘在上婚车之前不能脱掉在娘家所穿的鞋子，只有上了新郎的车或者轿子以后才能换上新鞋，据说，这样才不会把娘家带来的财气带走。在新娘上轿、上车之前，有的地方还保留着一些古礼：由年长妇女一手拿着浸有菜油、点燃的红纸捻子，一手拿着镜子在轿内外照几遍，俗称"照轿"，意在驱除邪秽。

传统的做法是，男方要用4人或8人抬的花轿接亲，或称娶亲，轿子前有旌旗、铜锣，后有挑牲笼的伙计，笼内有鸡、鹅，都是成双成对的。关于成双的鸡、鹅，还有着一番讲究哩！据说这是源自先秦时代的"奠雁"古礼：在先秦时代的婚礼上，新郎需要向岳父岳母献上一双大雁作为见面礼，因为雁不失节、不失时，长幼行止有序，在古代属于高洁品质的象征。而且，据说大雁在飞行的时候成行成线不失群，如果有一只大雁失去了伴侣，则会形单影只终身离群，飞行的时候只能排在最末尾，送上大雁，就象征着新郎将会对新娘恪守责任，一生忠诚。后来，因为大雁多为野生，市场上少有，价格也很贵，平常百姓家不容易得到，就逐渐改用鸡、鹅来代替大雁，以行"奠雁"之礼。

奇特的是，长沙接新娘的婚车、婚轿一般都不会把新娘送到新郎家，而是在离新郎家有十几米的地方就把新娘放下了。这个时候，新郎的爸爸会推着土车来接新娘。新郎爸爸必须脸上涂满炭灰，抹红自己的额头和下巴，头戴红色高尖帽，腰系红色绸缎，脚穿雨靴，胸前挂着"我是烧火老倌"的牌子，看起来十分滑稽。新娘下婚车后，就会坐上新郎爸爸推来的土车，新郎在前面拉着土车，而他的爸爸则在后面打，就这样一路打闹着来到婆家。到了婆家，新郎的同辈亲友会相互争抢着把新娘抱到新房，因为抢到新娘的人就会得到一个大红包。

到了在婆家举行婚宴时，新郎的爸爸要在肩上扛上一根棍子，手上则拿着锣鼓，一边敲打着，一边走动，嘴里还要唱着"我是烧火老倌"，十分有趣。

新婚当晚，闹新房不拘礼节，以逗笑新娘为乐事。有的将主家长辈男子拖至洞房，强迫其背灰扒子。比较文雅的节目是赞茶，由新郎新娘抬着茶盘送茶，贺客必答以押韵的赞词，如"一进新房，灯烛辉煌，金银满地，儿孙满堂。"又如"抬茶托盘四四方，抬茶新人比鸳鸯，今晚洞房花烛夜，来年生个状元郎"。

冬至是老长沙的重要节日吗？

冬至是立冬以后的一大节气，在长沙，冬至又被称作"冬节"。以冬至为起点，九天为一个时间段，被称为"数九寒天"，民间有一首《数九歌》这样唱道："初九二九，相逢不出手（手被冻得拿不出来）；三九二十七，檐前倒挂笔（冰柱）；四九三十六，行人路途宿（回家过春节）；五九四十五，穷汉阶前舞（赞春、送财神）；六九五十四，枯桠枝发嫩刺；七九六十三，行人路上脱衣裳；八九七十二，麻拐子（青蛙）田中嗝；九九八十一，脱去蓑衣戴斗笠。"

冬至在长沙，有着相当重大的意义，老长沙有这样的说法："冬至大如年"。人们从冬至前一天就开始忙活了，冬至的前一天被称作"小至"，在这天夜里，老长沙会举家团圆准备丰盛的晚餐，晚餐上少不了馄饨，据说是因为馄饨与"浑沌"同音，冬至曾是一年之始的节气，有着"浑沌初开，乾坤始奠"之说。

在冬至这一天，老长沙人还有在宗祠祭祖的习俗。为了缅怀先辈，老长沙人在这一天杀猪宰羊，准备了丰盛的"冬至酒"。就连白发苍苍的老人，也会来到宗祠祭祖。因为以前有着男尊女卑的社会风俗，因此祭祖只能由家族内的男性成员参加，他们的妻子等人则回到娘家，但晚上必须赶回婆家。

在冬至这一天，老长沙人还要吃"猫乳"，也就是豆腐乳，还有糯米饭，据说可以滋润皮肤，防止手脚在冬天里皲裂。长沙人爱吃腌腊制品，尤其是腊鱼和腊肉，冬至前后，正是勤劳的长沙人民制作腊鱼、腊肉的最佳时节，长沙人将鱼肉用盐腌制四五天后，挂在通风干燥处干燥，然后再用木屑、谷壳、橘皮、花生壳等熏烤，或者直接挂在柴灶上，让鱼、肉饱吸柴灶内的精华，这样做出来的腊鱼、腊肉鲜香扑鼻，还有着很长的保质期限，一直到第二年夏天都还不会腐坏。

你知道老长沙人造新房时对风水有着什么样的讲究吗？

造新房是旧时家庭的一件大事，一般只有在儿子成亲，或者家人升官发财、因种种原因迁居等时候，人们才会大兴土木。而且，以前的人们大多都十分相信风水之说，在造房子时，处处都讲究遵循合适的风水原则。那么，你知道老长沙人在造新房时，对新房的风水有着什么样的特殊讲究吗？

老长沙人在造新房的时候，十分注重朝向，俗话说"朝南起个屋，子孙好享福"，所以新房一般都会选择坐北朝南的朝向。有些讲究的人家还要特别找一个屋后和房屋两侧"有龙脉"的地方盖房子，门前还要有流水，地势开阔，还要求屋前屋后有风水树将新宅包围起来。俗话说："屋旁有大树，屋内有寿星。"风水树在旧时是象征着一家人的运势和荣辱的，甚至关系到家人的寿命，因此，家里人平时都会辛勤地照顾风水树、保护风水树。

到了动工的时候，一般都会请专业的人士来看过，挑选一个黄道吉日。在建造大门框或上梁时，还要宴请宾客，特别是上梁，还会举行上梁仪式。梁木最好选用梓木，因为"梓"和"子"同音，象征着这家人的后代延绵，子孙满堂。梁木的正中心要画上红黑相间的太极图，上面要写上"乾坤"二字并注明当天的时间，字与图之间各画一个八卦图。到了上梁的时候，还要请一个师傅来"喊彩"，也就是讲一些吉利话，比如"贺喜东君，今日上梁。张良斫树，鲁班尺量。紫微高照，大吉大昌……"等等，都有一套专业的说法。等这些程序完成后，才算上梁完毕。

你知道老长沙人生孩子有哪些讲究吗？

在古代的中国，传宗接代是人生一大要事，所谓"不孝有三，无后为大"，因此，生孩子是一件告慰祖宗的喜事，在老长沙，新生儿出世时，家人常常会到神龛前燃放鞭炮，向祖宗报喜。不过，在旧时，社会上普遍盛行重男轻女的风俗，俗话说"生子曰弄璋，生女曰弄瓦"，因此，生了男孩的家庭会格外高兴，庆祝的仪式也格外热烈，而生了女孩的家庭则往往不愿意大操大办，甚至十分不悦，在一些偏僻、穷困的地方，还有溺杀女婴的陋习。

另外，在生孩子的时候，如果突然有人来到家中，就被称作是"逢生"，来人就是婴儿的干爹或干娘。但有种说法是，如果主人家生的是儿子，但是来者也是男性，就会使这户人家走三年的衰运，甚至带来灾祸，为了化解这点，主人家会暗中在客人的衣服上穿上红线，这样做就可以辟邪免灾。如果主人家生的是儿子，来者是女性，则认为是喜事，会给家里带来三年的好运气。

当孩子出生后，街坊邻居就会来那户人家家里祝贺，并带来鸡蛋、红糖、干刀豆丝、干豆角等礼物。孕妇生孩子时产下的胎衣，则要用陶罐盛着，埋到附近的山上，表示和家乡、祖宗永不分离。

在孩子出生当天，孩子的爸爸要带着鞭炮和一只鸡到岳父家报喜，生男孩带公鸡，生女孩带母鸡。岳父家的邻居们听到放鞭炮的声音，就会来到家中祝贺，并带来鸡蛋等礼物。

到了孩子降生后的第三天，孩子的爸爸要接岳父岳母去"做三朝"，又叫做"汤饼之会"。到了那时，孩子的外公外婆要准备好婴儿摇篮、坐栏，还有婴儿衣物如婴儿棉袄、夹袄、单衣、棉抱裙、夹抱裙、鞋、帽等各一对。孩子的外婆逢人就要感叹："外婆难做呀！"这是种习俗。有些老人还会留下照顾产妇，叫作"伴月"。婿家亲邻或"请外婆茶"，或"请外婆饭"。

在这一天，长辈还要用艾叶、枫球、鸡蛋等物熬汤为婴儿洗澡，叫"洗三朝"。洗完澡后，再用鸡蛋在婴儿的全身滚一遍，有祛风、保平安的意义。再给婴儿换上新衣服，在婴儿身上放上一个筛子，在筛子上放上剪刀、算盘等，由众人围着，手敲赶鸡棍（一头劈开的竹棍，赶鸡用的）或者擂杵，来到正厅神龛前拜祖宗，这被称为"拜三朝"。"拜三朝"结束后，人们沿着屋子逛一圈，叫"游三朝"，据说可以避免"脐风"。所谓"脐风"，指的是现代医学上的新生儿破伤风一症，因为旧时农村医疗条件欠佳，生孩子时多用自家的剪刀剪断脐带，而剪刀消毒措施没有做好，就会造成感染，还很可能会丧命，因此，这种习俗在现代看来是没有根据的，只是过去人们的一种心理安慰。在长沙县，还有一种有些

"奇葩"的习俗，人们会用赶鸡棍去追打婴儿的祖母，这叫"打喜"，人们相信这会给这家人带来好运气。

和许多地方的风俗一样，"三朝日"这一天，生孩子的人家会煮上一大锅红鸡蛋，又叫"滚屁股蛋"，分给前来祝贺的亲朋好友们吃。在河西的一些地方，宾客们还往婴儿父亲脸上涂上红的颜料，表达自己的祝贺之意。

你知道老长沙有哪些丧葬习俗吗？

在老长沙，老人去世一般被称为"老了人"，又叫"办白喜事"，认为人死是"驾返仙乡"、去往极乐世界，因此是件喜事。跟我国其他大多数地方一样，长沙丧葬所用的文书纸张都是白纸。在治丧的时候，逝者家中要做法事、佛事，行儒礼，屋外则要放鞭炮，表示是喜事。在过去，尤其是在农村，一家办丧事，亲戚朋友们往往会主动过来帮忙，这被称作"帮白喜事忙"。为了表达感谢，逝者家属会杀鸡宰羊，准备丰盛的筵席款待他们，俗称"吃烂肉"，在下宁乡叫"吃白皮肉"，上宁乡则叫"吃白豆腐"。有趣的是，很多乞丐听到放炮等动静就会知道有人家在办丧事，必有筵席，就会跑去讨东西吃。所谓："人死饭甑开，不请自己来"。

据文献资料显示，长沙的丧葬传统已有非常悠久的历史。一万多座已被发现的长沙一带的楚汉时期墓葬出土了数不胜数的珍贵文物，证明了长沙一带自古都盛行厚葬之礼。据《后汉书》载："长沙有孝子古初，遭父丧，邻人失火，初匍匐柩上，以身捍火，火为之灭。"可见长沙一带对丧葬传统的看重。到了民国时期，长沙市内的丧事仍大多要办长达三五天，一般租轿行仪仗，雇中西乐队，亲朋好友则多用竹布或白纸写上挽词诗章，悬挂在灵堂。逝者出殡的时候，有绕街行走的风俗，常常引起交通堵塞的现象。

下面，笔者就详细介绍一下老长沙的一些具体治丧习俗：

◎ *报丧流程*（一般在农村比较流行）

鸣铳报丧。在家中老人病危之时，子孙就必须赶回来服侍床前，听候遗嘱。等到老人过世后，屋内子孙往往哭成一团，屋外则要鸣铳报丧，同时要烧纸轿"送行"，称为"起轿"，意在送长者更好地上路，并烧"倒头纸"作为"路上盘缠"，将病榻上的枕席、稻草等送至村边路口焚烧。所谓铳，是相当于礼炮性质的"三眼铳"，其一端为木柄，另一端为钻有"品"字形洞眼的铁质铳管，使用时，在眼内放上硝药、黄土和引信，点燃即可。

孝子当日就要到舅家报丧，报丧之时，先要在屋外鸣铳，才能进屋，必须先在神龛前点上蜡烛，哭着参拜，等到长辈扶起询问的时候，再告诉他们长者逝去的消息。平时不孝敬父母的人，需要长跪于神龛前，受到长辈的惩罚。

◎ 打水装殓

由师公或长者鸣锣开道，带领孝子到附近的水井"打水"。孝子跪地舀水，亡者多少岁，就舀多少杯水，每舀一杯，还要敲一下锣。等到把打来的水拿回家后，要加入贡香（柏木）煮沸，放凉后，用这水将尸身干净，更衣装殓，要穿五、七、九层衣裤，戴"唐巾帽"。棺内垫石灰、炭末，铺皮纸。棺材则要放在正厅（在外身亡的则禁止入厅，只能在屋侧搭棚停棺）。入棺俗称"上材"，棺俗名"料"，又称"长生""寿器""千年屋"，讨一个好的口彩。棺材有箱式、"荷叶头"两种。在古代，长沙有"套棺"的习俗，即在大的棺材里套一口小的棺材。

◎ 祭奠

装殓好了棺材，就要进行入殓仪式。入殓后，要扎孝堂、罗孝帷、点长明灯。逝者的儿子、媳妇要头戴孝帽，身穿麻衣，腰系草绳，脚穿草鞋，手拄孝棍（包裹着白纸的竹棍或桐木棍），孙辈及其他家人则都要穿白衣，鞋面缝白布。亲友来吊唁时，不论年长年幼，孝子都要下跪相迎。家中女眷每日早晚到孝帷内大哭一场，是为"闹丧"。

◎ 法事

法事又名"做道场"，由开坛、念咒、诵经、请水、告庙、开方、破狱、解结、安神等过程组成。民国以前，道场做 5~7 天，需道士 9~11 人，后来多做 3 天，成为"三日四夜道场"。其中，行儒教环节就是请礼生喊礼开祭,有朝奠、午奠、夕奠、家祭、客祭之分,有的地方每晚家祭之后,有绕棺习俗,所有在场的男宾各持一根香,由人带领,绕着灵柩转圈,口中念以《正气歌》等。

◎ 封殡

封殡又名封灵,在这一天,要进行告祖、成服、烧灵屋、打八卦灯、开路灯等活动。封殡,就是将灵柩封闭起来,这也意味着亲人们将和逝者永别,因此,是丧葬中最悲痛的时刻。亲人们把逝者生前最喜爱的东西装入柩内,通常还放有金银玉器等珍品,但忌眼泪流入,恐令逝者亡魂不安。

◎ 灵屋

灵屋,又名"冥屋",相传它起源于三国时期。相传在周瑜死后,诸葛亮梦见他向自己呼喊:"还我荆州!"醒来后,诸葛亮一直胸痛不得安宁,后来,他找来工匠做了一座纸扎的荆州城,和祭文一起烧给了周瑜,心病才得以缓解,后来,这个习俗就流传了开去。老长沙一带扎的灵屋,多为亭台楼阁,前有八字门,后有西湖景,中有回廊,室内床柜桌椅锅碗瓢勺一应俱全,大门上有"阴阳同日月,天地共乾坤"之类的对联,十分精细考究。

出殡前夕,孝子需通宵守灵,俗称"坐夜",宾客多聚集在孝堂听夜歌。夜歌是一种民间挽歌,历史悠久,在周朝时就有相关的记载。有人认为其源自"庄子鼓盆歌,是夫妇之死别"的典故。长沙人多请歌师或亡者生前好友唱,连唱几晚,有一定的曲调,内容主要是"二十四孝""十月怀胎"等,也有些挑逗俚俗之语。到了出殡前夕,则唱"辞别歌",主要内容是讲述逝者的生平。

你知道长沙有哪些农事习俗吗?

◎ "栽禾师傅扮禾客"

长沙一带的早稻多在清明前后下种,谷种下泥后,一般在田间扎假人,或者悬挂假鹞,用来防老鼠、麻雀等有害生物。第一次扯秧时,要

点香烛,鸣铳放炮,这被称作"开秧田门"。插秧,俗名"插田、栽禾",有的地方也叫作"栽米树",往往由能手"劈页"(开页)——在大田对岸插一杆,下田先栽几蔸,瞄准成线,以此为基准,边退边栽,一排四蔸,由左至右,叫栽"随手禾"。到对岸时,秧苗横直成线,就像一页书本一样,所以才被叫作劈页。第二人则从右边依"页"而栽,叫作"削页",以此类推,按顺序排开。如果前者被后者超过,则会被人笑称"关鸭子""钻布袋"。如果中途拐了弯,则被笑为"过洞庭湖"。农忙时,为了抢季节,亲友们会前来帮工,叫作"打报工"。因为农业生产在农耕文化中的重要性,栽禾能手很受人们的尊敬,被尊称为"栽禾师傅"。"栽禾师傅"来收割早稻时,主人家要杀鸡宰羊,奉上丰盛的筵席来招待,这被称为"栽禾师傅扮禾客"。但早餐不能吃肉,据说这样可以防止镰刀伤手。

◎ "一季红薯半年粮"

除水稻外,长沙种植大麦、小麦、荞麦、高粱、包粟、胡麻(黑芝麻)、白芝麻、油菜、茶叶、蚕桑、苎麻、棉花、黄花菜等农作物的历史也很悠久,还有豆类作物,如蚕豆、豌豆、黄豆、黑豆、红豆、绿豆、饭豆、泥豆、峨嵋豆、荷包豆等。另外,红薯是长沙当地的重要口粮。它是在明朝和烟草一同被引进的,但它的发展很快,种植面广,因此,有着"一季红薯半年粮"之称。

◎ "屋前栽椿不过檐"

长沙地区林木资源极为丰富,大约有数百种,其中还不乏一些珍稀的品种。长沙的农家喜欢在房前屋后栽种樟、柏、竹、梓、枫、杉等风景树及各种果树,但这种树是有讲究的,长沙有的地方有"门前不栽竹,屋后不栽桐,大门口不栽棕,院中不栽松"的习俗,还有"屋前栽椿,高不过檐"的讲究。栽竹的时候,大人们常常逗哭儿童,这被视为一种吉利。

至于上山砍伐树木,人们买成片山林砍伐叫作"判山",全伐叫作"青山",单一树种砍伐叫作"花山",一般不砍"飞子树"(种树)。进山采伐禁忌很多,先要宰雄鸡,取其鲜血以祭山神,其次,在山上讲话需要特别谨慎,以免惹怒山神。因此,人们进山干活都很少讲话。

你知道湘剧发源于哪个朝代吗？

湘剧是湖南省的传统戏曲剧种之一，主要流行于"长沙府十二属"，即长沙、善化、湘阴、醴陵、湘潭、湘乡、宁乡、益阳、攸县、安化、茶陵等湘南东部17个县市，还有江西与湖南毗邻的北起修水、南至吉安的各县，广东的坪石、岐门、乐昌、桂头、犁市、韶关等地。民间习惯将湘剧戏班称为"大戏班子""长沙班子"或"湘潭班子"，因为主要流行于长沙一带，故湘剧一度被称为"长沙湘剧"。

"湘剧"这个名字第一次被文献记载，是在民国九年（1920年）长沙印行的《湖南戏考》第一集中。但是，湘剧的发源，远远早于民国时期。据考证，湘剧起源于明代的弋阳腔，后来，又吸取了昆腔、皮黄等声腔的特点，形成一个包括高腔、低牌子、昆腔、乱弹的多声腔剧种。

在明代成化年间，长沙是吉王府所在地，因此，经济政治的繁荣促进了戏剧的发展，湘剧的雏形逐渐形成。后来，大约在清代，昆曲逐渐传入长沙，也对长沙的湘剧产生了深刻的影响。湘剧还吸收了徽班中的《大长生乐》《偷鸡》等一类剧目，并将其曲调称为"安庆调"，其他属于安庆"花部"的《水淹七军》《龙虎斗》《路遥知马力》《王祥吊孝》《李大打更》《困曹府》等，也都是湘剧经常演出的剧目。此外，湘剧还从汉剧中吸收了《酒毒杨勇》等剧目，因此，湘剧可谓融合百家戏曲特点，又加入地方特色的一种戏剧形式。光绪二十七年（1901年），京剧流入长沙，自此，湘剧开始融合进了京剧中难度较大的武功，并且在演唱中吸收了京剧的一些花腔。

综上，湘剧发源于明代，至清朝中叶已逐渐形成为多声腔的剧种，又历经变化而形成以高腔和乱弹为主的声腔。自道光年间起，至建国前夕，湘剧的科班达二十八个，开科六十多期，分布于长沙、湘潭、浏阳、醴陵、茶陵等地。其中，历史最为悠久的是道光后期起科的五云科班，培养了湘剧艺人四百多名。三元、华兴等科班也颇有名气。1920年后，还设立了福禄、九如、福喜等坤班，专门培养湘剧女艺人。

你知道湘剧有哪些声腔吗?

湘剧融合高、低、昆、乱四大声腔于一炉,并吸收了青阳腔、四平调、吹腔以及南罗腔、银纽丝、鲜花调等杂曲小调。今天,高腔和乱弹是湘剧艺术中的主要声腔。

高腔是湘剧主要声腔之一,它源于江西弋阳腔。进入湖南后,它与湘中、湘东的传统民间音乐融合,形成了湘剧早期的高腔,其代表剧目为《目连传》。高腔曲牌有三百多支,有南北之分,南曲多于北曲。每支曲牌一般由"腔"和"流"(放流)两部分构成。句幅大、旋律强、以人声和打击乐帮钹声为结尾的乐句称为"腔";而字多声少,朗诵性强,只有鼓、板击节的"滚唱"称为"流"。在一支曲牌中,这两种表现手法相结合,产生了更加生动、深情的舞台效果。

高腔的节拍可分两类:一种是整规节拍类型,一种是节拍较为自由的散板类型。板式按习惯称呼有单板、夹板、散板、滚板、快打慢唱、回龙等。唱词绝大部分是有牌调的长短句,但汉腔类为整齐的七字句。建国后,湘剧音乐工作者为了使高腔适应于表现现代生活,用"穿、挂、索、犯"等手法,推陈出新,创作出了新的高腔作品。

"低"则指的是第牌子,是一种联曲体唱腔。曲调形式为三段体,开头是"引子",属于散板,速度最慢;主体为三眼板与一眼板或无眼快板,速度平稳;最后曲调急转直下,加入锣鼓伴奏,进入高潮后结束,被称为"合头"。

昆腔是在明末清初传入湖南的,逐渐与湘剧相融合。后来,因为乱弹(南、北路)兴盛,到了同治、光绪年间,昆腔逐渐衰落。目前,湘剧中已无昆腔剧目。

乱弹又称作"弹腔""南北路",属皮黄系统的板腔体音乐。南北路声腔的主要区别在于各有不同的基本调式旋法,形成不同定弦。南路的感情色彩较为委婉,表演节奏也较为缓慢;北路则相反,它的感情色彩较为开朗活泼,速度较快;南路反调则感情色彩较为凄凉悲愤。唱词基本上为整齐的七字句或十字句,上下乐句反复进行,乐句中又有小停顿,中间常铺垫小过门。一般上下乐句是不可短缺的，但在特殊情况下，也可省去某一尾句，以锣鼓代替，称为"包皮"。

你知道湘剧的曲目都出自哪里吗？

湘剧现有传统剧目682个，加上散折戏就多达1155个，其中弹腔剧目有500个以上，其中，高、乱声腔的剧目占百分之九十八以上。

湘剧的传统剧目不少出自宋末南戏、元代杂剧和明清传奇，也有少数是艺人创作和改编的剧目。其中，高腔的"四大连台"和"六大记"，是演出时间最早，保留时间最长的代表性剧目。"四大连台"为《封神传》《目连传》《西游记》《精忠传》，主要取材于古代的传说名著，因为每本戏目可以连台演出五至七日，因此而被称为"四大连台"。"六大记"则为《金印记》《投笔记》《白兔记》《拜月记》《荆钗记》《琵琶记》。乱弹中的"八大连台""江湖十八本"和"三十六按院"，是较为有名、演出次数也最多的剧目。另外，湘剧中有不少根据湖南地方的历史和民间传说改编的剧目，如《桃花源》《麻滩驿》《理灵坡》等。

近代以来，在辛亥革命和抗日战争期间，湘剧中曾经涌现出一大批宣传革命和抵抗侵略的创作剧目，如《刺恩铭》《广州血》《东北一角》《血溅沈阳城》和改编的《新会缘桥》《旅伴》等。建国后，湘剧艺术家们通过移植剧目、改编整理传统剧目、新编古装戏和现代戏剧目等方法，不断推陈出新，创作出了一系列既有传统特色，又有现代气息的湘剧新剧目。

你知道现代湘剧《月亮粑粑》讲的是什么吗？

湘剧距今已经有千年的历史了，但如今的湘剧艺术家们在古老传统的基础上，将湘剧注入了现代元素，改编、创作出了富有现代气息的现代湘剧。《月亮粑粑》本是一首湖南的古老童谣，后来，著名剧作家盛和煜将其与发生在现实生活中的真实故事相结合，发挥创新精神及逆行创作，截取了三个不同时期的历史片断，讲述了山村女教师秦雅云在一个叫做黄荆树的贫困小山村坚守30年，奉献出自己宝贵的青春和热血的动人故事，体现出一个平凡人物的大爱。

《月亮粑粑》这一现代湘剧还有一大创新之处，就是把戏曲的程式化与音乐、舞蹈恰如其分地融合在一起，使全剧呈现出一种多姿多彩的风貌。

由于艺术来源于生活，在创作和打磨过程中，剧组多次深入偏远乡村进行采风，旨在打造出贴合生活实际、带有淳朴气息的艺术作品。该剧前后已历经7次重大修改打磨，创作团队可谓精益求精。

现代湘剧《月亮粑粑》剧照

正因为有着创作者如此专业的创作精神，这部湘剧最终登上了大大小小的许多舞台，走出湖南，走进了北京的大剧场，成为了国家艺术基金资助剧目、国家舞台艺术精品创作工程十台重点扶持剧目、全国舞台艺术重点创作剧目，更是让千千万万的湘剧爱好者都认识了它、爱上了它。2015年，该剧荣获第五届湖南艺术节最高奖"田汉大奖"。

你知道长沙花鼓戏的起源吗？

长沙花鼓戏是流传于长沙民间的一种传统戏曲剧种，它以长沙官话为舞台语言，是湖南花鼓戏中影响较大的一种。它源自农村的劳动山歌、传统民间小调和地方花鼓（包括打花鼓、地花鼓——花鼓灯），距今已有一百六十余年历史。

长沙花鼓戏，大约起源于清朝晚期。清代中期以前，长沙一带盛行"地花鼓""花灯"和"竹马灯"，不同的地域对这种艺术表演形式有着不同的称谓，宁乡一带称之为"打花鼓"，浏阳各乡称为"花鼓灯"和"竹马灯"，长沙望城一带和醴陵地区称其为"采茶戏"，到了20世纪40年代，它又有了一个"楚剧"的别名。对于表演花鼓戏的戏班子，则统称为花鼓班子，以班主命名，有名的如得胜班、土坝班、大兴班等。

长沙花鼓戏的内容和表演形式起源于各地的山歌、民歌和民间歌舞，是在丑、旦歌舞演唱的"对子花鼓"基础上发展形成的。长沙花鼓戏发展至今，大约可以分为三个阶段，第一个阶段是"两小戏"阶段，这也是长沙花鼓戏的雏形，在这个阶段，长

长沙花鼓戏剧照

沙花鼓戏的表演形式与丑、旦歌舞演唱的"对子花鼓"既有一定的相同之处，也有着一定的不同之处。第二阶段是"三小戏"阶段，这大约是清代道光至同治年间（1821—1874年）的事了，这是花鼓戏正式形成并最具特色的阶段。"三小戏"是"两小戏"的发展，即在丑、旦演唱的基础上，加入了小生行当，使花鼓戏不仅仅是单纯的歌唱表演。第三个阶段，就是"多行当本戏"。"多行当本戏"在"三小戏"的基础上增加了生、净等表演行当，剧目也从原来以小戏或折子戏为主逐渐演变成演出完整故事。在这个阶段，长沙花鼓戏的声腔得到了完善，角色、行当和剧目进一步扩大，逐渐走向了成熟。

你知道长沙花鼓戏曾经愈禁愈炽吗？

在清光绪年间，长沙盛行"灯戏"，根据史书记载，"湘中岁首有所谓灯戏者，初出两伶，各执骨牌二面，对立而舞，各尽其态"。这里描绘的，是花灯、地花鼓一类的民间艺术表演形式。最初的长沙花鼓戏，就是在这种民间歌舞的基础上，再融合了乡间的劳动山歌、走场牌子和戏

曲音乐发展起来的。正因为长沙花鼓戏诞生于民间，取材于民间，表演的内容也十分贴合老百姓的生活实际，因此，长沙花鼓戏深受长沙百姓的热爱，有着很牢固的群众基础。

长沙花鼓戏因为其部分表演内容在封建社会被认为是不雅的，因此曾经被统治者认为是淫戏，禁止演出。1909年（清宣统元年），长沙城内曾经贴有禁演花鼓戏的"四言训示"："省垣首善，敦俗为先，淫戏卖武，谕禁久宣"。一旦花鼓戏的演出被官府发现，就会对戏班和艺人进行严肃的惩罚，比如说捣毁他们的演出用具、让艺人游街甚至坐牢，可谓惩罚甚严了。尽管统治者严令禁止进行花鼓戏的表演，但长沙花鼓戏反而愈禁愈炽。《醴陵县志》中曾有这样的记载："采茶一名花鼓，政府以其导淫，悬为历禁，然农村往往于新春偷演，禁不能绝"。为了躲避官府的耳目，人们选择在郊外、农村等较为偏僻的地方进行花鼓戏的演出，演出的舞台也常常是就地取材，用一些草秆搭起来的，虽然简陋，但是观众人数仍然很多。因此，长沙花鼓戏的戏班曾被人们称为"草台班子"。民国以后，当局对于长沙花鼓戏的禁令有所放松，因此，从这段时间起，长沙花鼓戏开始走向正规，1920年，花鼓戏班子"义和班"进入长沙正式演出。20世纪30年代时，又有一个"得胜班"来到长沙，深受好评，维持了相当长的时间，可以说"得胜班"这个名字，成了当时长沙花鼓戏的代表。

你知道长沙花鼓戏有哪些特色吗？

◎ 声腔

长沙花鼓戏的声腔分为"川调""打锣腔"和"小调"三大类。"川调"和"打锣腔"被称为"正调"，因为其有较固定的声腔格式、旋律特点；"小调"主要来自民间音乐如民歌等，因此其曲调旋律、节奏、调式的变化都较大，基本上各自保持原来的民歌结构。

◎ 伴奏

长沙花鼓戏的伴奏多用丝竹乐器，民间称它为"弦子腔"。"弦子腔"

同样受汉调皮黄影响,逐渐向板腔音乐靠近,也有一流、二流、三流、导板、哀子、四腔哀子、吟腔、梢腔等,在音乐中属于"曲牌联缀体",联缀的方法是根据塑造形象的需要和保持唱腔布局统一协调的要求,将同一基调的多支曲牌联接起来。

长沙花鼓戏的伴奏乐队,根据文、武场面各有不同。文场有大筒、唢呐,大筒是主要乐器,形似二胡,以竹筒蛇皮制作,伴奏时用于托腔保调;唢呐分大唢呐和小唢呐,主要用于吹奏过门。武场有堂鼓、大锣(苏锣)、大钞(汉钞)、小钞、小锣和"可子"(长方形的梆子)。

◎ 角色

长沙花鼓戏的角色经历了不断的发展,从"两小"(小丑、小旦)到"三小"(两小加小生),再从"三小"发展到如今的以"三小"为主,但生、旦、净、丑诸行角色并存,出现"百花齐放"的局面。

◎ 行当

现在的长沙花鼓戏,由过去的"三小"增至十多个行当,有官衣袍带、罗帽雉尾,生、旦、净、丑等,并吸收了大剧种的毯子功和把子功,增设了武戏。

◎ 地方特色

长沙花鼓戏是由长沙一带农村的山歌、民间的小调及本地花鼓为基础演变而成的,因此,它的对白和唱词中有很大一部分都是从民谣、民歌、俗语、歇后语中提炼出来的,甚至也会直接用生活语言,十分通俗易懂。它的表演也吸取了民间歌舞中的扇舞、手巾舞、矮子步、打花棍、打酒杯等,又源自普通百姓劳动生活中的一些日常动作,比如犁田、使牛、推车、砍柴、绣花、喂鸡、纺纱等,十分富有地方特色和乡村特色,因此在民间也深受好评。

你知道长沙花鼓戏有哪些著名剧目吗?

在长沙花鼓戏的传统剧目中,最有特色和具有代表性的剧目,就要数小戏和折子戏了。小戏包括"对子戏"和"三小戏",大多是在山歌、

渔歌、小调、地花鼓、竹马灯等基础上发展形成的,折子戏则是从大本戏中挑选出的最流行的几出戏码,常常单独演出。

长沙花鼓戏的演出剧目数量较多,至今为止,保留下来的共有336个。这些剧目大多是由人民群众和花鼓戏艺人共同协作而成的,剧目的内容大多来源于民间传说、神话故事、通俗小说和真实的生活故事,主旨多为反封建伦理道德、歌颂惩恶扬善等,表达了普通老百姓的朴素愿望。其中著名剧目有《刘海砍樵》《芦林会》《阴阳扇》《南庄收租》《刘海戏金蟾》《打铜锣》《补锅》《烘房飘香》《双送粮》《骆四爹买牛》《牛多喜坐轿》《八品官》《啼笑因缘》等数十个,也由此可见长沙花鼓戏在长沙的流行程度之高。

你知道长沙花鼓戏有哪些流派吗?

长沙花鼓戏虽然是一个较小的地方剧种,但仍然有着较为精细的流派分别,主要可以分为益阳、西湖、宁乡、醴陵和长沙五个艺术流派,不同的流派之间既有相同之处也有不同之处,各有特色,各有千秋。

其中,浏阳路以"采茶调"为代表,表演内容多为生活喜剧,如《装疯吵嫁》;宁乡路以"学钱调"为代表,多演风流小戏,如《书房调叔》;益阳、西湖路以"八同牌子""西湖调"为代表,多演《雪梅教子》《孟姜女》等正剧;长沙路以小调为特长,并发展了弦乐伴奏。

正是因为有着这样多种多样的艺术流派,长沙花鼓戏才成为了一种多姿多彩、富有乡间不同地方特色、贴合百姓生活、源于生活又高于生活的重要地方剧种。

长沙的美食特产

　　湘菜作为我国的一大菜系，自古就以其独特的魅力滋养着一方儿女，在现代，更成为了红遍大江南北、有着一大票忠实粉丝的独特美味，它以鲜、香、辣等特色，令人只要品尝过就难以忘怀，甚至对它魂牵梦萦。长沙自古以来都被作为湖南的首府，长沙菜更是融合了湖南各地的湘菜精髓，并加以地方特色，成为湘菜中的一颗明珠。

　　提到长沙菜，你首先想到的会是什么呢？是"闻着臭，吃着香"、鲜香火辣的长沙臭豆腐，是酥软肥美的毛氏红烧肉，是造型华丽、作为宴客重菜的剁椒鱼头，还是街头巷尾那一碗碗香飘数里的长沙米粉……其实，长沙的美食，可远远不止这些……

　　另外，长沙因其优越的地理环境，山水环绕，土地丰饶，孕育出了许多集天地精华于一身的独特农产品。长沙人民更是向来勤劳勇敢、心灵手巧，在漫长的劳动与生活过程中，创造出了不少堪称艺术精品的手工艺品，因此，当地的特产更是数不胜数。如今，这些特产都成为了长沙的城市名片，成为了享誉中外的旅游纪念品和馈赠佳品。

你知道长沙过年时都有哪些特色美食吗?

在除夕夜里,老长沙人一般都会准备八大碗菜,主要有清蒸鳜鱼(或鲤鱼)、虎皮肘子或虎皮扣肉、五圆整鸡、全家福火锅(即杂烩火锅)、腊味合蒸、蒜苗炒腰花或清炖羊肉等,还有八宝糯米饭或橘露汤圆等点心。

到了近代,因为长沙离海比较远,但是也会有一些运输过来的海鲜,因为食材来之不易,所以一般只有过年人们才吃得上。"笋丝炒鱿鱼",就是一道在长沙流行许久的特色年菜,它象征着新的一年里事业上能够游(鱿)刃有余(鱼),蒸蒸日上。

至于过年时的传统零食,也很丰富,有油炸红薯片子、虾片、炒瓜子、花生、结蚕豆、炒米、寸金糖、麻枣、雪枣、"猫屎筒"等。

等到过了年三十,到了新年里走亲访友时,作为主人家,都要尽一下地主之谊,主人一般都会把最高级的食品拿出来给客人吃。在老长沙,一般家里有些条件的主人家都会拿出甜酒桂圆红枣蛋、柿饼红枣鸡蛋汤,这些平日里很难吃到的珍贵货来招待客人。

到了今天,人们常常会用槟榔来待客,槟榔这种富有湖南特色的食物,也变成了长沙的一道特色年货。

你知道长沙的八大历史名菜是哪些吗?

长沙,作为一座有着千年历史的中华古城,全国八大菜系之一湘菜的发源地,不仅有着令人垂涎欲滴的各种美食,在这些著名的长沙美食背后,更有着深刻的历史内涵,蕴藏着一个又一个传说故事。那么,你知道长沙的八大历史名菜是哪些吗?

◎ 麻辣子鸡

麻辣子鸡是长沙百年老店"玉楼东"的招牌名菜,始创于清朝的同治年间。清末曾国藩之孙、湘乡翰林曾广钧曾来长沙"玉楼东"用膳,留下著名的"麻辣子鸡汤泡肚,令人常忆玉楼东"的诗句。后来,潇湘酒家的厨师对麻辣子鸡的制作方法进行了改进,

麻辣子鸡

使得其更增添一层美味,因此,有食客作了一首诗来称赞潇湘酒家的麻辣子鸡口味比"玉楼东"的更胜一筹:外焦里嫩麻辣鸡,色泽金黄味道新,若问酒家何处好,潇湘胜过玉楼东。

◎ 发丝百叶

发丝百叶与红煨牛蹄筋、烩牛脑髓一同被称为"牛中三杰",源自回民餐馆李合盛,创始于清光绪十一年(1885年)。"牛中三杰"是湘菜中的一大特色,被誉为"湘菜异苑中别具一格的佳肴"。1938年,著名的文学巨匠郭沫若来到长沙,应邀来到"李合盛"餐馆用餐,他品尝完这里独特的牛肉菜肴后对其赞不绝口,并将此写进了他著名的作品《洪波曲》中。

◎ 酱汁肘子

在清光绪年间,一位叫马明德的商人在长沙马王街开了一家熟肉店,并以自己的名字作为店名,就叫作"马明德堂"。这家店熟肉店有着祖传秘方,主要经营以肘子、卤肉为主的熟食,以"酱汁肘子""虎皮肘子""水

晶肘子"最为有名，其肘子系列位居当时青石井十大名产"十子"之首。可惜的是，"马明德堂"毁于长沙"文夕大火"，不过万幸的是，他家的祖传酱汁肘子秘方，在此之前已经传给谭奚庭开的"玉楼东"餐馆，得以保存下来。

◎ **组庵鱼翅**

民国政府前行政院院长谭延闿居长沙的时候，他最爱吃的就是鱼翅，到了每餐必吃的地步，他的家厨曹敬臣为了能做出更美味的鱼翅，将红煨鱼翅的方法改为鸡肉、五花肉与鱼翅同煨，独创了风味独特的鱼翅新菜谱，深得谭延闿的喜爱。后来，只要他接待宾客，必上此菜。因为谭延闿又有着"组庵先生"的别名，因此这道菜又被人们称作"组庵鱼翅"。

◎ **东安子鸡**

相传，在唐玄宗开元年间，有一位客商经过长沙，入夜以后感到十分饥饿，就来到湖南东安县城路边的一家小饭店用餐。当时店里的菜都卖完了，热情的老板娘就杀了自家的童子鸡来招待他。经过老板娘的一双巧手，童子鸡被做成了一道上等的美味，后来，这家店的这道菜名声被传了开去，就连当时的知县也慕名而来，品尝完后知县对其赞不绝口，赐名"东安子鸡"。

◎ **毛氏红烧肉**

伟大领袖毛主席最爱红烧肉，这几乎已经是人尽皆知的事了，据记载，毛主席在指挥三大战役时，曾对警卫员李银桥说："你只要隔三天给我吃一顿红烧肉，我就有精力打败敌人。"主席厨师做的红烧肉深受主席好评，被称作"毛氏红烧肉"，是主席宴上的八大名菜之一，更是湘菜中的一道著名菜肴。

◎ **腊味合蒸**

相传，在湖南的一个小镇上，曾有一家小饭馆，店老板名叫刘七。但好景不长，他的店倒闭了，为了躲避欠下的一屁股债务，他只能流落他乡，以乞讨为生。有一天他来到了长沙，正是快过年的时候，家家户户都做了许多腌腊制品，有好心人看刘七可怜，就拿了一些腊肉、腊鸡、腊鱼什么的分给了他。刘七将这些材料洗干净，又加入一些事先带在身上的调料，放进一口简单的蒸钵里，蹲在一户大户人家的门口就开始蒸了起来。

此时，这家人正在宴请宾客。他们闻到了刘七烹饪的香气，还以为是有什么菜忘了端出来，就派下人去查看。下人发现了刘七，还以为他偷了自家的食物，拿起他的蒸钵就往家里走。宴席上的一位客人是长沙一家大酒楼的老板，他品尝了刘七的那份腊味，连连称赞，此时刘七为了夺回自己的食物，也冲出阻拦跑进了那户人家家中。这个误会被解释清楚后，酒楼老板对刘七的厨艺十分赞赏，留他在自家的酒楼里当厨师，将此菜命名为"腊味合蒸"，果然名传千里，最终成为了一道著名的湘菜。

◎ 口蘑汤泡肚

这道菜由长沙"玉楼东"首创，后来传遍全国，北京的湖南餐馆马凯餐厅将此菜的名声传到了北京各处，得到了各界人士的一致好评，著名的戏剧研究家许姬传老人吃过这道菜以后，赞不绝口，还留下了一首诗歌："倚马我惭奏凯歌，试斟不觉醉屠苏，易牙手段湖南味，汤泡肚尖冠首都。"

你知道老长沙人都做些什么腌腊制品吗？

长沙人地处南方，气候较为湿热，且盛产瓜果蔬菜，为了能够延长食物的保存时间，老长沙人都善于制作一些腌腊制品，比如烟熏腊肉、卤蛋、做霉豆腐等，腊肉更是长沙远近闻名的一大特色食品。

长沙的腊肉多是将猪肉腌制后放在烟火上烘烤，使之吸收了木材和炊烟的香气，有一种烟熏的独特风味。至于小菜，腌制方法更是五花八门，可以说老长沙人家家户户都有酸坛，里面泡着豆角、黄瓜、萝卜等，可以随时拿出来吃。据说许多人家制作腌刀豆、芋头梗的时候，还要用淘米水浸泡，风味独特。生姜、茄子、苦瓜、萝卜等晾晒腌制后，既可以自家食用，更是过年过节时走亲访友必不可少的伴手礼。

长沙人民不但心灵手巧，更富有创意和对生活的美好向往，他们在制作腌腊食品时，还别出心裁，制作出各种造型的腌菜、酱菜，带有美好的寓意，比如将刀豆、姜做成蝙蝠形，与"福"谐音；做成喜鹊的形状，象征着"喜"；把它们切成兰草的形状，寓意"男"，等等。

你知道长沙的"姊妹团子"吗？

"团子"，是由糯米粉加上各种馅料做成的民间小吃。相传，团子是在宋太祖率领军队征讨天下之时流传至全国的，当时宋太祖赵匡胤兵败安徽歙县，正当士气低迷、人心衰落之时，热情善良的当地人民送来了米团，将士们吃后都赞不绝口，还打了胜仗。后来宋太祖平定天下之后，甚是想念这种美事，还特意从歙县请来厨师制作团子，美其名曰"大救驾"。后来，团子这种美食也传遍了天下。

而在长沙，也有一家著名的团子店，这家店开在火宫殿，名叫"姊妹团子"，顾名思义，是一对姜氏姊妹花所开，专卖甜、咸两种口味的团子。

这家知名店铺之中的姊妹团子，是由上等的糯米磨成细粉，包入鲜肉、香菇、味精、芝麻油等原料和成的肉馅，或者白糖、麻仁（芝麻炒熟后碾成的细粉）的糖芯制成的。团子的形状是尖顶平底，就像一座小巧玲珑的宝塔，一咸一甜，两种风味，各有特色。

你知道"毛氏红烧肉"是如何得名的吗？

毛氏红烧肉又名"毛家红烧肉"，是长沙的一道传统名菜，属于湘菜系。毛氏红烧肉以五花肉为主料，白糖、料酒等为佐料制作而成。烧成以后的毛氏红烧肉油而不腻，色香味鲜，还有辣椒的辛香。

1914年，青年毛泽东进入湖南第一师范学习。过去学生们的条件艰苦，每个礼拜只能

毛氏红烧肉

吃一次好的，就是在周六这一天，食堂会烧长沙特有的红烧肉。这种红烧肉，是用湘潭酱油（老抽）加上冰糖、料酒、大茴（八角），由慢火煨制而成的。每到周六，湖南第一师范的食堂里就会为师生们端上热腾腾的红烧肉，八人一桌，每桌足足有四斤肉，可谓让大家大饱口福了。从此，毛泽东就跟红烧肉结下了不解之缘，红烧肉也成为了他最喜欢的菜之一。

但是，长沙的"毛氏红烧肉"，跟一般的红烧肉有着什么样的区别，与毛泽东主席又有着什么样的渊源呢？秘密就是正宗的"毛氏红烧肉"虽然名为"红烧肉"，但竟然不放酱油。据说，毛泽东主席本来是吃酱油的，但是后来他在有些酱油作坊里看到酱油制作过程不卫生，后来就决心不再吃酱油做的菜。到了北京以后，他特意叮嘱厨师，凡是他吃的菜里，一律不许放酱油。但是，毛主席又对红烧肉念念不忘，这给当时的厨师可算是出了一道难题，后来中南海的厨师程汝明灵机一动，想出了办法，他改用糖色加盐烹调红烧肉，做出的红烧肉不比用酱油做出的差，他发明的这道菜也深得毛主席的好评。后来，这道菜流传了出去，就变成了今天风靡长沙街头的"毛氏红烧肉"。

你知道长沙火宫殿小吃城的历史吗？

1943年元旦，在长沙的火宫殿之中，一个名为"乾元宫小贸市场"的市场盛大开幕，在这个市场当中，有48家店铺，其中7家经营纸烟汾酒、山水名茶、槟榔水果、经济理发等，其余41家都是小吃店，因此，这个市场被长沙人民称为"小吃城""好呷城"，并戏称这里是"进来是火宫殿，出去是'钱圆功'"。"钱圆功"是火宫殿大名"乾元宫"的谐音，意在说明这里的小吃太好

长沙火宫殿

吃，直教人把钱全部都花光了才能出去。

在这些小吃当中，包括了米粉、臭豆腐、汤面、甜酒冲蛋、牛肉馓子、荷兰粉、三角豆腐、龙脂猪血、脑髓卷、清炖牛杂、鲜肉馄饨、糯米果饭、鸡味油面、葱油粑粑、糖油粑粑等近百种。

值得一提的是，火宫殿小吃城是在经历了惨绝人寰的"文夕大火"后，在一片废墟、一片狼藉之中建立起来的，体现了长沙人民自强不息、白手起家的精神。其中，人称徐二爹的徐菊生，第一个在火宫殿小吃城中搭起帐篷，经营以"神仙钵饭"为特色的小铺子，后来，他的铺子被本来经营"撮汤锅子"（即猪牛下脚炖汤）的李子泉兼并，再后来，因为李子泉经营得当，他创立了李合记饭铺品牌，不断兼并火宫殿中的其他店铺，最后竟然拥有了火宫殿庙坪内所搭建的一半铺面，成为火宫殿中规模最大的经营者。

1956年，火宫殿小吃城进行了公私合营，李子泉因为入股最多，成为了火宫殿小吃城的私方经理。

直到今天，火宫殿小吃仍然是长沙的一张富有特色的著名城市名片，许多游客来到长沙，都会慕名而来，一睹长沙各色小吃的风采。

长沙的椒盐馓子有两千多年的历史了吗？

椒盐馓子，是老长沙的一种著名小吃，它以精面粉为主要原料，加上花椒、板油、细盐、白糖等烹制而成，造型为丝状的面饼，有扇形和枕形两种，口味则有甜、咸两种，既可以做点心，也可以当成一盆菜。在物质不丰沛的古时候，能吃上美味的椒盐馓子，也算是老百姓日常生活中的一件乐事了。

据说，长沙的椒盐馓子，距今已经有两千多年的历史了。早在《楚辞·招魂》当中，就有关于椒盐馓子的记载。也就是说，早在春秋战国时期，长沙一带就有了椒盐馓子这种美食。

椒盐馓子，也受到了古代文人墨客们的青睐。唐代的著名诗人刘禹锡曾经作诗一首："纤手搓来玉数寻，碧油煎出嫩黄深；夜来香睡无轻梦，压褊佳人臂缠金。"诗的题目叫做《寒具》,"寒具"就是古人对椒盐馓子的别称。由此可见,椒盐馓子不仅是平民百姓餐桌上的佳肴,更是有些身份地位的文士们所热爱的食物,雅俗共赏。

如今,椒盐馓子更是长沙美食之中的一道亮丽风景线,走在长沙街头,仍然能看到这道千古美食的风采。

你知道"剁椒鱼头"这道著名湘菜的来历吗?

剁椒鱼头,又称"鸿运当头""开门红",是著名的湘菜,闻名大江南北。剁椒鱼头鲜香扑鼻、辣味四射,鱼肉嫩滑无比,并且配以湖南最特色的剁椒酱,腌制得十分入味,独有一番风味,令广大美食爱好者一见就食指大动、垂涎欲滴。

剁椒鱼头

相传,剁椒鱼头这道菜已经有着几百年的历史,他的来历,和清代的著名文人黄宗宪有关。据说在雍正年间,文字狱盛行,一时之间,各位文人都四处躲避,以免牢狱之灾,黄宗宪也顺势逃到湖南的一个小村庄。有一天,黄宗宪寄宿的农家儿子打回一条鱼,女主人将鱼肉煮汤后,又用辣椒剁碎,用来蒸鱼头。黄宗宪竟然觉得鱼头比鱼肉的滋味还要鲜美,从此就爱上了这道菜,并且后来将这道菜传播了开去。

到了今天,剁椒鱼头已经变成了湘菜系中最重要、最有名的菜色之一,变成了湘菜盛宴上的一道"重头戏"。

你知道长沙人吃夜宵的历史吗?

长沙人爱吃夜宵,据说,这个习俗早在清朝末年就有了。到了20世纪30年代,长沙城里已经逐渐形成了三大夜宵美食带:以火宫殿为中心

的传统夜宵美食带；以南门口为中心的草根夜宵美食带；以中山路旧督军署（即今天的市青少年宫）为中心的时尚夜宵美食带。除了小龙虾为原料的各色美食是后来从外地引进的以外，现在长沙夜宵摊能够尝到的各种长沙本土传统小吃，早在民国时期就已经是夜宵摊上的招牌了。据有关资料记载，当时长沙的夜宵种类十分繁多，有臭豆腐、饺饵（馄饨）、蹄花、油炸饺子、麻油猪血、白粒丸、卤鸭舌、卤猪肝、卤蛋、卤鸭架子、卤鸭头、碱面、米粉、三角豆腐、荷兰粉、刮凉粉、凉面、唆螺、蛋炒饭、炒粉炒面、糯米饭、牛肉徽子、糖油粑粑、葱油粑粑、油饼、糖醋藕、甜酒冲蛋、乌梅汁、绿豆汁、烧饼、茶盐蛋，等等。其中，又以臭豆腐、饺饵、麻油猪血、糖油粑粑、葱油粑粑、汤粉、汤面及卤味等最负盛名也最受欢迎。

  在20世纪20年代之前，因为当时军阀混战、时局动荡不安，因此，长沙的夜宵生意虽然也有，但一直并不红火，顾客人数也很少。直到1920年后，赵恒惕推行"联省自治"，因此，湖南各县的政要人物都来到了省会长沙竞选议员。一时之间，长沙城里住进了许多达官贵人，也带来了与"夜上海"等当时全国最时髦的大都市看齐的夜生活方式，长沙的夜宵生意也开始日渐繁华。

  当时，长沙的夜宵美食，不但名声传遍了长沙城、湖南省，甚至远传到了上海。1924年，蛰庐主人在《大湖南日报》副刊发表的《长沙小贸竹枝词·咏油炸臭豆腐》中，就提到这样的故事："声似提壶日夜呼，长沙豆腐世间无。谁为臭味相投者，海上新来逐臭夫。"

  1929年夏天，已经拆除城墙的长沙市正在兴建环城马路城南路、西湖桥路段，以改这一带附近尘土漫天，空气污染较为严重。但是此时，许多夜宵摊贩仍然选择在此经营，后来，长沙市公安局认为在这些地方设立夜宵摊十分不卫生，还会阻碍交通，于是，对南门口的夜宵摊进行了一次大规模的清理整顿。

  长沙人民吃夜宵的习俗流传至今，各色夜宵美食吸引着五湖四海、天南海北的朋友们前来品尝。1982年，台湾著名诗人向明即在《湖南文献》写了一篇《闲话长沙小吃》的文章："长沙城内有不少面馆，极端平民化，但是端出来的面却极为精致。面少码子多，汤也是特制的，因为长沙人吃面完全是当点心吃，只求味道，不求吃饱。在抗战那些年，长沙人突然时兴吃米粉，而以黄春和的米粉最出名，这家米粉店就在长沙黄兴路旁的织机巷口。站在我家三楼顶的晒台上，正好就看到黄春和米粉店忙忙碌碌的情形，真是门限为穿，吃客不绝。尤其晚上，黄春和点上一盏汽灯，灯光照亮半条街，更显得生意的旺盛。长沙米粉也像吃面条一样，讲究米粉上面所盖的码子和汤汁。现在无论在什么时间、空间，黄春和对我们都是再遥远也不过了。"由此可见长沙人民对美食的一片热爱之心了。

你知道长沙臭豆腐的由来吗？

在长沙，有着这样一句歇后语："火宫殿的臭豆腐——闻起来臭，吃起来香。"长沙臭豆腐，是长沙美食的一张特色名片。关于长沙臭豆腐的由来，有人说，它是源自北京的王致和臭豆腐，事实上不是这样的，王致和豆腐是长沙人称"猫乳"的腐乳，并不是我们所见到的长沙臭豆腐。最早，长沙臭豆腐并不叫作臭豆腐，而是叫"油炸豆腐"。早在1938年初，长沙的《观察日报》就曾作过这样的报道："火宫殿，吃喝玩乐门门有，油炸豆腐最著名"。

据《长沙饮食志》载，长沙臭豆腐源自湘阴县，本就是长沙的本土美食，而非从王致和处传来的。

而长沙火宫殿的臭豆腐，据说是由一位叫作姜二爹的人由湘阴带来的手艺，并且成为了20世纪三四十年代火宫殿小吃中的一绝。姜二爹所制作的油炸豆腐工艺十分讲究，光是豆子，他就要亲自挑上好几遍，力求粒粒黄豆都新鲜健康，不能有一点杂质和霉变，点卤的时候他也亲自掌握火候，每片豆腐都用一块白布包裹起来，码好后再夹上木板，将水分榨干，这样做出来的豆腐原胚，叫"包子豆腐"，四周没有切痕，浸泡卤水时不易脱落变形，油炸出来周边同样焦脆爽口。浸泡臭豆腐的卤水也是姜二爹精心制作的，都是选用上好的香菇、冬笋等材料制作而成，豆豉则一直坚持使用正宗浏阳豆豉，需要吊酒的时候，也总是选用上好白酒，甚至是茅台酒。

这样做出来的长沙臭豆腐，外表呈豆青色，外焦里嫩，香气扑鼻，深受人们的喜爱，而且当年姜二爹的铺子就开在火宫殿的牌坊底下，地理位置很好，因此他的臭豆腐很快就得到了全市人民的喜爱。

姜二爹去世后，姜二娭毑接手了他的事业，继续在火宫殿卖着臭豆腐。

1958年4月12日下午5时左右，毛泽东主席在黄克诚将军和湖南省委书记周小舟的陪同下视察火宫殿，提出想吃臭豆腐的要求。在1956年全国推行公私合营后，火宫殿便成了国营饮食店，姜二娭毑的店并不属于火宫殿饮食店，因此火宫殿的负责人就在她那里买了臭豆腐送过去。于是，毛主席就吃到了姜二娭毑做的臭豆腐，并且给出了很高的评价。因此，后来火宫殿饮食店领导决定派火宫殿大师傅沈福生的妻子，也是火宫殿职工的盛纯，去向姜二娭毑拜师学艺，学习制作臭豆腐的技术。

盛纯学成归来之后，火宫殿的臭豆腐生意越来越好，为了扩大经营，火宫殿领导又先后派了刘玉昆、刘涛云两人去向姜二娭毑拜师学艺。后来，这两人被人们称为火宫殿的"臭豆腐三姊妹"，也是"姜二爹臭豆腐"仅有的三位嫡系传人。如今，这三人之中只有盛纯还在世。最后，火宫殿干脆将姜二娭毑本人也请进了火宫殿，变成了火宫殿饮食店的正式员工。

火宫殿臭豆腐的名声甚至传到了国外，据说，美国前总统老布什也来火宫殿品尝过这道美食，并且表达了对它的赞许之情。

你知道长沙腊肉的历史吗？

腊肉是湖南、四川、广东等地著名的民间美食，在寒冷的冬日里，有着"北方吃饺子，南方吃腊肉"的说法。腊肉在我国有着十分悠久的历史，据说在上古夏朝时，人们在农历的十二月合祭众神，这种仪式被称为"腊"，因此十二月也被称作"腊月"。腊肉，往往就是在这个时节做成的，因此，就被冠上了"腊肉"的名字。

早在周朝的《周礼》《周易》中，已有关于"肉脯"和"腊味"的记载。当时，腊肉被当成一种珍贵的物品，朝廷专门设有管理臣民纳贡肉脯的机构和官吏。在民间，也有学生用成束干肉赠给老师作为学费或聘礼，这种干肉称为"束修"，也就是10条腊肉的意思。在长沙的战国墓中，更是出土了肉脯（即今日之腊肉），说明腊肉当时被当作一种珍贵的物品用以给达官贵人陪葬。

在古时候，腊肉的原材料除了猪肉，还有许多其他动物的肉。据史料记载："越人风干（肉）而后熏"。因为古时湘楚一带的人喜欢打猎，为了不浪费打来的猎物，就把它们做成了能够保存较长时间的腊肉。

在长沙，腊肉是一道家家户户都会做的家常美食。每到腊月，"小雪"至"立春"前，家家户户杀猪宰羊，对生肉用食盐加上一定比例的花椒、大茴、八角、桂皮、丁香等香料进行腌制，等七到十五天后，用棕叶绳索将肉穿挂起来，滤干水分后熏烤。熏烤所用的木材，多用柏树枝、甘蔗皮、椿树皮或柴草等，等到熏烤得差不多了，就挂在柴灶之上，让平时做饭的烟火慢慢继续熏制它，做成的腊肉香味扑鼻，简直让人在几米之外就垂涎欲滴。

现在，长沙的腊肉不仅是长沙人民饭桌上的常客，更是变成了全国人民都喜爱的一道美食。因为其保存性强，甚至远销香港地区和马来西亚、新加坡、菲律宾等东南亚地区，深受消费者的欢迎。

你知道长沙德园包子背后的故事吗？

在长沙，德园包子绝对是一道家喻户晓的招牌美食。长沙城曾经流传着这样的一首歌谣："出笼香喷喷，色白皮暄松。玫瑰香甜美，香菇爽嫩鲜。"说的就是德园包子的美味。

德园包子的起源，距今已经有一百多年的历史了。早在清光绪末年，一对姓唐的夫妇创办了这家店铺，取名为"德园"，取自《左传》中"有德则乐，乐则能久"之意，希望这家店能给人们带来快乐，也能长长久久地开下去。民国初年，几位官厨盘下"德园"，并改名为"德园茶厅"。1938年"文夕大火"，店铺被烧毁。"文夕大火"后，合伙人在原址重建德园，并创出德园八大名包。"文革"时期，德园改名为"立新包点店"。20世纪80年代初，德园改回原来的店名。2002年，德园搬离驻守一百多年的黄兴南路。

德园包子，可谓老长沙的一绝了，它以"八大名包"而闻名，这"八大名包"，分别是玫瑰白糖包、香菇鲜肉包、白糖盐菜包、水晶白糖包、麻茸包、金钩鲜肉包、瑶柱鲜肉包和叉烧包。其中，玫瑰白糖包就是玫瑰糖加白糖、芝麻馅，麻茸包是芝麻粉加白糖馅，金钩鲜肉包是虾仁鲜肉馅，瑶柱鲜肉包则是贝类肉加鲜肉馅。

据说，老长沙道地的食客是这样品尝德园包子的，堪称一种吃的艺术：首先，泡上一杯浓茶，然后拿一个糖包子，再拿一个肉包子，先在包子的底部各取下一块面皮来品尝。再拿一把花生米，用双手一搓，再用口轻轻一吹，把花生米的皮去掉，然后放入两个包子之内，并且将两个包子背靠背合在一起，用双手将其捏成一个大圆饼，使糖、肉、花生米均匀分布，最后再一起纳入口中品尝。这种奇妙的吃法，被老饕们称为"老蚌含珠"。据说，老饕吃德园包子是不用"个"来称呼包子的，而是用"件"，当你听到有食客大喊"来四件包子！两糖两菜，一杯茶，一个碟子！"就能断定他是德园包子的忠实粉丝。

据说，食客们为了能吃到头笼的德园包子（头笼放的"枞毛须"即松树叶是新鲜的，因此蒸出来的包子更香），竟然天还没亮就起床赶往店里，甚至有些人的洗漱工作都是在店里完成的！由此可见，德园包子的魅力有多么大。

德园包子之所以别有一番风味，是因为它独特的制作工艺，体现着老一辈长沙人的匠心精神。在追求快速，商家常常用快捷酵母发面、用泡打粉膨松的今天，德园包子却依然秉承着"老面搭碱"的传统技艺。而且，在德园包子成坯后，必须先送到80摄氏度以上的烤箱中烤10分钟，出炉再醒发20分钟，这时，包子表面不但会形成软鸡蛋般光滑的软皮，而且会变得膨松。经过这道特殊的烤制工艺之后，德园包子才会像普通包子那样上笼屉蒸，因此，它的风味也与众不同，特别好吃。如今，在外湘春街二马路排队等候"德园包点"出炉的市民，都能看到摆放在街边的"烤"包子全过程。

除此之外，德园包子的馅料选料也十分讲究。就拿肉包子来说吧，馅料的原料最好是选用猪前腿夹缝肉，还要加入炒熟的笋丁和香菇，增加肉馅的松软程度和鲜香度。

除包子外，德园还会依据时令供应各种各样的点心，如春有春卷，夏有千层糕、凉发糕，秋有脑髓卷，冬有萝卜饼，还会供应蒸饺、锅饺、蝴蝶卷、银丝卷、馒头等。另外，德园还提供上门服务，预约定做各种象形点心及寿桃、寿面等，方便利民。

原湖南省文史研究馆副馆长曹典球曾为德园写下一副嵌字联："德必有邻邀陆羽，园经涉足学卢仝。"通过陆羽撰写茶经、卢仝七碗生风两个典故，表达对德园包点的赞美。

你知道长沙名菜"百鸟朝凤"和清朝太后之间的关系吗？

"百鸟朝凤"是一道著名的湘菜，更是长沙人民宴席上出现的一道大菜，做法十分考究。它名字华丽、寓意吉祥，而且味道格外鲜美，深受长沙人民的好评。

"百鸟朝凤"这道菜名称的由来，主要是因为它的菜品形如"百鸟朝凤"的故事一般，中间是一只形如凤凰的鲜鸡，边上一圈，则是用鸽子蛋制作而成的"小鸟"，栩栩如生。而它的由来，据说跟清朝的皇太后有着密不可分的联系，在当时，是一道宫廷御菜，后来才传入民间。有人说这是乾隆帝送给太后钮氏的祝寿礼物，也有人说这是光绪帝送给慈禧太后的祝寿礼物。不过，无论是哪个版本的说法，都说这是献给清朝太后的特别寿礼。据说当时各路大臣们为了讨太后的欢心，特意命人训练了一批珍稀的鸟类，让它们能够展翅齐飞作出表演的动作，作为寿宴当天的特别节目，意在表示太后是人中的"凤凰"，连自然界中最珍稀的鸟儿们也自动地赶到太后的寿宴上，围绕着她为她祝福。后来，皇帝听

了这个节目的构思后，决定再命人制作一道名为"百鸟朝凤"的宴会菜，与之相呼应。

于是，当时的御厨们挖空了心思，最终研制出了这道菜。他们选用上好的母鸡，去除内脏并且清洗干净后，将胸骨拍断，把鸡翅别起来，意在塑造"凤凰"高贵的姿态，然后放入汤锅煨煮。再把十几只小酒盅抹上精炼过的猪油，每只酒盅里打入一只新鲜的鸽子蛋，上笼蒸几分钟定型，做成"小鸟"的身体，再用香菇条和火腿条摆成翅膀。等母鸡蒸得软烂可口、鲜香无比后，御厨们再把做好的"小鸟"精细地摆在它的周围，足足摆上一圈，就做成了造型美丽、寓意丰富的"百鸟朝凤"。光绪皇帝见了这道菜也十分赞许，在太后寿宴当天，伴随着"百鸟朝凤"的节目，这道特别的菜也悄悄地端上了餐桌。太后见了果然十分欢喜，赞不绝口。

后来，这道菜慢慢地流传到了民间，成为了湘菜系中一道著名的宴会菜色。

你知道长沙石锅鱼为什么又被称为"金福鱼"吗？

石锅鱼是湘菜之中的一道名菜，据说它发源于长沙，因此也是长沙的一道特色名菜。它制作方法非常独特，首先，人们用一块大的花岗岩岩石凿成有双耳的石锅，再将鱼放在石锅内烹煎，最后再加上以辣椒为主的各式调料和一些有益身体健康的滋补药材。经过一番复杂烹调工序的操作流程之后，这道菜就完成了。

长沙的石锅鱼，又被人称为"金福鱼"，这个名字，据说还是清朝的康熙皇帝取的呢！相传，在康熙年间，康熙帝微服私访，深入民间走访民情，当他来到长沙的湘江之畔，来到一家小店用餐。这家店的特色菜就是长沙石锅鱼，康熙帝品尝了这道菜后，为它的美味所倾倒，特意赐给它一个名字就叫作"金福鱼"。后来，这家小店也因此得名为"金福林"，名声更是传了开去。

你知道"长沙第一好呷葱油粑粑"是哪一家吗?

近年来,许多"网红美食"火爆蹿红大江南北,古城长沙也不例外,热情的网友们评出了许多来到长沙必吃的"网红美食"。长沙葱油粑粑是湖南省传统的地方小吃,属于湘菜系,主要食材是粳米,再加上少量的现饭、葱花等油炸而成。葱油粑粑最好吃的是外面的皮,既酥且脆,再往下咬下去,就葱香四溢,满口生香。在长沙的"网红美食"之中,有着一家"长沙第一好呷葱油粑粑",被人们奉为经典。那么,这家美食究竟有着怎样的独特魅力呢?

在长沙解放西路游击坪电线杆子旁,就能看到这家由李娭馳所做的添加了胡椒的葱油粑粑。"娭馳"是湖南的方言,音同"唉姐",是对老年女性的尊称,李娭馳,也就是姓李的老奶奶的意思。李娭馳做葱油粑粑已经有三十多年的历史了,最早,她的技术是跟北正街头卡子一街办厂的老同事学的,到了1982年左右,她自立门户,开创了自己的葱油粑粑生意。

李娭馳的葱油粑粑有它独特的秘方,比如磨制的米浆中加入的现饭必须是半生不熟的撩饭等。想吃到李娭馳的葱油粑粑,还得趁早,因为她每天炸完200个左右的葱油粑粑后,就会收摊。遗憾的是,随着李娭馳的年纪逐渐变大,这处小吃摊有可能会逐渐"退出江湖",因此,想要尝尝道地的湖南葱油粑粑,游人们还得抓紧啦!

宁乡的猪肉是因为明朝皇帝才闻名的吗?

湖南省长沙市宁乡县位于湘中偏北,湘江下游西侧,洞庭湖南缘。东临望城县,南界韶山、湘乡、娄底三市,西接安化县,北毗桃江、益阳市。宁乡县辖33个乡镇,全境东西最大跨度88公里,南北纵长69公里,土地面积2905.92平方公里,是长沙市的一个重要组成部分。

宁乡的猪肉,是长沙一带名气很大的土特产。宁乡牲猪是我国著名的地方优良猪种之一,具有适应性广,易熟易肥,畜脂力强,屠宰率高,肉质细嫩等特点,特别适合用于腊肉的制作,仔猪则适合做成烧烤猪。

早在民国时期，宁乡的猪肉就是附近一带商贩竞相购买的产品。民国《宁乡县志》称："流沙河、草冲两地相连数十里，猪种极良，家家养母猪产仔，湘乡、安化、宝庆、新化、益阳贩客络绎。"宁乡牲猪按体形分为狮子头、福字头、阉鸡头三种。宁乡猪皮薄毛稀，后腿很高，大腿皮肤处有皱折，所以被称为"穿裤腿"；猪尾很粗，垂直不卷曲，就像泥鳅一样，因此被称为"泥鳅尾"；猪蹄形如猴掌，所以被称作"猴子脚"；猪的额头长有白斑，胸腹部下方和四肢也都为白色，肩胛骨部前方也有一圈白色的毛，其他部位的毛色则都是乌黑油亮的，所以有"乌云盖雪银颈圈"之称。

宁乡牲猪的历史十分悠久，据说，它是受到了明朝皇帝的恩泽才长成了现在的模样，当然，这只是一个民间传说。相传明朝正德皇帝有一次来到长沙的民间走访，当他来到宁乡草冲的时候，在一户农民家里用了餐，吃到了宁乡当地的猪肉，不住地夸奖说："这猪肉好吃，一天长一斤就好了。"令人惊讶的是，皇帝这么一说之后，宁乡的猪肉果然长得很快，也变得更加美味了，后来就变成了宁乡的特产。

现在，宁乡的猪肉已经走出长沙，甚至走出中国，变成了国际知名的猪肉品牌，许多国家的农畜牧代表团都曾来宁乡考察牲猪的情况。

长沙浏阳的金橘有着很高的药用价值吗？

浏阳，是长沙市下属的一个县级市，金橘，是浏阳的一大特产。浏阳金橘历史悠久，已有一千多年的栽培历史，早在宋朝的《食货志》中，就出现了浏阳金橘的名字："浏邑之东，山深土满，遍地沃壤，宜于种橘""其大者如金钱，小者如龙目，色似金，肌理细莹，圆丹可玩，啖者不剥去金衣，食用以渍蜜为佳"。据《湖南省志》记载，明朝时，浏阳金橘被选为贡品。清同治年

浏阳金橘

间，浏阳被誉为"金橘之乡"。

浏阳金橘有金弹和圆金橘2个品种，长圆形，果皮甜脆，果肉厚，味略酸，香气浓厚，是一种集食用、药用、观赏为一体的地方特色水果，除了可以用来食用，还可以作为观赏植物。值得一提的是，浏阳金橘有着很高的药用价值。《本草纲目》中指出，金橘具有和胃通气、补脾健胃、化痰消气、通筋活络、清热去寒的功效，而现代医学也指出，金橘富含人体所需多种维生素和人体所需的多种氨基酸，其中维生素C、B、B_2的含量，要比其他柑橘类多上许多。因此，吃金橘可以预防感冒、支气管炎、脑血管疾病等多种疾病。

除了生吃以外，浏阳金橘还可以与生姜、陈醋、酱油等一起做成酱料，吃白切鸡的时候蘸上一点，别提有多好吃了，它还可以被加工制成金钱饼和金橘罐头等特色食品。浏阳金橘以它独特的天然优势，成为了国家农产品地理标志保护产品。

宁乡沩山毛尖茶是唐代的贡品吗？

宁乡沩山毛尖茶，是长沙宁乡的著名土特产，产自沩山上的天然盆地。这里地势险峻，植被葱茏，常年云雾缭绕，有"千山万水朝沩山，人到沩山不见山"之说。这里有着独特黑色砂质壤土，土层深厚，腐殖质丰富，十分适合茶树的生长。沩山毛尖茶的茶树枝繁叶茂，茸毛多，持嫩性强，是制作名茶的最佳原料。制作后的茶叶，呈片状，色泽黄亮光润，叶缘微卷，形似兰花，身披白毫。泡成的茶汤汤色橙黄鲜亮，烟香浓厚，滋味醇甜爽口，别有一番风味。

沩山毛尖茶

相传，早在唐代时期，沩山毛尖茶就已经成为了朝廷的贡品，许多文献中也记载了沩山茶的高品质。清同治《宁乡县志》中有着这样的记载："沩山六度庵、罗仙峰等处皆产茶，唯沩山茶称为上品。"民国《宁乡县志》也有着如下记载："沩山茶雨前采制，香嫩清醇，不让武夷、龙井。商品销甘肃、新疆等省，久获厚利，密印寺院内数株尤佳。"另外，据相关史料记载，在我国西北部边疆的少数民族，也都把沩山毛尖茶当作最珍贵的礼品茶。

你知道被称为"四大名绣"之一的沙坪湘绣吗？

湘绣是湖南的传统特色手工艺品，是中国的四大名绣之一。长沙的沙坪乡，也就是今湖南省长沙市开福区沙坪街道，有着"中国湘绣之乡"的美誉。

在长沙沙坪，有着一座专业的湘绣工厂，也就是湖南长沙沙坪湘绣厂，它成立于1986年8月1日，厂内有中高级技术人员17人，特级刺绣师48人，一级刺绣师106人，二级刺绣师95人，全部绣工人数达近万人。它所生产的湘绣产品远销世界各地，深受海内外人士的喜爱。沙坪湘绣厂曾经为国家重要场馆、党和国家的领导人特地创作了许多幅著名湘绣展品，得到了很高的赞誉。

2005年10月12日，沙坪湘绣厂所制作的四幅金球，湘绣搭乘"神舟六号"载人航天飞船来到了无垠的太空，成为了沙坪人的一大骄傲。

另外，在沙坪，还有一个民办的湘绣博物馆，它是由天利湘绣有限公司董事长毛勇臻先生所创建的，是湖南省首家民办湘绣产业配套型博物馆。该馆于2006年开始筹建，并于2010年5月18日对社会开放。沙坪湘绣博物馆规模较大，建

沙坪湘绣博物馆

筑面积近 4000 平方米，藏品数千件，藏书近万册。馆中的基本陈列有历史篇、人物篇、工艺篇、传承篇、企业篇、作品篇六个篇章，陈展以实物藏品为基础，以图片、文字、影像、雕塑、场景等辅助展品及现场互动演示与之相结合，生动形象地介绍了沙坪湘绣的"前世今生"。该馆先后被确认为国家非物质文化遗产传承发展基地、湖湘文化发展示范基地、长沙市湘绣科学技术馆、长沙市先进农村科普示范基地、湘绣技能培训基地，值得游客们前去一观。

你知道著名的长沙大围山梨吗？

大围山梨，是长沙浏阳大围山镇的特产。大围山镇地处湖南省东北部，湘赣边境，北与平江接壤，东与江西铜鼓相邻，南界张坊镇，西连达浒镇，著名的浏阳河就发源于此。这里更有着风景秀丽的大围山，镇也因此而得名。

大围山梨果肉脆嫩，汁水丰沛，果香四溢，值得一提的是，它的果核极小，这也是很多特别美味的水果的共同特点。

除了梨，大围山镇上也有着不少其他品种的特色水果，如桃、李等，现已形成颇具规模、独具特色的特色水果产业基地，水果产业，已成为山区农民所经营的最重要产业。

2013 年，大围山梨以其独特的魅力，被评为国家农产品地理标志保护产品。

长沙的场馆娱乐

　　长沙,不但是一座经济发达、风景秀丽的名城,更是一座富含深厚历史底蕴,有着数千年文化传承的古城,在这里,有着丰富多样的文化瑰宝,走进长沙大大小小的博物馆,就仿佛置身于时光隧道,或者穿越到了学校的课堂之上,徜徉在知识的海洋之中,既能开阔眼界、大饱眼福,更能进一步地了解长沙的前世与今生……甚至,你可以来到奇趣横生的野生动物园,和大自然来一个亲密的拥抱。还等什么,赶快一起去看看吧!

你知道湖南省博物馆的悠久历史吗？

湖南省博物馆位于湖南省省会长沙市开福区，毗邻烈士公园，它筹建于1951年，并于1956年正式对外开放，是湖南省最大的历史艺术博物馆，也是首批国家一级博物馆、中央地方共建国家级重点博物馆、全国优秀爱国主义教育示范基地和湖南省4A级旅游景点。馆中的藏品达18万余件，以马王堆汉墓文物、商周青铜器、楚文物、历代陶瓷、书画和近现代文物等最具特色。除此之外，博物馆中常年举办各式各样的临时展览，比如"走向盛唐展""国家宝藏展"等，旨在传播湖湘特色文化。

其实，湖南省博物馆最早的前身成立于1904年，在尔后的百余年内，它几经更迭，才变成了现在我们看到的湖南省博物馆。下面，就让我们一起来了解一下湖南省博物馆的悠久历史吧！

1904年，经湖南巡抚赵尔巽倡导，梁焕奎、龙绂瑞等筹款，湖南省建起了一座博物馆，与已有的图书馆、教育馆合并，全称为"湖南图书馆兼教育博物馆"，主要陈列人体和动物模型，开放约一年时，教育博物馆部分被撤销；

1924年6月24日，湖南省教育会博物馆开馆；

1927年正式定名为"湖南省立博物馆"，但不幸的是，1930年，它在战争中被毁；

1951年3月，湖南省政府决定着手重建省博物馆；

1956年湖南省博物馆建成开馆，还举办了"湖南矿产资源""湖南农业资源""湖南手工艺品""湖南楚文物"等六大展览；

1972年至1974年，马王堆汉墓被发掘，湖南省博物馆中一下子增添了许多震惊中外的珍贵文物；

1973年，湖南省博物馆建造了建筑面积为3510平方米的新仓库（后改造成保护与展示并用的场所），在保护和展示马王堆汉墓出土文物方面发挥了近三十年的关键作用；

1971年，湖南省博物馆将馆藏的矿物之类标本拨给了湖南省地质局，1979年将馆藏动植物标本借给了长沙市第一中学，至此，湖南省博物馆开始了从自然、历史类收藏展示并重，到以历史类收藏和展示为主的转变；

1999年，由国家和省财政共同投入1.2亿元新建的新陈列大楼竣工；

2003年至2004年，湖南省博物馆打造的以"马王堆汉墓陈列"为龙头的基本陈列，被评为年度全国十大精品陈列；

2008年3月20日，湖南省博物馆正式实施免费开放；

2008年，湖南省博物馆成为国家首批一级博物馆；

2009年，湖南省博物馆被财政部和国家文物局确定为中央地方共建8家国家级重点博物馆（院）之一。

2011年7月4日，湖南省博物馆举行改扩建工程开工仪式，省博物馆进入"边建设、边开放"阶段。

2012年5月25日，湖南省博物馆改扩建工程可行性研究报告获得省发改委批复同意，工程投资总概算约8.5亿元，总建筑面积约8.3万平方米。

2012年6月18日，工程进入建设阶段，博物馆暂停对外开放服务，于2017年年底重新开放。

湖南省博物馆的新馆何时开馆？

作为公益性机构，湖南省博物馆自2008年3月20日起正式向社会长期免费开放，并且推出了专题导览、讲座、会员、家庭主题日、教师沙龙等社会教育活动。

为了更好地发挥一个省级文化机构的社会作用，湖南省博物馆于2012年6月18日起暂停对外开放服务而进行扩建工作，于2017年11月再次对外开放。通过此次改扩建，湖南省博物馆的总建筑面积达到8.3万平方米，年观众接待量可增加到300万人次以上，藏品保管保护、陈列展览和观众教育服务设施条件得到了根本性的改善。

扩建后的湖南省博物馆已成为国家级重点博物馆和长沙市新的文化地标，达到国际先进博物馆的综合水平。

你知道湖南省博物馆中有哪些著名的藏品吗？

◎ **商代豕形铜尊**

1981年湘潭九华船形山出土，高40厘米，长72厘米，野公猪形状，有盖，盖上捉手残缺，现已根据残存情况复原成凤鸟形。

◎ **大禾人面纹方鼎**

商代晚期文物，通高38.5厘米，口长29.8厘米，宽23.7厘米，出土于宁乡县黄材镇，是中国唯一的以人面纹为饰的鼎。此鼎的颜色为绿色，器身口部略大于底部，两耳直立，四柱状足，足上部有兽面纹，器身外表四周装饰着半浮雕的人面，人面周围有云雷纹，人面的额部两侧有角，下巴两侧有爪。

◎ **御龙帛画**

战国（公元前475至前221年）时期文物，长37.5厘米，宽28厘米，被称为中国早期肖像画的杰出代表，人们将其与"人物龙凤帛画"一起并称为先秦绘画艺术中的双璧。

◎ **黑地彩绘漆棺**

汉代文物，该棺内髹朱漆，外涂黑漆，并且用朱、白、黑、黄、绿等颜色画出了云气，云气间有一百多个形态各异的动物和神怪，组成了五十七幅内容不同的画面，是汉代云气纹漆画的典型作品。

◎ 曲裾素纱襌衣

西汉早期文物，衣长 160 厘米、通袖长 195 厘米、袖口宽 27 厘米、腰宽 48 厘米，衣重 48 克，1972 年马王堆一号汉墓出土。

◎ 汉墓T形帛画

汉代文物，1972 年，考古学家在马王堆一号汉墓第四层的内棺盖上发现了一幅帛画，1973 年，人们又在马王堆三号汉墓第三层内棺盖上发现了一幅帛画，因为这两幅帛画都是上宽下窄，因此就把它们通称为T形帛画。帛画的内容，主要分为天上、人间和地下三大部分，表达了远古人民对自然的崇拜。

◎ 唐摹《兰亭序》

唐代文物，此卷长 24.5 厘米、宽 65.6 厘米。正文质地为绢本，黄褐色，所以，它又被称为"黄绢本"。卷前有明代著名书画家、鉴赏家董其昌所题"墨宝"二字，卷中有多处明代书画鉴赏家项元汴藏印，在正文的最后一行下有"苐印""子由"两个朱文印，但已不太清晰。卷尾依次有明代许初，清代王澍、贺天钧、唐宇肩、顾莼、梁章钜、梁同书、孙星衍、石韫玉、李佐贤、韩崇诸跋。

你知道湖南省博物馆有哪些常设陈列吗？

◎ 新发现陈列

《湖南十大考古新发现陈列》展馆位于湖南省博物馆新陈列大楼二楼西北，其面积约 400 平方米，展品共计 133 件（组），于 2003 年 1 月 18 日对外展出，集中展示了 10 余年来湖南省最重要的十大考古新发现，其中有八项被评为当年全国十大考古新发现，这八项中又有三项被评为 20 世纪百项考古大发现，尤其是龙山里耶战国秦汉城址的发掘，更是被誉为 21 世纪我国最重大的考古发现之一。

重点展品：旧石器遗存、道县玉蟾岩石器时代遗址、澧县彭头山与八十垱新石器时代遗址、黔阳高庙与安乡汤家岗新石器时代遗址、澧县城头山新石器时代城址、望城高沙脊商周遗址、龙山里耶战国秦汉城址、

长沙古坟垸西汉长沙王室墓、沅陵虎溪山西汉沅陵侯吴阳墓、长沙走马楼三国吴简。

◎ 商周青铜器陈列

这一陈列主要展示了湖南地区出土的商周青铜器具。这里有湖南省迄今为止发现的最早铜器，出自岳阳铜鼓山和石门皂市的商代遗址，距今有约3500年的历史。

湖南省博物馆收藏的商周青铜器数量较多，《湖南商周青铜器陈列》精选出铜器72件，与铜器伴出的玉器11件。

重点展品：商铜象尊、商豕形铜尊、商立象兽面纹铜铙。

◎ 汉墓陈列

1972年至1974年发掘的长沙马王堆三座汉墓，是20世纪最重大的考古发现之一，墓中出土了三千多件珍贵文物，和一具保存完好的女尸。该陈列展示了从马王堆汉墓中挖掘出的284件（组）文物，是马王堆汉墓出土文物的精华。

重点展品：西汉直裾素纱禅衣、西汉T型帛画、西汉黑地彩绘棺、西汉云纹漆钫。

◎ 名窑陶瓷陈列

该陈列展示了在湖南境内发掘到的古窑和陶瓷文物，数量、种类都较多。早在东汉中期，湖南一带就开始烧造青瓷。迄今为止，湖南发现从东汉至清朝所建的瓷窑四百余处。

重点展品：元青花人物故事玉壶春瓶、西晋青瓷对书俑、唐长沙窑褐斑贴花舞蹈人物瓷壶、唐长沙窑青釉褐绿彩狮座诗文瓷枕。

◎ 明清书法陈列

明清时期，是我国书画艺术的鼎盛时期。湖南省博物馆的馆藏明清书法作品甚多，涵盖面广，尤其是湘籍名人的书法作品，更是多姿多样、琳琅满目。

重点展品：李东阳的行书诗卷（明）、祝允明的行草书《岳阳楼记》卷（明）、赵之谦的隶楷书联（清）、董其昌的行书轴（明）。

◎ 明清绘画陈列

明清绘画，在唐宋的基础上，趋向个性化，出现了重传统的摹古和改革创新两大潮流，"摹古"派讲究传统的继承、技法的表现，"创新"派注重画意内涵和笔墨形式。湖南省博物馆馆藏明清绘画作品甚多，其中有些画家的作品属十分罕见、十分珍贵的。

重点展品：陈录的梅花推蓬图卷、仇英的枫溪垂钓图轴、八大山人的松鹿图轴、恽寿平的花卉图册。

你知道长沙博物馆与中共湘区委员会的关系吗？

长沙博物馆位于长沙滨江文化园东侧，是一个集文物收藏、保护研究、展示宣传、教育服务等功能于一体的综合性场馆，建筑层高5层，建筑面积2.4万平方米，收藏各类文物近5万件。其中以商周青铜器、楚汉文物、长沙窑瓷器最为著名及富有特色，馆藏的商代青铜大铙、青铜编铙、错金银龙凤纹铜盒、蜻蜓眼琉璃珠、带鞘铜剑、曹㒨玛璃印等，都是稀世珍宝。

但是，其实长沙博物馆曾经经历过搬迁与新建，它的原址位于清水塘22号，是1986

长沙博物馆

年在中共湘区委员会旧址纪念馆的基础上成立的。因此，在长沙博物馆的原址内，还有着毛泽东、杨开慧同志的故居，那曾经是中共早期湖南党组织所在地和中共湘区委员会的活动基地，现为湖南省重点文物保护单位。

如今，长沙博物馆又建造了一个新馆。新馆位于新河三角洲，于2015年投入使用，建筑面积为2.4万平方米，主要用于综合陈列、展示、收集、保管，以及研究有关自然、历史、文化、技术、科学等方面的实物及标本。

长沙博物馆新馆的外形上,由镇馆之宝商代象纹大铜铙的形象转化而来,同时,也很像英文"Museum"的首字母"M",也像一座敞开的大门,是湖湘文化新地标之一。

你知道"中国花炮第一馆"是长沙的哪座博物馆吗?

中国花炮文化博物馆又名中国花炮文化博物馆,它位于湖南省浏阳市大瑶镇,建在原李畋阁遗址上。中国花炮文化博物馆是全国首家村办博物馆,享有"中国花炮第一馆"的美誉。

浏阳市是长沙市下面的一个县级市,花炮是这里的历史产业,也是特色产业,素来有着"浏阳花炮响天下,天下花炮数浏阳"的美称,在过去,浏阳的花炮产业十分发达,可以说是"十家九爆"。从花炮始祖李畋发明第一颗爆竹到如今发展出丰富多彩的花炮文化,已有上千年的历史了。因此,人们在这花炮的发源地建立了中国花炮博物馆。

博物馆属仿唐古建筑,原李畋阁遗址前门尚存。展馆分为"千年巡礼""传统工艺""现代科技""辉煌业绩"四大块内容,记录了浏阳花炮1400多年来不断发展的历史。馆内收藏了明末清初的花炮印刷板、手推车等实物100多件,展出了各时期的照片200多幅。值得一提的是,馆内还设有展示传统工艺的老作坊,供游客们参观。

你知道长沙有座剪纸专业博物馆吗?

华夏剪纸博物馆位于长沙市望城县旺旺东路654号,于2000年7月12日建成开馆,全馆展出面积210平方米,是由秦石蛟剪纸世家私人创建的博物馆,更是全国为数不多的剪纸专业博物馆。

在华夏剪纸博物馆内,设有一个收藏室、四个陈列室和一个工作室。收藏室内有藏品一万多件,包括全国历年出版的剪纸专著360部和20多个省市的民间剪纸、现代剪纸原作近万件,还有一批极为珍贵的实物资料。四个陈列室内，分别陈列有秦石蛟剪纸世家作品、剪纸之乡——望城的原生态剪纸作品、湘楚剪纸的代表之作和剪纸知识介绍。最后一个展室是剪纸概览，主要介绍了全国各地剪纸的不同风格特点。

秦石蛟剪纸世家已传5代，祖上曾有20多人爱好剪纸，其中部分人还以此谋生。秦石蛟先生也是一位传奇的剪纸匠人，他从事剪纸事业已经50多年，1984年，他曾应邀赴日进行剪纸表演，被新闻媒体称为"剪纸神技"。他曾为数本儿童文学作品剪纸插图，参与《美术》《手工劳动》教材和《湖南民间美术全集》的编撰。目前，他已出版的著作有《跟我学剪纸》《秦石蛟千鸡图精选》《巧剪双喜》《民间剪纸图形》等。

当游客来到华夏剪纸博物馆参观时，如果有幸，还可以亲自观赏秦石蛟和其家人的剪纸表演。

你知道长沙还有哪些富有特色的博物馆吗？

◎ 长沙简牍博物馆

简牍，是中国古代书写用的竹简、木简、竹牍和木牍的统称。在纸发明以前，简牍是中国书籍的最主要形式，对后世的书籍制度产生了深远的影响。

长沙简牍博物馆位于长沙市天心区白沙路92号，成立于2002年，是国内首座集简牍收藏、保护、整理、研究和陈列展示于一体的现代化专题博物馆。

长沙简牍博物馆占地30亩，主体建筑面积14100平方米，绿化广场8000余平方米，馆内展览面积约5000平方米。博物馆设有上、下两层，一层为《文明之路——长沙简牍博物馆基本陈列》，由《三国吴简》《中国简牍》《世界文字载体》和《中国简牍书法》四个部分组成，二层为《长沙出土文物精华展》，由《青铜神韵》《湘楚瑰宝》《两汉遗珍》《瓷釉华彩》四个部分组成。藏品主要为1996年长沙走马楼出土的14万余枚三国孙吴时期纪年简牍和2003年发现的2万余枚西汉初年纪年简牍，另外还有青铜、漆木、书画、金银等其他藏品约3500件。

2009年5月，长沙简牍博物馆被国家文物局评为国家二级博物馆。2017年1月，长沙简牍博物馆被评为国家一级博物馆。2017年5月18日，晋级第三批国家一级博物馆授牌。

◎ 中国湘绣博物馆

位于长沙芙蓉区车站北路1号的湘绣博物馆是一座专门从各方面展示湘绣独特魅力的专业性博物馆，成立于1999年，展馆共1000平方米，展示了6000多件藏品，由《湘绣的历史渊源》《湘绣的崛起》《当代湘绣撷英》三个主题展厅组成。

在馆藏的众多湘绣珍品之中，《雄狮》《饮虎》《望月》等作品曾荣获中国工艺百花奖金杯奖，还有很多著名的湘绣作品如《百子图》《杨贵妃》《罗斯福总统像》等。在博物馆内还有现场的湘绣刺绣表演，游客们将有机会亲眼见证湘绣艺术家的传奇技艺。

湘绣博物馆还附设了卖场，售卖如丝巾、双面壁绣等，品种多样，价格从20元到上百万元不等。

◎ 湖南省地质博物馆

位于长沙市天心区杉木冲西路49号的湖南省地质博物馆始建于1958年，并于1980年正式对外开放。旧馆内设有八个展厅，内容包括宇宙演化、生物进化、恐龙世界、人类起源、生态环境、资源保护、矿产形成和矿物岩石分类及宝玉石等，新馆在长沙市天心区杉木冲路，占地71.9亩，建筑面积56亩，内设"序厅""走进地球""打开宝藏""辛勤耕耘""沧海桑田""保护地球""石之瑰宝"等八个主要展厅。

湖南省地质博物馆内有各类珍贵标本、馆藏展品一万余件，其中无齿芙蓉龙、辉锑矿、白钨矿，是湖南独有的特色展品。

◎ 雨花非遗馆

近年来，湖南省长沙市政府开发了"中国雨花非遗民俗特色街区"，打造了一条东西向1.3公里、南北向1.2公里、面积达1.66平方公里的非遗民俗特色街区，为市民和外来游客们提供了"学非遗""买非遗""吃非遗""玩非遗"的绝佳场所。

值得一提的是，在"中国雨花非遗民俗特色街区"内，有一座"雨花非遗馆"，主体为一座4层楼独栋建筑，面积约4.8万平方米。一楼为湖南民俗文化中心，主要有"大师工作室""湘西文化街""大学生创业街"。二楼以全国特色手工艺品展销、体验为主，有长期免费向公众开放的500平方米的文化艺术中心，每周还会举办国学类文化活动、各类非遗公益讲座。三楼为国际非遗产品展销、体验中心，设置了非洲馆、东南亚馆、欧洲馆。四楼为饮食、娱乐、演艺中心，主要有国家级非遗数字化保护中心、非遗饮食汇、非遗教学中心、非遗演艺城等。

目前，雨花非遗馆内已入驻各级非物质文化遗产项目达到339个，还有世界级项目2个、国家级项目25个、省市级项目200余个，200项非遗项目传承人入驻。

你知道长沙生态动物园中惊险刺激的车行猛兽区吗？

长沙生态动物园位于长沙市天心区，前身是位于烈士公园畔的长沙动物园。它地处长沙、株洲、湘潭三市融城的中心地带，交通十分便利。

2010年9月3日，有五十多年历史的长沙动物园闭园，园内动物搬迁至位于长沙县暮云镇的长沙生态动物园。到10月13日，动物搬迁工作全部结束。长沙动物园原址变更为长沙烈士公园。新建成的长沙生态动物园，现园区面积1500亩，由中日著名设计师参照世界知名动物园标准联合设计，共分为步行圈养区、车行放养区、科普教育区、生态景观区、休闲娱乐区、后勤服务区，建有动物笼舍区和驯化场37个，饲养动物300余种类、约5000余只（羽）。

园区环境优美，地处属于标高较低的丘陵地，植物繁多，在谷地部分广布着农业用的山塘，山地中还有大量沙地，体现了自然环境的多样性。

值得一提的是，长沙生态动物园是湖南省唯一一家经国家林业局和农业部批准发证，能引进饲养一、二类水陆野生动物的公益性、事业性的专业野生动物饲养和展示单位。

长沙生态动物园中的一大特色，可谓其中的车行放养区了，该区域位于园区东北部，占地500亩，分为车行猛兽区和车行食草区，其中猛兽区分为孟加拉虎区、东北虎区、白虎区、狮区、豹区、狼区、熊区。游客来到车行猛兽区，可以在车上近距离观看来自热带雨林的孟加拉虎、来自非洲草原的非洲狮，还有首次登陆中国的珍奇动物黑背胡狼，更可以看到被称为"丛林之王"的东北虎等。有幸的话，游客还能近距离看到它们如疾风般奔驰，还有争抢、撕咬食物的过程，可谓惊险刺激的体验了。

你知道长沙生态动物园内的大熊猫们吗？

大熊猫是我国的国宝，以它独特的魅力深受人们的喜爱。关于大熊猫，还有着一个神话传说哩！相传在远古时候，大熊猫是神兽黄龙的坐骑，有一天，黄龙预知到地上的食肉动物要发生一次大劫难，绝大部分的食肉动物都会灭绝，因此就劝大熊猫从吃肉改成吃素。于是，大熊猫放弃了肉食的习惯，改吃竹子。后来，果真大地上发生了惊天动地的变化，跟大熊猫同时期存在的食肉动物剑齿象、剑齿虎等找不到食物吃，大量饿死，最后不幸灭绝。只有大熊猫因为提前学习了吃素，才得以生存下来，成为稀世珍宝，更是古生物的活化石。

在长沙生态动物园内，也设有一座专门的大熊猫馆，大熊猫馆是步行区的标志性建筑之一，场馆面积370平方米，由室内场馆和室外活动场两部分组成。一条长桥穿行于室外活动场，人行其中可更接近我们的国宝大熊猫。在大熊猫室内展馆设有大熊猫纪念品专卖商店，专门向游客出售熊猫玩具、文具等纪念品。

在长沙生态动物园的大熊猫馆中，生活着六只性格各异、富有特色的大熊猫，它们分别是二喜、娅韵、君君、真真，还有双胞胎兄弟"成双""成对"。它们以可爱的外形、憨厚的性格，吸引着无数的中外游客前来参观。最后来到长沙生态动物园的是双胞胎兄弟"成双""成对"，2015年12月29日，它们从四川飞抵长沙，入住位于长沙生态动物园熊猫馆的新家。

目前，长沙生态动物园正积极请求国家林业局的支持，筹建"中国大熊猫研究所华中基地"，与四川成都合作共同开展大熊猫的科学研究与繁殖工作。

你知道湖南省森林植物园中有哪些主要景点吗？

湖南省森林植物园，也被称为天际岭国家森林公园、长沙植物园，成立于1985年，位于长沙市雨花区，占地面积140公顷，森林覆盖率高达90%。园内引种、驯化、迁地保存了植物208科900属3200多种4000多个品种，收容、救治、驯养了野生动物112种。其中有许多动植物的品种十分珍贵，比如银杉、珙桐、黄腹角雉等，都是国家一级保护植物和动物。园内建有国家一级保护动物黄腹角雉种群繁殖基地和全国首家"森林和湿地生物多样性保护宣传教育中心"。

2012年1月《全国旅游景区质量等级评定委员会公告》（2012年第1号）中将湖南省森林植物园评为国家4A级旅游景区。那么，在这个充满原生态气息、集动植物保护与观赏为一体的综合性公园内，有哪些值得游人一看的主要景点呢？

◎ 樱花园

樱花园建于1987年，面积200亩，内有染井吉野樱、红叶樱、垂枝樱、云南樱、御衣黄、关山、八重红大岛、普贤像、尾叶樱、山樱、冬樱花等早樱和晚樱近70个品种3000多株樱花树，其中的2000株染井吉野樱是在1985年由日本滋贺县赠送的，是园内主要的樱花品种，是中日人民友好的见证。园内还设有一处樱花湖，与樱花树相映成趣。由于园内的樱花早花品种、中花品种和晚花品种配置合理，因此，使得本来花期很短、转瞬即逝的樱花观赏期延长到了40天左右。

◎ 木兰园

木兰园建于1995年，其实它是园内三个景点的统称，它们分别在三湘景园、木兰科植物展示区和木兰科植物种质资源基因库，分布面积约

180亩，分为木莲区、木兰区、含笑区和综合区四个大区。如今，木兰园已经收集并成功保育了木兰科植物7属82种，其中包括乐昌含笑、杂交马褂木、观光木、海南木莲、醉香含笑、重瓣紫玉兰等一批优良用材树种和园林景观树种。

2002年，"三湘景园"落成。它浓缩了湖南省14个地区自然、人文景观精品，堪称园中一大奇景。

◎ 茶花园

茶花园位于樱花湖畔，它建于1992年，面积约45亩，顾名思义，是以观赏、保护茶花为主旨的景点。其中栽培了半齿红山茶、长瓣短柱茶、糙果茶等山茶物种及十八学士、金盘荔枝、星桃牡丹、紫魁等30多个茶花品种，约700株。

◎ 国家杜鹃园

国家杜鹃园又名中国杜鹃属种质资源异地保存库，建于2008年，面积450亩，其中重点收集和保存了杜鹃属植物中适应性强、价值大、观赏性强、开发利用价值高的珍稀种类、种源和居群2000份，150种300个品种，成为了拥有国际先进水平的中国杜鹃属珍稀植物迁地保育与遗传育种平台。

目前，国家杜鹃园中已经引种保存了88种230个杜鹃品种，值得一提的是，园中的天门山杜鹃、张家界杜鹃、涧上杜鹃属于国内首次引种栽培，十分富有价值。

◎ 世界名花园

世界名花园，顾名思义，当中展示了来自世界各地的多种名花，面积为75亩。其中的牡丹园特别值得一看，因为是中国地栽观赏牡丹最南的地方，园内共有观赏牡丹9大色系、42个品种、4000株，占地面积6亩。其中名贵品种有黄色的"金阁""姚黄"等。其他区域根据时节不同，因时而变，因地制宜地展示了来自世界各国的争奇斗艳的名花，全年不间断，一年下来，共展示各种花卉1000多个品种，近300万株（盆）。

◎ 荫生植物园

荫生植物园建于2005年，面积7.5亩，由五个藤架、一条长140米的溪沟、两个天然水井和一块沼泽地组成，园中共收集和展示荫生植物680种。

◎ 赏竹园

赏竹园建于2008年，占地面积30亩，共收集展示观赏竹类植物154种。有观杆、观叶、观形及观赏地被竹等类型。园中设有小溪，还有亭台楼阁，翠竹环绕，别有一番古意和雅趣。

你知道长沙有一座以伟人命名的体育中心吗？

贺龙体育中心位于长沙劳动西路，为一座综合性多功能的现代化体育中心，是以新中国的伟大革命领袖贺龙同志的名字命名的，用以纪念他，因为贺龙是湖南人，是湖南的骄傲，因此湖南人民都十分尊敬和爱戴他。这也是全国第一座以国家领导人名字命名的大型综合性体育场馆。贺龙体育馆始建于1951年，当时名叫"长沙劳动人民体育场"，1984年更名为"长沙市体育场"，1987年更名为"长沙贺龙体育场"，2003年更名为"长沙贺龙体育中心"。该中心地处市中心较为繁华的地段，地理环境优越，交通便利。

贺龙体育中心

位于贺龙体育文化中心靠劳动西路一侧坐落着贺龙体育馆，为一座综合性多功能的现代化体育馆。该馆的总建筑面积为18425平方米，内设有固定与活动坐席6500个，比赛大厅面积为58×30米，是继首都体育馆、上海体育馆之后，全国又一个场地面积较大的体育馆。馆内能进行体操、网球、手球、羽毛球、室内足球、艺术体操等12个运动项目的比赛，也可举行文艺、杂技演出和群众集会，功能丰富。因此，它向来都是长沙市举办各种高水平、高规格体育赛事和承接各种大型活动的重要场所，曾成功举办了第一届亚洲体操锦标赛、中美男篮对抗赛、五城会体操蹦床比赛、五城会男子篮球决赛、首届亚洲体操锦标赛和全省大众运动会等国内外大型赛事，多次承办 CBA 和 WCBA 重大赛事。另外，还在这里举行了大量的明星演唱会、展会以及群众体育等大型体育赛事和活动。

另外，贺龙体育中心中的健身设施是对市民全面开放的，每年前来锻炼身体的市民多达 200 万人次，成为了长沙人民强身健体时常常选择的重要地点。

你知道长沙有着世界上独一无二的摩天轮吗？

长沙摩天轮位于长沙新世纪体育文化中心城市东广场，是亚洲大型摩天轮之一。长沙摩天轮的最高处距离楼下地面有 120 米之高，摩天轮内可同时容纳 360 人，运转一圈约需 20 分钟，游客们坐在摩天轮上，可以俯瞰整个长沙的美景。

而长沙摩天轮本身，堪称长沙的一大标志性地标，也是一个令人叹为观止的奇景，可以说，长沙摩天轮是世界上独一无二的。首先，它的设施十分高级，可以说是豪华，它一共耗资 2000 万元，座舱为全封闭装置，底座设有 6 个座位，上半部为通透式顶盖，所有座舱均配备冷暖空调、真皮沙发座椅和背景音乐。据摩天轮的建造方介绍，一个座舱的价值竟然与一部奥迪 A6 轿车差不多相等。长沙摩天轮共有 60 个座舱，也就是说，光是座舱的价值，就等于 60 部奥迪 A6 的价值。

其次，长沙摩天轮还有一个特点，就是在晚上，它能够发出美丽的光彩。因为，在长沙摩天轮中心的转轴内，设置了 50 多种不同色彩的电脑组合灯光。到了夜里，就形成了 50 多条灯光同时大放光彩的独特美景。在摩天轮的最外圈，也设置了灯泡，可以发出光芒。因此，可以说长沙摩天轮上上演着两种灯光秀。

长沙摩天轮

特别值得一提的是，长沙摩天轮最重要的特点，也是它之所以被称为"世界上独一无二的摩天轮"的原因，是因为它竟然建立在巨型屋顶上，这在世界上是绝无仅有的。因为其他的世界著名的摩天轮，譬如说上海、香港、哈尔滨和英国伦敦的富有名气的大型摩天轮，都是建在地面上的。因此，长沙摩天轮可以说是一处十分富有特色的城市奇观了。

你知道长沙著名的酒吧一条街吗？

许多游客来到一座城市，尤其是现在的年轻人们，都会对这座城市的夜生活有所兴趣。而了解一座城市夜生活的最好办法，就是去逛逛这座城市的酒吧，聆听这座城市午夜的狂欢与寂寥。甚至可以说，酒吧在某种程度上，体现着一个城市的文化氛围。

解放西路是长沙最早出名的一条酒吧街，后来人们都已经忘记了它原本的路名，直接就叫它"长沙酒吧街"，它的特点是非常热闹与疯狂，

也就是年轻人所说的"很嗨",人们常常能在这里看到穿着大胆、时尚的年轻人穿梭在午夜之中。后来,长沙又逐渐发展起了化龙池酒吧一条街和太平街内酒吧一条街,这两条街以"清吧"为主,也就是比较安静的酒吧,颇有一番独特的浪漫文艺气息,吸引了很多老外前来驻足。

　　解放西路的酒吧各有各的特色,而且规模都比较大。其中最著名的要数飘吧,它的"六脉神剑"等特色鸡尾酒曾传遍长沙的街头巷尾,许多人都对其赞不绝口。因此,它也逐渐成为了长沙年轻人午夜聚会的通常选项。街上还有一家巨大的"金色年华",它以演艺节目和KTV为特色,可以说是长沙市内生意最好的娱乐场所。还有荷东DISCO,一直是长沙最热闹的DISCO之一。除此之外,还有热舞吧、挪威森林、统领、玛格丽特等各有特色、名称也都很酷的著名酒吧,吸引着热爱夜生活的新新人类们。

附　录

名胜古迹 TOP 10:

天心阁

天心阁位于长沙市城南路与天心路交会之处的古城墙上,是长沙古城的一座城楼。

它始建于明末,清乾隆年间曾重修,共有楼阁三层,建筑面积846平方米。天心阁原名"天星阁",源于明代的"星野"之说,因对应天上"长沙星"而得名。这里曾是古人观测星象和祭祀神明的地方,而且位于长沙古城地势最高的龙伏山上,因此被认为是难得的风水宝地。不幸的是,天心阁旧址因"文夕大火"而被烧毁,1983年,政府重建天心阁。

开福寺

位于长沙市城北新河附近,濒临湘江,为佛教禅宗临济宗杨岐派之寺院。它于五代时期由楚王马殷始建,宋、明、清时屡毁屡建,占地面积4.8万平方米,建筑面积1.6万平方米,有佛殿三进,即三圣殿(弥勒殿)、大佛殿(大雄宝殿)和毗卢殿,大雄宝殿1923年重建。寺内有清康熙、光绪年间石碑各一道。

开福寺是中国佛教重点开放寺院之一,被列为湖南省级重点文物保护单位,湖南省佛教协会和长沙市佛教协会均设在寺内。

马王堆汉墓

1972—1974年，考古工作者先后在长沙马王堆发现并挖掘了3座西汉时期墓葬，后经鉴定，这是西汉初期长沙国丞相利苍及其家属的墓葬。这几座墓葬设计精巧，封闭完好，内部有着大量的陪葬品，先后出土了丝织品、帛书、帛画、中草药等3000余件珍贵的文物。另外，在马王堆汉墓中还出土一具千年女尸，刚被发掘的时候，由于保存十分完好，这具尸体就像新鲜的一般，被誉为"东方睡美人"，成为中国乃至世界历史上的一大奇迹。

岳麓书院

岳麓书院位于长沙湘江西岸的岳麓山脚下，是中国历史上著名的四大书院之一，更是世界上最古老的学府之一。它正式创立于北宋开宝九年（976年），直到光绪二十九年（1903年），与湖南省城大学堂合并为湖南高等学堂。中华民国十五年（1926年）时，湖南高等学堂正式定名湖南大学。因此，可以说，岳麓书院就是湖南大学的前身之一。

1986年，湖南大学宣布完成修复岳麓书院，并正式对外开放。

1988年，岳麓书院建筑群被国务院批准为第三批全国重点文物保护单位。

2005年湖南大学正式恢复岳麓书院，下设中国哲学研究所、历史研究所、中国思想文化研究所、中国书院研究中心和中国软实力文化研究中心等多个部门。

中共湘区委员会旧址

1921年，毛泽东和何叔衡出席中国共产党第一次全国代表大会后，于10月成立中共湖南支部。1922年5月前后，又成立了中共湘区委员会，毛泽东任书记，为湖南省的革命运动提供了极大的支持，也大大促进了共产主义思想在湖南的传播。区委机关设于长沙市小吴门外清水塘22号，旧址现今仍存。1921年冬至1923年4月期间，毛泽东和杨开慧曾居住于此。1968年，政府对该旧址进行了复原建设，设水塘、小山、绿地及辅助陈列馆等，共占地42000余平方米。

贾谊故居

位于现长沙市太平街,解放西路与太平街口交会处。它始建于西汉文帝年间,为长沙王太傅贾谊的故居。公元前177年至公元前174年,西汉著名政论家、思想家和文学家贾谊在长沙担任王太傅一职时,就曾居住在这里。故居附近有一口井,相传为贾谊所造,因杜甫"长怀贾谊井依然"的诗句而得名。两千多年以来,贾谊故居历经约64次重修,最近的一次是在1998年。另外,令人惋惜的是,经历了"文夕大火",贾谊故居中的许多文物现已不存,仅存亚殿一座,殿内刻有屈原像,还余一座古井和古碑。

湖南省第一师范学校

位于长沙市南区书院路东侧,建于民国初年,1938年毁于长沙大火,但于1968年复建,具有西式建筑特点,富有特色。1913年春,毛泽东考入湖南省立第四师范学校,次年春,第四师范并入第一师范,因此,一直到1918年夏天,青年毛泽东都在这里学习、生活,从事革命活动。1920年秋至1921年冬,毛泽东担任其附属小学主事和师范部国文教员。1950年,毛泽东为学校题写"第一师范"的名称,并为母校题词"要做人民的先生,先做人民的学生"。

麓山寺

麓山寺又名"慧光寺""万寿禅寺",位于长沙市湘江西岸岳麓山山腰,由敦煌菩萨竺法护的弟子竺法崇创建于西晋武帝泰始四年(268年),距今已有1700多年的历史,是长沙最早的一座佛寺,是佛教入湘最早的遗迹。寺庙的山门上有一副对联:"汉魏最初名胜,湖湘第一道场。"寺庙中有前后二殿,前殿毁于1944年,后殿观音阁于1955年重修,阁前左右各有一株罗汉松,被称为"松关"。寺后有泉水从石隙中流出,名为"白鹤泉"。现为湖南省重点文物保护单位和湖南省佛教协会驻地。

禹王碑

位于长沙市岳麓山北峰,最早发现于衡山岣嵝峰,所以又被称为"岣嵝碑",与黄帝陵、炎帝陵被文物保护界誉为中华民族的三大瑰宝。禹王碑宽140厘米,高184厘米,碑文9行,每行9字,最后有以楷书所写"右帝禹制"字样,经鉴定,是于宋嘉定年间摹刻于此地的。禹王碑的字体十分难认,相传著名的学者郭沫若花了三年,才认出三个字,因此,它被称为"蝌蚪文"或者"鸟篆"。1935年,人们修建了一座石亭以保护它,亭侧还立有清欧阳正焕所书的"大观"石刻。现为全国重点文物保护单位。

爱晚亭

位于长沙市岳麓山下清风峡中,始建于1792年,名字源于杜牧所著著名的诗歌《山行》中的"停车坐爱枫林晚"一句,与陶然亭、湖心亭、醉翁亭一同被誉为"中国四大名亭",为湖南省文物保护单位。爱晚亭的亭形为重檐八柱,顶部为琉璃碧瓦,亭角飞翘,内为丹漆圆柱,外檐四石柱为花岗岩,亭中彩绘藻井,在亭楣上悬挂着红底鎏金的"爱晚亭"字样,是由当时的湖南大学校长李达专门请毛泽东书写的。

名山胜水 TOP 10:

橘子洲头

橘子洲头位于橘子洲的南端,橘子洲则位于长沙市区对面的湘江江心,是湘江下游众多冲积沙洲之一,也是世界上最大的内陆洲,形成于晋惠帝永兴二年(305年),距今已有一千七百多年的历史,是长沙重要名胜之一,被誉为"中国第一洲"。

伟大领袖毛主席对橘子洲情有独钟,早在他在湖南第一师范读书时,就常常光顾橘子洲,在这里运动、游泳、会友等。1925年,他写下了脍炙人口的诗作《沁园春·长沙》,抒发了自己满腔的抱负与热情。

岳麓山风景区

岳麓山风景区位于长沙市岳麓区的湘江西岸,海拔300.8米,占地面积35.20平方公里,因南朝宋时《南岳记》中"南岳周围八百里,回燕为首,岳麓为足"而得名,现有麓山、橘子洲、岳麓书院、新民学会四个核心景区,景区内有岳麓书院、爱晚亭、麓山寺、云麓宫、新民学会旧址、黄兴墓、蔡锷墓、第九战区司令部战时指挥部旧址等景点,为世界罕见的集"山、水、洲、城"于一体的旅游景区、国家重点风景名胜区、湖湘文化传播基地和爱国主义教育的示范基地。

2012年1月，岳麓山风景区被国家旅游局公布为国家5A级旅游景区。

大围山国家森林公园

位于湖南省浏阳市东北部，距省会长沙148公里。它森林覆盖率高，环境优美，空气清新，气候宜人，夏无酷暑，冬无严寒，被称为湘东的绿色明珠。1992年，经林业部批准为国家森林公园。

大围山国家森林公园面积7万余亩，顶峰海拔1607.9米，园内有大片原始次生林和人工林，且植被丰富，种类繁多，有23个群系、3000多种，列入国家一、二类的保护树种有17种。另外，现已发现野生动物60余种，列入国家一、二类保护动物达14种，堪称天然动植物博物馆。

湖南省森林植物园

位于长沙市南郊，紧依汽车南站，占地140公顷，包括水域6公顷，是集科研、旅游、科普教育于一体的一个综合性生态公园。1992年，林业部下文，认定其为国家森林公园。

园内设有植物分类区、珍稀濒危植物区、药用植物区、观赏植物区等10个区，共有森林植物1100多种和花卉果树品种1800多个。

该园10多年来，先后主持或参与科研项目46项，有2项取得发明专利，16项成果获部、省科技进步奖。先后接待了来自美国、日本、芬兰、澳大利亚等20多个国家的专家学者近1000人次，目前与18个国家和地区的40多个植物园建立了长期的种子交换关系，更是中小学生们接受科学教育、亲近自然的课外实践基地。

长沙湘江风光带

位于长沙市湘江大道，南起长沙湘江黑石铺大桥，北至月亮岛北端，建于1995年，由十几个休闲健身广场、绿化带以及历史文化景观组成，集防洪、观光、旅游、休闲、健身等功能于一体，有着长沙"外滩"的美称。目前，湘江风光带已经成为长沙继湖南烈士公园之后的第二大市民公园。

长沙东湖湿地公园

位于长沙市望城区雷锋大道附近,总面积近1000亩,其中水面450亩,有着丰富的水生植被景观、水秀、景观桥、2.4公里环湖游道和亲水平台等。早在公园进行地形塑造和总体设计的时候,就采取了"依山就水,因势象形"的办法,保留了原有的低山丘壑和洼地水面,还构建了活水体系,使得公园内部的整个水系与湘江贯通,营造出浓郁的自然生态风貌。

月亮岛

位于湖南省长沙市西北部的湘江西岸,因其形状南宽北窄,就像一轮弯弯的明月而得名。该岛南北长约4230米,东西宽约400米,总面积2500亩,地势平坦,平均标高为海拔29.8~32.9米之间,是以美丽的自然风光为特色的新辟旅游点。岛上有村民1300多人。20世纪80年代以来,岛上开始筹建度假村,现已初具规模。

长沙生态动物园

位于长沙市天心区,前身是位于烈士公园畔的长沙动物园,地处长沙、株洲、湘潭三市融城的中心地带,毗邻芙蓉南路、长沙市绕城高速和长株潭城际铁路动物园车站,交通十分便利。

现园区面积达1500亩,由中日著名设计师参照世界知名动物园标准联合设计,共分为步行圈养区、车行放养区、科普教育区、生态景观区、休闲娱乐区、后勤服务区,建有动物笼舍区和驯化场37个区域,饲养动物300余种类、约5000余只(羽)。

石燕湖

位于长沙市雨花区跳马镇,地处长沙、株洲、湘潭三市交会处,交通便利。景区占地面积10平方公里,是国家4A级旅游景区,属湖南百景、湖南省十大水体旅游景区、国内专业的拓展训练基地、群众赛龙舟基地。

石岩湖景区水体环绕,风景秀丽,空气质量极好,除水面以外,景区内的森林覆盖率达98%以上，空气中负氧离子含量每立方厘米达八万个以上，因此，它被誉为"湖南九寨、人间瑶池""都市人绿蓝色的梦幻""长株潭三市绿色中心公园"。

2017年10月1日，石燕湖天空玻璃廊桥正式开放营业。

沩山风景名胜区

位于长沙市宁乡西部，地处宁乡、桃江、安化三县交界处，交通较为便利。景区规划面积190平方公里，区内有人口15.8万人。景区内部主要划分为沩山佛教文化区、青羊湖水上游乐区、黄材青铜文化区、千佛溶洞观光区四大景区，有密印寺、青羊湖、千佛洞等主要景点，佛教氛围浓厚，历史底蕴深厚。

沩山特产豆腐、腊肉、擂茶等风味食物。

2007年，沩山风景名胜区成为省级风景名胜区，2012年，又获批成为国家级风景名胜区。

美食特产 TOP 10:

长沙米粉

走在长沙的街头巷尾,在各色饭馆内你一定不难发现米粉的踪迹,它是长沙人民餐桌上必不可少的特色美食。长沙米粉是湖南传统美食,属于湘菜系,是长沙市民最爱的食品之一,主要原料有米粉、榨菜丝、肉丝、盐、味精、酱油、杂骨汤、干椒粉、葱花、熟猪油等,以汤料和码子的鲜美为特色。

口味虾

相信很多人都在湖南台的许多节目里听到过长沙鼎鼎大名的夜宵名菜——口味虾,又名"麻辣小龙虾""长沙口味虾""香辣小龙虾"等。它以小龙虾制成,色泽红亮,味道鲜辣,香气四溢。

口味虾是在20世纪90年代传入长沙的,在之后的这20多年一直经久不衰,越来越红火,可以说成为了长沙夜宵的招牌美食。尤其是夏天,这是吃口味虾最好的季节,当你深夜走在长沙街头,总能看到许多食客们吃着口味虾配着啤酒,不亦乐乎。而且,长沙的口味虾经过推广,现在已经传遍了大江南北,可以说是火遍全国了。

姊妹团子

姊妹团子是长沙的特色小吃，之所以被称为"姊妹团子"，是因为在20世纪20年代初，在长沙火宫殿的坪场，年轻漂亮的姜氏姐妹在此摆摊卖特制的团子而得名。她们制作的团子味道独特鲜美、形状十分精致，因此深受食客的好评，"姊妹团子"的名声也传了开去。

姊妹团子是由上等糯米磨成的细粉制作而成的，当中包入鲜肉、香菇、味精、芝麻油等，形状则如同一座小宝塔，蒸熟后晶莹剔透，甚是好看，更是好吃。

德园包子

德园包子是长沙的传统小吃，特色的口味主要有糖馅和肉馅两种，都是选用最上好的材料，由经验丰富的资深面点师傅制作的，香而不腻，回味无穷。德园包子的面皮特意选用老面发酵，绝不使用泡打粉，不但皮薄馅厚，还有着独特的面香，特别有嚼劲。另外，德园的银丝卷也是其招牌点心。

毛氏红烧肉

毛氏红烧肉又名"毛家红烧肉"，是长沙的一道名菜，它以五花肉为主料，以白糖、料酒等佐料为辅制成，特点是色泽金黄，油而不腻。

相传，早在毛泽东的青年时代，他在湖南第一师范学习的时候，就特别爱吃学校食堂里的红烧肉这道菜。但是，后来有一次他看到酱油作坊制作酱油的过程不卫生，就再也不吃酱油了。于是，他的厨师程汝明以糖代替酱油，作出了不亚于传统放酱油的红烧肉的美味，毛主席吃后果真赞不绝口。后来，毛氏红烧肉这道菜也就流传了开来。

火宫殿臭豆腐

火宫殿臭豆腐是长沙颇有名气的特色传统小吃，也是最受游客欢迎的小吃之一，人们来到长沙旅游，大多数人都要尝一尝这"闻着臭，吃着香"的美味。长沙臭豆腐的一大特色是它看起来像墨汁一般黑，并且加了许多辣椒等辛香调料，外焦里嫩，吃起来特别带劲，而且特别鲜甜。

这是因为它的卤水中放了鲜冬笋、浏阳豆豉、香菇、上等白酒等多种精选的上等原料之故。

葱油粑粑

葱油粑粑是长沙的特色小吃，在街头巷尾常常能够寻觅到它的踪影。它的主要原料是粳米，还要加入少量现饭，先干磨成粉，加水调成糊状，发酵后，放适量的盐和切碎的葱花，再放入专门的模具，放入油锅中煎制而成，成品金黄酥脆，吃起来葱香四溢，米香浓厚。

剁辣椒

剁辣椒又名"剁辣子""坛子辣椒"，是一种可以直接食用的辣椒制品，一般当作调味品，味辣而鲜咸，是长沙和湖南地区的一种特色食物，在烹饪菜肴的时候会经常用到，比如说著名的湘菜"剁椒鱼头"，就是用剁辣椒作为辅料制成的。传统的剁辣椒一般选用的是红椒，但是现在也很流行用青辣椒做的剁辣椒，其口感比红辣椒制作的还要出色一些。

湘绣

湘绣是以湖南长沙为中心的带有鲜明湘楚文化特色的湖南刺绣产品的总称，是中国优秀的民族传统工艺之一，与苏绣、蜀绣、粤绣齐名，为中国四大名绣之一。湘绣擅长以丝绒线绣花，绣品绒面的花型栩栩如生，曾有"绣花能生香，绣鸟能听声，绣虎能奔跑，绣人能传神"的美誉。长沙是湘绣的发源地之一，长沙的沙坪镇，被国务院授予"中国湘绣之乡"。

菊花石雕

菊花石雕是长沙浏阳市特产的手工艺品，是由生成于2亿多年前的菊花石雕刻而成的。这种菊花石是大自然的瑰宝，为中国三大奇石之一，主要分布在湖南的浏阳、泸溪一带，为二叠纪栖霞期碳酸岩中柱状天青石和菱锶矿等含锶矿物围绕某一结晶中心生长而成的结核，并经漫长地质作用而形成的，令人叹为观止。它的造型十分独特，外表看起来就像石头里镶嵌着一朵朵菊花一样，栩栩如生。长沙的手艺人利用菊花石的天然特点，加以奇思妙想与高超技艺，将其雕琢成为形态各异的艺术品，有些还赋予了其神话故事的寓意。长沙的菊花石雕不仅是我国的珍贵艺术宝物，更曾走出世界，获得过巴拿马万国博览会的奖牌。